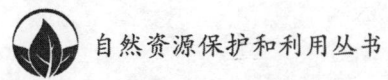 自然资源保护和利用丛书

全民所有自然资源资产所有者权益管理

自然资源部自然资源所有者权益司 编

图书在版编目（CIP）数据

全民所有自然资源资产所有者权益管理 / 自然资源部自然资源所有者权益司编.—北京：商务印书馆，2023
（"自然资源保护和利用"丛书）
ISBN 978-7-100-22834-3

Ⅰ.①全… Ⅱ.①自… Ⅲ.①自然资源—所有权—研究—中国 Ⅳ.①D923.24

中国国家版本馆 CIP 数据核字（2023）第 156138 号

权利保留，侵权必究。

"自然资源保护和利用"丛书
全民所有自然资源资产所有者权益管理
自然资源部自然资源所有者权益司　编

商 务 印 书 馆 出 版
（北京王府井大街 36 号邮政编码 100710）
商 务 印 书 馆 发 行
北 京 冠 中 印 刷 厂 印 刷
ISBN 978-7-100-22834-3

2023 年 11 月第 1 版　　开本 710×1000　1/16
2023 年 11 月北京第 1 次印刷　印张 22
定价：138.00 元

《全民所有自然资源资产所有者权益管理》

主　编： 王　薇
副主编： 李劲松、李美玉、徐子蒙、卢　静、李兆宜、吕　宾
编　委：（按姓氏笔画排序）
　　　　　马朋林、马晓妍、马健德、王力凡、王卫真、厉　里、石吉金、刘　健、苏子龙、李广泳、李　娜、杨　红、吴　飞、吴　亮、邱少俊、张祖良、陈方毅、苗　强、范　黎、罗世兴、郑春莹、赵　松、姚秋昇、秦　静、郭晋洲、黄燕妮

"自然资源与生态文明"译丛
"自然资源保护和利用"丛书
总序

（一）

新时代呼唤新理论，新理论引领新实践。中国当前正在进行着人类历史上最为宏大而独特的理论和实践创新。创新，植根于中华优秀传统文化，植根于中国改革开放以来的建设实践，也借鉴与吸收了世界文明的一切有益成果。

问题是时代的口号，"时代是出卷人，我们是答卷人"。习近平新时代中国特色社会主义思想正是为解决时代问题而生，是回答时代之问的科学理论。以此为引领，亿万中国人民驰而不息，久久为功，秉持"绿水青山就是金山银山"理念，努力建设"人与自然和谐共生"的现代化，集聚力量建设天蓝、地绿、水清的美丽中国，为共建清洁美丽世界贡献中国智慧和中国力量。

伟大时代孕育伟大思想，伟大思想引领伟大实践。习近平新时代中国特色社会主义思想开辟了马克思主义新境界，开辟了中国特色社会主义新境界，开辟了治国理政的新境界，开辟了管党治党的新境界。这一思想对马克思主义哲学、政治经济学、科学社会主义各个领域都提出了许多标志性、引领性的新观点，实现了对中国特色社会主义建设规律认识的新跃升，也为新时代自然资源治理提供了新理念、新方法、新手段。

明者因时而变，知者随事而制。在国际形势风云变幻、国内经济转型升级的背景下，习近平总书记对关系新时代经济发展的一系列重大理论和实践问题进行深邃思考和科学判断，形成了习近平经济思想。这一思想统筹人与自然、经济与社会、经济基础与上层建筑，兼顾效率与公平、局部与全局、当前与长远，为当前复杂条件下破解发展难题提供智慧之钥，也促成了新时代经济发展举世瞩目的辉煌成就。

生态兴则文明兴——"生态文明建设是关系中华民族永续发展的根本大计"。在新时代生态文明建设伟大实践中，形成了习近平生态文明思想。习近平生态文明思想是对马克思主义自然观、中华优秀传统文化和我国生态文明实践的升华。马克思主义自然观中对人与自然辩证关系的诠释为习近平生态文明思想构筑了坚实的理论基础，中华优秀传统文化中的生态思想为习近平生态文明思想提供了丰厚的理论滋养，改革开放以来所积累的生态文明建设实践经验为习近平生态文明思想奠定了实践基础。

自然资源是高质量发展的物质基础、空间载体和能量来源，是发展之基、稳定之本、民生之要、财富之源，是人类文明演进的载体。在实践过程中，自然资源治理全力践行习近平经济思想和习近平生态文明思想。实践是理论的源泉，通过实践得出真知：发展经济不能对资源和生态环境竭泽而渔，生态环境保护也不是舍弃经济发展而缘木求鱼。只有统筹资源开发与生态保护，才能促进人与自然和谐发展。

是为自然资源部推出"自然资源与生态文明"译丛、"自然资源保护和利用"丛书两套丛书的初衷之一。坚心守志，持之以恒。期待由见之变知之，由知之变行之，通过积极学习而大胆借鉴，通过实践总结而理论提升，建构中国自主的自然资源知识和理论体系。

（二）

如何处理现代化过程中的经济发展与生态保护关系，是人类至今仍然面临的难题。自《寂静的春天》（蕾切尔·卡森，1962）、《增长的极限》（德内拉·梅多斯，1972）、《我们共同的未来》（布伦特兰报告，格罗·哈莱姆·布伦特兰，1987）这些经典著作发表以来，资源环境治理的一个焦点就是破解保护和发展的难题。从世界现代化思想史来看，如何处理现代化过程中的经济发展与生态保护关系，是人类至今仍然面临的难题。"自然资源与生态文明"译丛中的许多文献，运用技术逻辑、行政逻辑和法理逻辑，从自然科学和社会科学不同视角，提出了众多富有见解的理论、方法、模型，试图破解这个难题，但始终没有得出明确的结论性认识。

全球性问题的解决需要全球性的智慧，面对共同挑战，任何人任何国家都无法独善其身。2019年4月习近平总书记指出，"面对生态环境挑战，人类是一荣俱荣、一损俱损的命运共同体，没有哪个国家能独善其身。唯有携手合作，我们才能有效应对气候变化、海洋污染、生物保护等全球性环境问题，实现联合国2030年可持续发展目标"。共建人与自然生命共同体，掌握国际社会应对资源环境挑战的经验，加强国际绿色合作，推动"绿色发展"，助力"绿色复苏"。

文明交流互鉴是推动人类文明进步和世界和平发展的重要动力。数千年来，中华文明海纳百川、博采众长、兼容并包，坚持合理借鉴人类文明一切优秀成果，在交流借鉴中不断发展完善，因而充满生机活力。中国共产党人始终努力推动我国在与世界不同文明交流互鉴中共同进步。1964年2月，毛主席在中央音乐学院学生的一封信上批示说"古为今用，洋为中用"。1992年2月，邓小平同志在南方谈话中指出，"必须大胆吸收和借鉴人类社会创造的一切文明成果"。2014年5月，习近平总书记在召开外国专家座谈会上强调，"中国要永远做一个学习大国，不论发展到什么水平都虚心向世界各国人民学习"。

"察势者明，趋势者智"。分析演变机理，探究发展规律，把握全球自然资源治理的态势、形势与趋势，着眼好全球生态文明建设的大势，自觉以回答中国之问、世界之问、人民之问、时代之问为学术己任，以彰显中国之路、中国之治、中国之理为思想追求，在研究解决事关党和国家全局性、根本性、关键性的重大问题上拿出真本事、取得好成果。

是为自然资源部推出"自然资源与生态文明"译丛、"自然资源保护和利用"丛书两套丛书的初衷之二。文明如水，润物无声。期待学蜜蜂采百花，问遍百家成行家,从全球视角思考责任担当,汇聚全球经验,破解全球性世纪难题,建设美丽自然、永续资源、和合国土。

(三)

2018年3月,中共中央印发《深化党和国家机构改革方案》,组建自然资源部。自然资源部的组建是一场系统性、整体性、重构性变革,涉及面之广、难度之大、问题之多,前所未有。几年来,自然资源系统围绕"两统一"核心职责,不负重托,不辱使命,开创了自然资源治理的新局面。

自然资源部组建以来,按照党中央、国务院决策部署,坚持人与自然和谐共生,践行绿水青山就是金山银山理念,坚持节约优先、保护优先、自然恢复为主的方针,统筹山水林田湖草沙冰一体化保护和系统治理,深化生态文明体制改革,夯实工作基础,优化开发保护格局,提升资源利用效率,自然资源管理工作全面加强。一是,坚决贯彻生态文明体制改革要求,建立健全自然资源管理制度体系。二是,加强重大基础性工作,有力支撑自然资源管理。三是,加大自然资源保护力度,国家安全的资源基础不断夯实。四是,加快构建国土空间规划体系和用途管制制度,推进国土空间开发保护格局不断优化。五是,加大生态保护修复力度,构筑国家生态安全屏障。六是,强化自然资源节约集约利用,促进发展方式绿色转型。七是,持续推进自然资源法治建设,自然资源综合监管效能逐步提升。

当前正值自然资源综合管理与生态治理实践的关键期,面临着前所未有的知识挑战。一方面,自然资源自身是一个复杂的系统,山水林田湖草沙等不同资源要素和生态要素之间的相互联系、彼此转化以及边界条件十分复杂,生态共同体运行的基本规律还需探索。自然资源既具系统性、关联性、实践性和社会性等特征,又有自然财富、生态财富、社会财富、经济财富等属性,也有系统治理过程中涉及资源种类多、学科领域广、系统庞大等特点。需要遵循法理、学理、道理和哲理的逻辑去思考,需要斟酌如何运用好法律、经济、行政等政策路径去实现,需要统筹考虑如何采用战略部署、规划引领、政策制定、标准规范的政策工具去落实。另一方面，自然资源综合治理对象的复杂性、系统性特点，对科研服务支撑决策提出了理论前瞻性、技术融合性、知识交融性的诉求。例如，自然资源节约集约利用的学理创新是什么？动态监测生态系统稳定性状况的方法有哪些？如何评估生态保护修复中的功能次序？等等不一而足，一系列重要领域的学理、制度、技术方法仍待突破与创新。最后，当下自然资源治理实践对自然资源与环境经济学、自然资源法学、自然地理学、城乡规划学、生态学与生态经济学、生态修复学等学科提出了理论创新的要求。

中国自然资源治理体系现代化应立足国家改革发展大局，紧扣"战略、战役、战术"问题导向，"立时代潮头、通古今之变，贯通中西之间、融会文理之壑"，在"知其然知其所以然，知其所以然的所以然"的学习研讨中明晰学理，在"究其因，思其果，寻其路"的问题查摆中总结经验，在"知识与技术的更新中，自然科学与社会科学的交融中"汲取智慧，在国际理论进展与实践经验的互鉴中促进提高。

是为自然资源部推出"自然资源与生态文明"译丛、"自然资源保护和利用"丛书这两套丛书的初衷之三。知难知重，砥砺前行。要以中国为观照、以时代为观照，立足中国实际，从学理、哲理、道理的逻辑线索中寻找解决方案，不断推进自然资源知识创新、理论创新、方法创新。

（四）

文明互鉴始于译介，实践蕴育理论升华。自然资源部决定出版"自然资源与生态文明"译丛、"自然资源保护和利用"丛书系列著作，办公厅和综合司统筹组织实施，中国自然资源经济研究院、自然资源部咨询研究中心、清华大学、自然资源部海洋信息中心、自然资源部测绘发展研究中心、商务印书馆、《海洋世界》杂志等单位承担完成"自然资源与生态文明"译丛编译工作或提供支撑。自然资源调查监测司、自然资源确权登记局、自然资源所有者权益司、国土空间规划局、国土空间用途管制司、国土空间生态修复司、海洋战略规划与经济司、海域海岛管理司、海洋预警监测司等司局组织完成"自然资源保护和利用"丛书编撰工作。

第一套丛书"自然资源与生态文明"译丛以"创新性、前沿性、经典性、基础性、学科性、可读性"为原则，聚焦国外自然资源治理前沿和基础领域，从各司局、各事业单位以及系统内外院士、专家推荐的书目中遴选出十本，从不同维度呈现了当前全球自然资源治理前沿的经纬和纵横。

具体包括：《自然资源与环境：经济、法律、政治和制度》《环境与自然资源经济学：当代方法》（第五版）《自然资源管理的重新构想：运用系统生态学范式》《空间规划中的生态理性：可持续土地利用决策的概念和工具》《城市化的自然：基于近代以来欧洲城市历史的反思》《城市生态学：跨学科系统方法视角》《矿产资源经济（第一卷）：背景和热点问题》《海洋和海岸带资源管理：原则与实践》《生态系统服务中的对地观测》《负排放技术和可靠封存：研究议程》。

第二套丛书"自然资源保护和利用"丛书基于自然资源部组建以来开展生态文明建设和自然资源管理工作的实践成果，聚焦自然资源领域重大基础性问题和难点焦点问题，经过多次论证和选题，最终选定七本（此次先出版五本）。在各相关研究单位的支撑下，启动了丛书撰写工作。

具体包括：自然资源确权登记局组织撰写的《自然资源和不动产统一确权登记理论与实践》，自然资源所有者权益司组织撰写的《全民所有自然资源资产所有者权益管理》，自然资源调查监测司组织撰写的《自然资源调查监测实践与探索》，国土空间规划局组织撰写的《新时代"多规合一"国土空间规划理论与实践》，国土空间用途管制司组织撰写的《国土空间用途管制理论与实践》。

"自然资源与生态文明"译丛和"自然资源保护和利用"丛书的出版，正值生态文明建设进程中自然资源领域改革与发展的关键期、攻坚期、窗口期，愿为自然资源管理工作者提供有益参照，愿为构建中国特色的资源环境学科建设添砖加瓦，愿为有志于投身自然资源科学的研究者贡献一份有价值的学习素材。

百里不同风，千里不同俗。任何一种制度都有其存在和发展的土壤，照搬照抄他国制度行不通，很可能画虎不成反类犬。与此同时，我们探索自然资源治理实践的过程，也并非一帆风顺，有过积极的成效，也有过惨痛的教训。因此，吸收借鉴别人的制度经验，必须坚持立足本国、辩证结合，也要从我们的实践中汲取好的经验，总结失败的教训。我们推荐大家来读"自然资源与生态文明"译丛和"自然资源保护和利用"丛书中的书目，也希望与业内外专家同仁们一道，勤思考，多实践，提境界，在全面建设社会主义现代化国家新征程中，建立和完善具有中国特色、符合国际通行规则的自然资源治理理论体系。

在两套丛书编译撰写过程中，我们深感生态文明学科涉及之广泛，自然资源之于生态文明之重要，自然科学与社会科学关系之密切。正如习近平总书记所指出的，"一个没有发达的自然科学的国家不可能走在世界前列，一个没有繁荣的哲学社会科学的国家也不可能走在世界前列"。两套丛书涉及诸多专业领域，要求我们既要掌握自然资源专业领域本领，又要熟悉社会科学的基础知识。译丛翻译专业词汇多、疑难语句多、习俗俚语多，背景知识复杂，丛书撰写则涉及领域多、专业要求强、参与单位广，给编译和撰写工作带来不小的挑战，丛书成果难免出现错漏，谨供读者们参考交流。

编写组

前　言

很多读者第一次看到"全民所有自然资源资产所有者权益管理"会觉得比较陌生。这是基于 2018 年新一轮党和国家机构改革，自然资源部为统一履行全民所有自然资源资产所有者职责、维护所有者权益而确立的一项重要的自然资源资产管理制度。为了让社会各界更加全面、准确地了解全民所有自然资源资产所有者权益管理的基本内容、理论探索和改革实践，按照自然资源部关于组织编写"自然资源保护和利用"丛书的有关安排，自然资源所有者权益司组织编写了《全民所有自然资源资产所有者权益管理》一书。

本书以习近平生态文明思想为指导，以习近平总书记关于自然资源资产管理的一系列重要指示批示精神为根本遵循，系统梳理了自然资源部组建以来全民所有自然资源资产所有者权益管理领域的改革实践和研究成果。按照全民所有自然资源资产"由谁管—有什么—值多少—怎么管护—如何配置—收益怎么实现—如何监督—对谁负责"的逻辑链条和框架体系，重点介绍所有权委托代理制度、清查统计制度、核算制度、储备管护制度、配置制度、收益管理制度、考核评价与监督制度、管理情况报告制度八项基础性制度。全书共十章，第一章为概述；第二至第九章介绍了八项基础性制度和改革实践，同时，生态产品价值实现机制也是近年来全民所有自然资源资产所有者权益管理研究的重点内容；第十章介绍了生态产品价值实现机制的理论研究及实践探索。

第一章概述，主要阐述了权益管理的基本概念、改革背景、重大意义、职能定位，介绍了相关理论基础、法律规范、国内外经验，阐明了"履行所有者职责"与"所有者权益管理"的基本内涵和内在联系，进而引申出权益管理的八项基础性制度。

第二章所有权委托代理制度，重点梳理了所有权委托代理的相关理论，分析所有权委托代理的行为性质，阐释了新型所有者职责委托代理机制的核心要义，并介绍了当前正在开展的所有权委托代理机制试点的制度设计和地方实践。

第三章清查统计制度，介绍了资产清查统计的内涵和"清、查、估、核、记"的工作架构及相应制度，即"清"楚资源属性信息、"查"明资产属性信息、"估"算资产经济价值量、"核"实所有者权益、"记"录资产年度变化情况。

第四章核算制度，介绍了国内外自然资源资产核算发展历程、经济价值和生态价值核算的实践探索，以及自然资源资产平衡表编制的技术方法和思路。

第五章储备管护制度，简要阐述了自然资源资产储备管护的内涵和工作内容，以土地资产为例重点介绍了土地储备管护的发展历程、制度建设、具体实践和改革方向，并对全民所有自然资源资产储备管护过程中如何探索建立损害赔偿工作机制进行了系统阐释。

第六章配置制度，系统梳理了全民所有自然资源资产配置的概念内涵、基础理论、政策演进及比较分析，全面介绍了国有土地资产配置的制度体系和操作实务，提出全民所有自然资源资产配置改革的总体方向和基本框架。

第七章收益管理制度，梳理了国内全民所有自然资源资产所有权收益管理现状及国外自然资源资产收益管理经验，区分基于所有权的收益和基于监管权的收入，提出改进中国全民所有自然资源资产所有权收益管理改革的思路和建议。

第八章考核评价与监督制度，梳理了国内外相关领域考核评价的现状和经验，提出了全民所有自然资源资产考核评价和监督的制度设计。

第九章管理情况报告制度，阐述了国有自然资源资产管理情况报告的背景、制度设计和基本架构，详细介绍了2020年度国有自然资源资产管理情况报告编报实践及制度展望。

第十章生态产品价值实现机制，界定了生态产品的内涵、类型、特征以及其与自然资源管理之间的关系，总结了国内外实践探索，提出了建立生态产品价值实现机制的理论框架、具体路径和工作展望。

全民所有自然资源资产所有者权益管理是一项重构性的工作，大多数内容是全新的。本书通过系统梳理和总结，力求达到以下目的：一是展示全民所有自然资源资产所有者权益管理改革和重大问题的阶段性研究及工作成果；二是统一、规范阐述所有者权益管理的基本概念、基本原则等，以期形成更为广泛的共识；三是影响和引导社会各界对自然资源资产所有者权益管理工作的共同关注和深入研究；四是供各级自然资源主管部门日常管理、人才培训使用，指导各级自然资源主管部门开展权益管理工作。

自然资源所有者权益司时任司长廖永林同志在本书编撰过程中付出了大量的心血和劳动，从全书的框架设计到具体内容，给予了悉心的指导，并对全书的内容进行了最终审定。

本书编写过程中我们也深深感到，所有者权益管理工作是一项全新的事业，理论研究和改革实践总体上处于起步探索阶段，仍有许多需要完善之处。由于编写组水平所限，书中可能存在不足和疏漏之处，真诚期望广大读者批评指正。

本书编写组

2022 年 7 月 12 日

目 录

第一章 全民所有自然资源资产权益管理概述 ……………………1

    第一节 全民所有自然资源资产权益管理的改革背景…………………1

    第二节 全民所有自然资源资产权益管理的理论研究…………………13

    第三节 全民所有自然资源资产权益管理的法律规范…………………19

    第四节 全民所有自然资源资产权益管理的国内外经验借鉴…………27

    第五节 全民所有自然资源资产权益管理的制度框架…………………33

第二章 全民所有自然资源资产所有权委托代理机制理论及试点实践…39

    第一节 全民所有自然资源资产所有权委托代理理论探索……………39

    第二节 全民所有自然资源资产所有权委托代理机制试点的制度设计…48

    第三节 全民所有自然资源资产所有权委托代理机制试点的地方实践
            探索……………………………………………………………………60

第三章 全民所有自然资源资产清查统计 ………………………………65

    第一节 全民所有自然资源资产清查统计概述…………………………65

    第二节 全民所有自然资源资产属性信息调查…………………………71

    第三节 全民所有自然资源资产经济价值估算和权益核实……………76

    第四节 全民所有自然资源资产统计……………………………………90

    第五节 全民所有自然资源资产清查统计成果及分析应用……………94

第四章 全民所有自然资源资产核算 · 97

第一节 全民所有自然资源资产核算概述 · 97

第二节 全民所有自然资源资产经济价值核算 · 102

第三节 自然资源资产生态价值核算实践 · 110

第四节 全民所有自然资源资产平衡表编制初探 · 119

第五章 全民所有自然资源资产储备管护 · 128

第一节 全民所有自然资源资产储备管护概述 · 128

第二节 全民所有自然资源资产储备管护实践 · 130

第三节 全民所有自然资源资产损害赔偿研究 · 155

第六章 全民所有自然资源资产配置 · 164

第一节 全民所有自然资源资产配置概述 · 164

第二节 全民所有自然资源资产配置政策演进和比较分析 · 168

第三节 全民所有自然资源资产配置实践——以国有土地资产配置为例 · 180

第四节 全民所有自然资源资产处置实践——以国有企业土地资产处置为例 · 206

第五节 全民所有自然资源资产配置工作展望 · 213

第七章 全民所有自然资源资产收益管理 · 222

第一节 全民所有自然资源资产收益概述 · 223

第二节 自然资源资产所有权收益管理现状与经验借鉴 · 226

第三节 全民所有自然资源资产收益管理制度体系研究 · 236

第八章 全民所有自然资源资产考核评价与监督 · 250

第一节 全民所有自然资源资产考核评价 · 250

第二节 全民所有自然资源资产监督机制 · 266

第九章 国有自然资源资产管理情况报告 · 269

第一节　国有自然资源资产管理情况报告制度的背景意义…………269
第二节　国有自然资源资产管理情况报告制度设计和基本架构………271
第三节　国有自然资源资产管理情况报告编报实践…………………274
第四节　国有自然资源资产管理情况报告制度展望…………………294

第十章　生态产品价值实现机制……………………………………296

第一节　生态产品价值实现机制理论研究……………………………296
第二节　生态产品价值实现机制实践探索……………………………303
第三节　自然资源领域生态产品价值实现工作展望…………………318

参考文献……………………………326

第一章 全民所有自然资源资产权益管理概述

生态文明建设是关系中华民族永续发展的千年大计。健全自然资源资产管理体制、完善自然资源资产产权制度是生态文明建设的重要内容。在 2018 年国家机构改革中，党中央赋予自然资源部统一行使全民所有自然资源资产所有者职责、统一行使所有国土空间用途管制和生态保护修复职责。建立健全全民所有自然资源资产所有者权益管理体系和制度框架，是落实统一行使全民所有自然资源资产所有者职责的必然要求。新时代权益管理以"履行所有者职责，维护所有者权益"为主线，以所有权委托代理为核心落实产权主体、以清查统计为支撑摸清资产家底、以自然资源资产市场化配置为重点促进高效利用、以考核监督为手段维护国家权益，持续深化土地资产配置制度改革，积极探索自然资源资产储备管护制度。着力构建系统完备的全民所有自然资源资产权益管理制度体系，促进自然资源资产高效配置和保值增值，为推进生态文明建设、促进高质量发展提供要素支撑。

第一节 全民所有自然资源资产权益管理的改革背景

一、概念内涵

（一）自然资源

地理学家金梅曼（Zimmermann, 1933）较早给自然资源下了较为完备的定义,至今仍得到广泛认同。他在《世界资源与产业》一书中指出,环境或其某些部分,只有它们能(或被认为能)满足人类的需要时,才是自然资源。自然禀赋,或称之为环境禀赋,在能够被人类感知到其存在、认识到能用来满足人类的某些需求并发展出利用方法之前,它们仅仅是"中性材料"。他解释道:譬如煤,如果人们不需要它或者没有能力利用它,那么它就不是自然资源。

《辞海》关于自然资源的定义是"一般指天然存在的自然物(不包括人类加工制造的原材料),如土地资源、矿藏资源、水利资源、生物资源、海洋资源等,是生产的原料来源和布局场所。随着社会生产力的提高和科学技术的发展,人类开发利用自然资源的广度和深度也在不断增加"(辞海编辑委员会,1980)。这个定义强调了自然资源的天然性,也指出了空间(场所)是自然资源。

联合国有关机构于1970年指出:"人在其自然环境中发现的各种成分,只要它能以任何方式为人类提供福利,都属于自然资源。从广义来说,自然资源包括全球范围内的一切要素。"联合国环境规划署于1972年强调"所谓自然资源,是指在一定的时间条件下,能够产生经济价值以提高人类当前和未来福利的自然环境因素的总称"。可见联合国的定义也是"以人为本"的。

《大英百科全书》对自然资源所下定义是"人类可以利用的自然生成物,以及作为这些成分之源泉的环境功能。前者如土地、水、大气、岩石、矿物、生物及其群集的森林、草场、矿藏、陆地、海洋等;后者如太阳能、环境的地球物理机能(气象、海洋现象、水文地理现象),环境的生态学机能(植物的光合作用、生物的食物链、微生物的腐蚀分解作用等),地球化学循环机能(地热现象、化石燃料、非金属矿物的生成作用等)"。这个定义明确指出环境功能也是自然资源。

蔡运龙在《自然资源学原理》中提出,自然资源是人类能够从自然界获取以满足其需要的任何天然生成物及作用于其上的人类活动结果,自然资源是人类社会取自自然界的初始投入[①]。

根据自然资源的特征,本书采用《〈中共中央关于全面深化改革若干重大问题的决定〉辅导读本》中对自然资源所下定义,即自然资源是指天然存在、有

---

① 蔡运龙:《自然资源学原理》,科学出版社,2015年。

使用价值、可提高人类当前和未来福利的自然环境因素的总和。

（二）自然资源资产

"资产"一词在会计学领域运用得最为广泛。联合国经济与社会理事会跨国公司委员会发布的《财务报告的主要目标与概念》（1988年）指出"资产是报告公司由于过去事项而控制的资源[有形和（或）无形的]，公司可望从这些资源中获得未来利益"。中国《企业会计准则》规定"资产是企业拥有或控制的能以货币计量的经济资源，包括各种财产、债权和其他权利"。从上述定义来看，资产首先必须是资源，没有对应的资源，资产则是空中楼阁。其次，资源并不必然可转化为资产，要成为资产，资源必须具备一定的条件：一是要能为权利主体所控制或拥有，二是可以为权利主体带来利益，三是可以通过货币形式进行价值计量。

目前，自然资源资产还没有一个得到广泛认同的定义。根据资产的特征，并非所有的自然资源都可以称为自然资源资产。相较于自然资源，有的学者强调自然资源资产的稀缺性、能带来效益、为一定的主体拥有或控制、能以货币计量；有的强调权属性、有效性及稀缺性；有的强调稀缺性、能够产生经济价值、产权主体明确、产权边界清晰；有的强调产权明确，具有可调查性和可计量性，可带来预期效益。可见，自然资源资产的稀缺性、有用性、产权明确是研究者共同认可的特征，可计量性作为衡量价值大小的尺度，是资产的内在要求。[①]

因此，自然资源要成为自然资源资产，需要具备如下条件：一是稀缺性。这是自然资源成为自然资源资产的基本条件。凡是不稀缺的，还不是严格意义上的自然资源资产。二是能够产生经济价值，并且这种经济价值能够评价，甚至能够在市场上得以实现。三是产权主体尽可能明确。如果产权主体不明确，则易导致自然资源资产的过度开发利用或收益的流失。四是产权边界尽可能清晰，如果边界不清晰，就不能保证资产权益的清晰，也不能保证权益的完全

---

① 罗世兴、王燕东："关于国有自然资源资产报告范围的思考"，《中国国土资源经济》，2022年第2期。

实现。①

根据自然资源资产的特征，本书采用《〈中共中央关于全面深化改革若干重大问题的决定〉辅导读本》中对自然资源资产的定义，即自然资源资产是指自然资源中具有稀缺性、有用性（包括经济效益、社会效益、生态效益）及产权明确的自然资源。②

（三）全民所有自然资源

《中华人民共和国宪法》（以下简称《宪法》）规定："中华人民共和国的社会主义经济制度的基础是生产资料的社会主义公有制，即全民所有制和劳动群众集体所有制。"《宪法》《中华人民共和国民法典》（以下简称《民法典》）和自然资源单行法以列举方式明确规定了中国自然资源的权属。《宪法》第九条规定"矿藏、水流、森林、山岭、草原、荒地、滩涂等自然资源，都属于国家所有，即全民所有；由法律规定属于集体所有的森林和山岭、草原、荒地、滩涂除外"；第十条规定"城市的土地属于国家所有。农村和城市郊区的土地，除由法律规定属于国家所有的以外，属于集体所有"。《民法典》第二百四十六条规定："法律规定属于国家所有的财产，属于国家所有即全民所有。国有财产由国务院代表国家行使所有权。法律另有规定的，依照其规定。"

（四）所有者权益

根据《现代汉语词典》，权益指应该享受的不容侵犯的权利。在会计学中，权益主要是指可以用货币计量的内容，资产提供者向企业提供一定价值的经营用资产，承担出资义务，以此为条件，可以享有相应权益（如选举权）和利益（如分享股利）。③根据《企业会计准则》，所有者权益是指企业资产扣除负债后由所有者享有的剩余权益。公司的所有者权益又称为股东权益。所有者权益

---

① 谷树忠、谢美娥："论自然资源资产的内涵、属性与分类"，《中国经济时报》，2015年7月31日。
② 《〈中共中央关于全面深化改革若干重大问题的决定〉辅导读本》（2013）。
③ 张翠荷："论所有者权益的性质"，《财会月刊》，1996年第4期。

的形成渠道有三条：一是所有者投入的资本；二是所有者投资后的经营增值，如留存收益；三是直接计入所有者权益的利得和损失。所有者权益表明公司、企业的产权关系，即公司、企业是归谁所有。

（五）全民所有自然资源资产所有者权益管理

《生态文明体制改革总体方案》提出"健全国家自然资源资产管理体制。按照所有者和监管者分开和一件事情由一个部门负责的原则，整合分散的全民所有自然资源资产所有者职责，组建对全民所有的矿藏、水流、森林、山岭、草原、荒地、海域、滩涂等各类自然资源统一行使所有权的机构，负责全民所有自然资源的出让等"，着力解决自然资源资产所有者不到位、所有者权益不落实等问题。

目前，法律和相关文件未对全民所有自然资源资产所有者权益作出明确界定，理论界也未对此形成统一认识。综合中国自然资源资产管理体制改革目标，以及履行所有者职责的应有之义，本书认为，全民所有自然资源资产所有者权益管理，是指全民所有的自然资源资产所有权人或其代理人在明晰全民所有自然资源资产产权的前提下，通过依法行使占有、使用、收益、处分权，科学配置自然资源资产，加强自然资源资产储备和有效管护，为实现自然资源资产保值增值、维护所有者权益而实施的一系列制度安排。

二、改革背景

（一）改革前的总体情况

长期以来，土地、矿产、海洋、森林、草原、湿地、水等自然资源的管理工作分散在不同的管理部门，每个部门对职责范围内的自然资源实行资产管理和用途管制，既缺乏统一、系统的自然资源资产管理规则，也没有区分作为全民所有自然资源资产所有者进行的资产管理与作为公共管理机构对自然资源开发利用活动进行的行政监督管理。

1. 按资源类型分部门管理

机构改革之前，中国没有统一的自然资源主管部门，按资源类型分别由国土、海洋、水利、农业、林业等部门管理。国土资源主管部门承担保护与合理利用土地资源、矿产资源的责任；海洋主管部门承担保护和合理开发利用海洋、海域、海岛资源的责任；水利主管部门承担保护和合理开发利用水资源的责任；农业主管部门负责指导农用地、渔业水域、草原、宜农滩涂、宜农湿地以及农业生物物种资源的保护和管理，负责水生野生动物保护工作；林业主管部门负责森林、湿地、荒漠和陆生野生动植物资源的保护和开发利用。此外，环境保护主管部门负责指导、协调、监督各种类型的自然保护区、风景名胜区、森林公园的环境保护工作；能源主管部门负责组织制定煤炭、石油、天然气、水能、生物质能等能源的产业政策和相关标准。

2. 国土资源主管部门同时承担资产管理和用途管制职责

在中国，国土资源主管部门作为公共管理部门，既代行自然资源资产管理职能，又履行自然资源监督管理和用途管制职责。例如，原国土资源部在资产管理方面，负责矿产资源开发的管理，依法管理矿业权的审批登记发证和转让审批登记；在监督管理方面，承担保护土地、矿产等自然资源的责任，负责制定并组织实施国土规划、土地利用总体规划，组织实施土地用途管制等。

3. 中央与地方实行分级行使所有权

依据《民法典》的有关规定，国有财产由国务院代表国家行使所有权。但在实际运行过程中，自然资源由中央与地方实行分级行使所有权。根据有关法律的规定，矿产、森林、草原等大部分自然资源由国务院行政主管部门负责全国的自然资源管理工作，县级以上人民政府行政主管部门负责本地区的自然资源管理工作。国有土地使用权出让，由市、县人民政府负责，国务院国土资源主管部门负责全国土地的管理和监督。水资源实行流域管理与行政区域管理相结合的管理体制，国务院水行政主管部门负责全国水资源的统一管理和监督工作，在重要的江河、湖泊设立流域管理机构，负责管辖范围内水资源的管理和监督；县级以上地方人民政府水行政主管部门按照规定的权限，负责本行政区域内水资源的统一管理和监督工作。①

（二）主要问题

自然资源分散管理体制，有利于发挥行业主管部门的专业优势，针对不同资源的特点实行精细化管理，但也存在以下几个方面的问题。

1. 资产所有者缺位

根据《宪法》以及其他相关法律的规定，矿藏、水流、森林、山岭、草原、荒地、滩涂等自然资源属于国家即全民所有（法律规定属于集体所有的除外），由国务院代表国家行使所有权，但没有明确由哪个部门代理或托管，自然资源资产在法律上缺乏具体明确的代表主体。在实际工作中，自然资源资产所有者职责由相关管理部门代行，所有者职责不清晰，产权虚置或弱化，所有权人权益不落实。

2. 管理的系统性不强

山水林田湖草是一个生命共同体，具有整体性、系统性等特点。现行管理体制中水流、森林、草原等自然资源分别由不同的部门管理，人为地割裂了自然资源之间的有机联系，同时协调机制不够健全，种树的只管种树、治水的只管治水、护田的单纯护田，顾此失彼，容易造成生态的系统性破坏。

3. 重开发轻保护

中国对自然资源实行的是中央与地方分级管理，在实际工作中，绝大部分自然资源由地方进行管理，个别自然资源的实际控制人片面追求自然资源的经济价值，忽视其生态价值和社会价值，造成自然资源的过度开发和生态环境的破坏。此外，由于自然资源主管部门兼具资产管理、行业管理、监督管理等多重职能，在自然资源开发与保护工作中，既是"运动员"又是"裁判员"，当管理目标出现冲突时，容易出现监管失灵及重开发轻保护的问题。

4. 职责交叉问题难以有效解决

在实行分类管理的同时，对于同一自然资源又按照不同的管理环节或者功

---

① 中央编办二司课题组："关于完善自然资源资产管理体制的初步思考"，《中国机构改革与管理》，2016年第5期。

能用途，归口不同的部门管理，造成职责交叉。例如，农业、水利、林业、环保等部门从各自角度对同一自然资源分别进行监测，监测点位重合、重复建设、资源浪费、数出多门。此外，实际工作中，多个部门分别拟订城乡规划、区域规划、主体功能区规划和土地规划等，而这些规划之间衔接不够，使得一些规划难以真正落地。①

5. 所有权人权益受损

实行自然资源分类归口管理、中央与地方分级管理的模式，管理部门和地方政府往往只从行业管理、行政审批的角度考虑各自的审批和监管对应的责权利，缺少对自然资源资产的整体利益、长远利益的考量，"道德风险"不可避免，突出表现在只注重部门或地区眼前的经济利益、忽视自然资源在生态文明建设中长远的生态利益，甚至有的地方还以低价出让土地、矿产等自然资源或者违规减免、返还自然资源资产收益，造成所有者权益严重受损，国家作为自然资源资产所有权人的利益无法得到根本保障。

（三）顶层设计

2013 年 11 月，党的十八届三中全会通过的《中共中央关于全面深化改革若干重大问题的决定》，针对自然资源资产管理等方面存在的突出问题，明确提出要"健全国家自然资源资产管理体制，统一行使全民所有自然资源资产所有者职责"。习近平总书记在会上所作的《关于〈中共中央关于全面深化改革若干重大问题的决定〉的说明》中指出："我国生态环境保护中存在的一些突出问题，一定程度上与体制不健全有关，原因之一是全民所有自然资源资产的所有权人不到位，所有权人权益不落实。针对这一问题，全会决定提出健全国家自然资源资产管理体制的要求。总的思路是按照所有者和管理者分开和一件事由一个部门管理的原则，落实全民所有自然资源资产所有权，建立统一行使全民所有自然资源资产所有权人职责的体制。国家对全民所有自然资源资产行使所有权并进行管理和国家对国土范围内自然资源行使监管权是不同的，前者是

---

① 中央编办二司课题组："关于完善自然资源资产管理体制的初步思考"，《中国机构改革与管理》，2016 年第 5 期。

所有权人意义上的权利，后者是管理者意义上的权力。这就需要完善自然资源监管体制，统一行使所有国土空间用途管制职责，使国有自然资源资产所有权人和国家自然资源管理者相互独立、相互配合、相互监督。"《中共中央关于全面深化改革若干重大问题的决定》从体制机制上研究解决全民所有自然资源资产所有者职责落实不到位的突出问题，明确了自然资源资产管理体制的改革思路，即按照所有者和管理者分开和一件事由一个部门管理的思路，落实全民所有自然资源资产所有权，建立统一行使全民所有自然资源资产所有权人职责的体制，授权其代表全体人民行使所有者的占有权、使用权、收益权、处置权，对各类全民所有自然资源资产的数量、范围、用途进行统一监管，享有所有者权益，实现权利、义务、责任相统一。①

2014年3月，习近平总书记在中央财经委员会第五次会议上的讲话指出："湖泊湿地被滥占的一个重要原因是产权不到位、管理者不到位，到底是中央部门直接行使所有权人职责，还是授权地方的某一级政府行使所有权人职责？所有权、管理权、使用权是什么关系？产权不清、权责不明，保护就会落空。"习近平总书记一针见血地指出自然资源所有者和管理者不到位、职责重叠交叉，中央部门和地方政府行权履职边界不清、权益不明，所有者权益不落实、监管保护制度不健全等症结所在，为自然资源资产管理体制改革把准了脉，确定了自然资源资产管理体制改革的方向。

2018年3月，党中央印发的《深化党和国家机构改革方案》第三部分"深化国务院机构改革"明确指出，"建设生态文明是中华民族永续发展的千年大计。必须树立和践行绿水青山就是金山银山的理念，统筹山水林田湖草系统治理。为统一行使全民所有自然资源资产所有者职责，统一行使所有国土空间用途管制和生态保护修复职责，着力解决自然资源所有者不到位、空间规划重叠等问题……组建自然资源部。"

---

① 杨伟民："建立系统完整的生态文明制度体系"，《〈中共中央关于全面深化改革若干重大问题的决定〉辅导读本》，人民出版社，2013年。

三、重大意义

统一行使全民所有自然资源资产所有者职责、维护所有者权益，是在中国立足新发展阶段、贯彻新发展理念、构建新发展格局的大背景下，党中央、国务院为统筹推进生态文明建设和自然资源资产产权制度改革，作出的一项重大改革举措和制度性安排，对促进自然资源资产科学配置和保值增值，实现生态文明领域国家治理体系和治理能力现代化有着极为重要的意义。

（一）有力地推进了生态文明体制改革

党的十八大以来，以习近平同志为核心的党中央把生态文明建设摆在全局工作中的突出位置，以前所未有的力度抓生态文明建设，作出一系列重大战略部署。2015年，党中央制定了《生态文明体制改革总体方案》，对中国生态文明体制改革作出整体部署，提出了构建产权清晰、多元参与、激励约束并重、系统完整的生态文明制度体系的改革目标。要求坚持自然资源资产的公有性质，创新产权制度，落实所有权，区分自然资源所有者权利和管理者权力，合理划分中央、地方事权和监管职责，保障全体人民分享全民所有自然资源资产收益的改革原则，并将其作为生态文明制度改革的原则之一，体现了党中央从生态文明制度建设的高度来解决当前自然资源资产管理体制中存在突出问题的总体谋划。加强全民所有自然资源资产所有者权益管理，通过明晰国家所有自然资源产权，确定行权主体和行权范围，落实了《生态文明体制改革总体方案》决策部署，有力地推进了生态文明体制改革。

（二）有力地推进了自然资源资产产权制度改革

自然资源资产产权制度是加强生态保护、促进生态文明建设、利用自然资源要素促进未来有序协调发展的一项重要基础性制度。既要保护，又不仅仅是保护，还涉及如何在960多万平方千米空间载体上，通过自然资源资产的合理配置来促进经济社会可持续发展的问题。为进一步推进自然资源资产产权制度改革，针对自然资源资产底数不清、所有者不到位、权责不明晰、权益不落实、监管保护制度不健全等问题，2019年，党中央制定了《关于统筹推进自然资源资产产权制度改革的指导意见》，提出建立归属清晰、权责明确、保护严格、流转顺畅、监管有效的自然资源资产产权制度的改革目标。提出研究建立国务院自然资源主管部门行使全民所有自然资源资产所有权的资源清单和管理体制；探索建立委托省级和市（地）级政府代理行使自然资源资产所有权的资源清单和监督管理制度；完善全民所有自然资源资产收益管理制度，合理调整中央和地方收益分配比例和支出结构。针对自然资源资产权益交叉重叠、缺位遗漏及权能不完善等问题，要健全自然资源资产产权体系，推动自然资源资产所有权与使用权分离，加快构建分类科学的自然资源资产产权体系，处理好自然资源资产所有权与使用权的关系，创新自然资源资产全民所有权和集体所有权的实现形式。加强全民所有自然资源资产所有者权益管理，核心是着力实现全民所有自然资源资产所有权的物权权能，包括占有、使用、收益、处分等，以及法律法规规定的其他权能，配置好每一处自然资源资产，推动产权制度改革向纵深发展。

（三）有力地推动全民所有自然资源资产所有者职责的履行到位

2021年，中共中央办公厅、国务院办公厅印发了《全民所有自然资源资产所有权委托代理机制试点方案》，明确授权自然资源部统一履行全民所有自然资源资产所有者职责。其中，部分职责由自然资源部直接履行，部分职责由自然资源部委托有关地方政府代理履行，并首次将全民所有自然资源资产所有者职责界定为"主张所有、行使权利、履行义务、承担责任、落实权益"二十个字五项内容，要求建立健全所有权管理体系和配套制度，研究探索不同资源种类的委托管理目标和工作重点。加强全民所有自然资源资产所有者权益管理，通过建立权益管理制度体系，实施全民所有自然资源资产委托代理、清查统计、资产核算、储备管护、处置配置、收益管理、考核评价、资产报告，推动所有者职责的有效履行。

四、职能定位

为落实统一履行全民所有自然资源资产所有者职责，自然资源部将统一履行所有者职责设计为自然资源调查监测、确权登记、所有者权益、开发利用四个关键环节，并在自然资源部组建时成立了相应的职能司局。自然资源所有者权益管理部门是履行所有者职责的主要责任单位、牵头单位。根据《自然资源部职能配置、内设机构和人员编制规定》，自然资源部权益司负责拟订全民所有自然资源资产管理政策，建立全民所有自然资源资产统计制度，承担自然资源资产价值评估和资产核算工作。编制全民所有自然资源资产负债表，拟订相关考核标准。拟订全民所有自然资源资产划拨、出让、租赁、作价出资和土地储备政策。承担报国务院审批的改制企业的国有土地资产处置。

自然资源所有者权益管理，重点是管好所有者职责履行的"头尾"，体现"业务综合"，具体工作可以形象地概括为"工"字形模式。"工"的上面一横，表示统筹、综合。统一履行所有者职责、统一进行委托代理、统一规划使用、统筹市场化配置规则，统一落实所有者权益的普遍性政策规定等。这些都是权益部门要负责的，要确保职能到位。"工"的中间一竖，就是土地资产权益管理，主要职责是制订和组织实施土地资产配置政策，具体包括制订和组织实施土地出让、租赁、作价出资（入股）等有偿使用和土地使用权划拨政策，以及贯穿土地配置全流程的全民所有的土地储备、土地配置前的准备、配置时的权利和责任义务的约定或规定、配置后实施的监督、土地使用权收回和所有权权益管理等。"工"的下面一横，表示考核、监督、制衡。统一考核评价、统一监管、统一收益监督，也是权益部门要管的事，这里对具体资源资产管理已明确有履职主责单位或内容的，权益管理主要是配合做好相关工作，不仅在工作环节上要注重与自然资源调查监测、确权登记、开发利用等工作相衔接，在具体资源门类上还要注重研究和统筹考虑各门类自然资源，既不能越位，也不能缺位，共同履行好所有者职责。

第二节　全民所有自然资源资产权益管理的理论研究

一、马克思的所有权理论

马克思虽然没有专门写过关于所有权问题的著作，但专家学者对马克思众多著述中有关所有权的论述和思想进行了深入研究。马克思在分析所有权理论和性质时，紧密联系资本主义生产过程的历史实际，从生产力与生产关系的辩证关系出发，认为所有权在本质上是人与人的关系，但被其表面的人与物的关系所掩盖。马克思指出："在每个历史时代中所有权是以各种不同的方式，在完全不同的社会关系下面发展起来的。因此，给资产阶级的所有权下定义不外是把资产阶级生产的全部社会关系描述一番。""要想把所有权作为一种独立的关系、一种特殊的范畴、一种抽象的和永恒的观念来下定义，这只能是形而上学或法学的幻想。"[①]纵观马克思对所有权的相关论述，可以归纳为以下几个有别于其他所有权理论的重要观点。

（一）所有制决定所有权

马克思在论述所有权时总是更多地联系所有制来讨论，这两个概念密切联系但又存在很大不同。所有制体现的是经济关系，即明确生产资料归谁所有，体现人们在生产资料方面形成的经济关系，是生产关系的基础和核心，决定了社会交换关系和分配关系。所有权体现的是法律关系，即财产归谁所有的法律制度。对所有制来说，有决定意义的是实际占有。但是，"只有由于社会赋予实际占有以法律的规定，实际占有才具有合法占有的性质，才具有私有财产的性质"。[②]从这个意义上来说，所有制决定所有权，所有制是所有权的基础，所有权是所有制的法律形式表现，所有制的性质和内容决定了所有权的性质和

---

① 马克思恩格斯全集（第1卷），人民出版社，1974年。
② 马克思恩格斯全集（第1卷），人民出版社，1974年。

内容。

（二）所有权体现人与人的关系

马克思在研究罗马法时曾指出"私有财产的权利，是随心所欲处理物的权利"。初看起来，所有权表现为人与物的关系，但马克思同时强调"人对他周围的自然界的所有权，就总是事先通过他作为公社、家庭、氏族等等成员的存在，通过他与其他人的关系（这种关系决定他和自然界的关系）间接地表现出来"。[1]也就是说最终还是表现为人与人的关系。孤立的个人不需要所有权。

（三）所有权是一组权利

马克思结合具体的所有权形态考察财产的权利统一和分离现象，进而揭示所有权的内部构造和实现机制，指出所有权是一组权利，而不是单独的一项权利，这一组权利可分可合，时分时合，形成不同的所有权内部结构及其实现形式。占有权、使用权、支配权、收益权等法律意义上的权能，和以所有权为基础的索取权、管理权、经营权，既可统一于所有权，又可与所有权分离，这些权能的不同组合构成了诸种互异的产权结构，这既是所有权人的权利实现的需要，也是适应生产要素进入社会生产和循环的需要。

（四）所有权权利的让渡可以取得经济利益，地租是土地所有权借以实现的经济形式

商品经济条件下，所有者通过让渡土地、矿山等所有权的部分权利以获取经济利益。"人们对土地、矿山和水域等的私有权，使他们能够攫取、拦截和扣留在这个特殊生产领域即这个特殊投资领域的商品中包含的剩余价值超过利润（平均利润，由一般利润率决定的利润）的余额"。[2]马克思深入分析了从属于资本主义的土地所有权，指出"地租的占有是土地所有权借以实现的经济

---

[1] 马克思恩格斯全集（第26卷），人民出版社，1974年。
[2] 马克思恩格斯全集（第26卷）（Ⅱ），人民出版社，1974年。

形式"①，是直接生产者创造的一部分剩余价值被土地所有者无偿占有的部分。对土地私有权的垄断产生绝对地租，土地的优劣和劳动生产率的高低产生级差地租Ⅰ和级差地租Ⅱ，放弃地租就是对土地所有权的放弃。资本化的地租表现为土地价格。地租的高低不由土地所有者决定，而由土地使用者或经营者决定，经营者对土地的竞争越激烈，土地所有者可以取得更高的地租收入。"土地所有权，就像资本一样，变成了支取无酬劳动、无代价劳动的凭证。"②

（五）社会主义实行生产资料公有制

马克思、恩格斯在《共产党宣言》中分析了资本主义私有制对社会生产力的束缚和阻碍等影响后，提出无产阶级的共产主义革命，拟定了把全部资本集中到国家手里，剥夺资本家个人对工业、交换乃至一切生产力和生产工具的管理权等措施。总之，"无产阶级运用自己的政治统治，一步一步地夺取资产阶级所有的全部资本，把一切生产工具集中在国家手里，即集中在已组织成为统治阶级的无产阶级手里，并且尽可能更快地增加生产力的总量。"③马克思认为社会主义社会将实行生产资料公有制，在这种公有制条件下，"生产资料的全国性的集中将成为由自由平等的生产者的联合体所构成的社会的全国性基础，这些生产者将按照共同的合理的计划自觉地从事社会劳动。"④所有制决定所有权。在公有制条件下，国家所有权则是社会主义公有制的实现形式。⑤

（六）马克思的所有权理论的应用

中国是单一制国家而非联邦制国家。根据马克思的所有权理论，全民所有自然资源资产所有权的行使统一于中央政府，由国务院代表国家行使全民所有自然资源资产占有、使用、收益、处分等权利，这是生产资料公有制在自然资源所有权行使主体上的法律体现。要创新所有权实现方式，推动所有权和使用

---

① 马克思恩格斯全集（第25卷），人民出版社，1974年。
② 马克思恩格斯全集（第26卷）（Ⅱ），人民出版社，1974年。
③ 马克思恩格斯全集（第4卷），人民出版社，1974年。
④ 马克思恩格斯全集（第2卷），人民出版社，1974年。
⑤ 施志源：《生态文明背景下的自然资源国家所有权研究》，法律出版社，2015年。

权分离，健全完善有偿使用制度，收取全民所有自然资源资产收益，维护国家所有者权益。

二、现代产权理论

现代产权理论形成于 20 世纪 50 年代，科斯（Ronald H. Coase）是现代产权理论的奠基者和主要代表，被西方经济学家认为是产权理论的创始人。继科斯之后，威廉姆森（Oliver E. Williamson）、施蒂格勒（George J. Stigler）、德姆塞茨（Harold Demsetz）和诺斯（Douglass C. North）等人进一步研究了产权问题，形成了以交易成本为基本概念，以科斯定理为核心内容，以分析产权制度和经济效率之间关系为主的较为完整的理论体系。

（一）现代产权理论的核心是外部性

现代产权理论所讨论的核心问题是外部性，其原因是：实际的市场运行是存在外部性这一缺陷的，其产生的根源在于企业产权界限含混，由此导致交易过程存在摩擦和障碍，这严重影响企业行为和企业资源配置的结果。产权理论要研究的就是如何通过界定、安排产权结构，降低或消除市场机制运行的社会费用，提高运行效率，改善资源配置，促进经济增长。

（二）现代产权理论的基础是科斯定理和交易费用理论

科斯在其论文《企业的性质》和《社会成本问题》中指出：市场交易需要花费大量成本。包括寻找意图交易的交易者，了解交易者的交易意愿，为缔结交易契约而相互进行谈判，监督契约条款的履行等，都需要花费成本。施蒂格勒在《价格理论》中命名了科斯定理。科斯第一定理是说在交易成本为零的情况下，财产法定权利的最初配置并不影响经济效率。科斯第二定理则说明在交易成本为正的情况下，不同的产权界定会带来不同的资源配置的效率。科斯定理的实质是要说明交易费用的存在使得产权的界定十分重要。现代产权理论的核心是研究如何通过界定、变更和安排所有权来降低或者消除市场运行中的交易费用,以改善资源配置的效率。

(三)现代产权理论的应用

现代产权理论认为,通过界定、变更和安排所有权,可以降低交易费用,提高资源配置效率。在全民所有自然资源资产管理中,虽然法律规定由国务院代表国家行使所有权,但没有明确由哪个部门具体代理,自然资源资产在法律上缺乏明确的代表主体,没有哪一级政府或哪一个机构具体对外主张所有。各类资源登记证书中所有权人一栏也不统一,有的空缺,有的是"国家",有的是政府部门,有的甚至是经营单位。根据现代产权理论,要通过建立所有权委托代理机制,确定各类全民所有自然资源资产所有者职责的履行主体和代理履行主体,将产权主体落实到位。

三、现代管家理论

管家理论于1997年被首次提出,起初讨论的是公司治理及其创新,强调公司管理者不应只是公司的代理人,更不是只从公司谋取私利的机会主义者,而是处处为公司生存发展着想的管家,尤其是公司资产的管家,要确保公司资产的安全、保值、增值。管家理论一经提出,即受到公司治理界的广泛推崇,并被广泛用于公司治理创新。

(一)管家行为的影响因素

受托人的内在动机、高水平的组织认同、个人权力等三个关键因素影响其管家行为选择,最终导致对委托人有益的结果。首先,内在动机与亲社会的动机、努力保护和提升他人的福利相关,是个人效用和社会企业家动机的来源。由于内在动机的存在,个人从自身或工作中得到无形、高层次的满足,使他们愿意成为组织的管家,希望付出努力保护和促进他人福利,将组织利益和利益相关者的利益置于个人利益之上。其次,高水平的组织认同会使组织成员形成强大的组织黏性及组织承诺,引导他们成为管家。当个人强烈认同自己的组织时，他们认为组织是自我的延伸，将朝着组织成功的方向努力，从而实现其深层次需要和委托人的利益。最后，通过个人权力，个人与委托人形成相互信任和尊重的长期关系，促进更大的管家行为的可能性。①

（二）管家理论的应用

管家理论不仅仅适用于公司治理，也适用于自然资源资产管理，尤其适用于中国特色社会主义公有制下的全民所有自然资源资产监管。在中国自然资源资产监管体系中，各级人民政府（或自然资源资产主管机构），以本地区（全民所有）自然资源资产管家的身份，对本地区包括全民所有自然资源资产在内的自然资源资产行使管家职权，以确保自然资源资产的安全、保值、增值，并为本地区的社会经济发展和生态文明建设提供强有力的支撑。当然，作为全民所有自然资源资产的管家，各级政府既要为所在地区的人民和未来负责、服务，也要全面贯彻上级人民政府直至中央政府作为全民所有自然资源资产大管家的监管意图。②

四、外部性理论

外部性是指一个人或一个群体的行动和决策使另一个人或另一群体受损或受益的情况，通常可分为正外部性和负外部性。

（一）外部性导致市场失灵

外部性理论主要研究的问题是，在经济行为的外在影响导致市场失灵的情况下，如何实现外部效应内部化，消除与外部性有关的经济无效率。由于外部性会导致私人收益或成本社会化，市场机制不能有效发挥作用，市场价格发生扭曲或者不能形成有效交易，资源无法得到有效配置，从而损害了经济效率。为解决上述问题，外部性理论认为可采取庇古税思路和产权管理思路来应对。

---

① 谢会丽、肖作平、王丹青等：""民营企业创始控制对 R&D 投资的影响——基于管家理论的实证分析""，《南开管理评论》，2019 年第 4 期。

② 谷树忠：""资产治理理论提供坚实支撑""，《中国自然资源报》，2022 年 4 月 15 日。

庇古税思路的对策是，当存在负外部性时，向市场主体征税；当存在正外部性时，给予市场主体补贴。产权管理思路的对策是，通过重新明确财产所有权解决外部性带来的问题。

（二）外部性理论的应用

自然资源资产带有明显的外部性，其生态性、公共性的特点，可以给社会提供"蓝天、绿水、青山"等生态产品，具有明显的正外部性。由于正外部性导致的收益社会化，市场无法自发提供充足的自然资源保护和生态修复活动，需要政府部门提供资金补足和政策支持，探索在自然资源资产配置时附带生态保护修复任务，加大资源收益投向生态保护修复领域力度。对于以"公地悲剧"为代表的由负外部性造成的成本社会化问题，需要落实产权主体，推动成本内部化。

第三节 全民所有自然资源资产权益管理的法律规范

一、法律规定

（一）所有权归属

《宪法》第九条规定："矿藏、水流、森林、山岭、草原、荒地、滩涂等自然资源，都属于国家所有，即全民所有；由法律规定属于集体所有的森林和山岭、草原、荒地、滩涂除外。国家保障自然资源的合理利用，保护珍贵的动物和植物。禁止任何组织或者个人用任何手段侵占或者破坏自然资源。"第十条规定："城市的土地属于国家所有。农村和城市郊区的土地，除由法律规定属于国家所有的以外，属于集体所有；宅基地和自留地、自留山，也属于集体所有。国家为了公共利益的需要，可以依照法律规定对土地实行征收或者征用并给予补偿。任何组织或者个人不得侵占、买卖或者以其他形式非法转让土地。土地的使用权可以依照法律的规定转让。一切使用土地的组织和个人必须合理地利用土地。"

《民法典》第二百四十七条规定:"矿藏、水流、海域属于国家所有。"第二百四十八条规定:"无居民海岛属于国家所有,国务院代表国家行使无居民海岛所有权。"第二百四十九条规定:"城市的土地,属于国家所有。法律规定属于国家所有的农村和城市郊区的土地,属于国家所有。"第二百五十条规定:"森林、山岭、草原、荒地、滩涂等自然资源,属于国家所有,但是法律规定属于集体所有的除外。"第二百五十一条规定:"法律规定属于国家所有的野生动植物资源,属于国家所有。"

《土地管理法》《矿产资源法》《森林法》《草原法》《水法》《海域使用管理法》《海岛保护法》等对单门类自然资源的所有权归属作了具体规定。

(二)所有权的行使主体

《民法典》第二百四十六条规定:"法律规定属于国家所有的财产,属于国家所有即全民所有。国有财产由国务院代表国家行使所有权。法律另有规定的,依照其规定。"

《土地管理法》《矿产资源法》《森林法》《草原法》《水法》《海域使用管理法》《海岛保护法》等单行法均明确规定,单门类自然资源的国家所有权,由国务院代表国家行使。

(三)所有权人的权利

《民法典》第二百四十条规定:"所有权人对自己的不动产或者动产,依法享有占有、使用、收益和处分的权利。"第二百四十一条规定:"所有权人有权在自己的不动产或者动产上设立用益物权和担保物权。用益物权人、担保物权人行使权利,不得损害所有权人的权益。"第三百二十五条规定:"国家实行自然资源有偿使用制度,但是法律另有规定的除外。"

(四)国家所有权的保护

《宪法》第九条规定:"国家保障自然资源的合理利用,保护珍贵的动物和植物。禁止任何组织或者个人用任何手段侵占或者破坏自然资源。"

《民法典》第九条规定:"民事主体从事民事活动,应当有利于节约资源、保护生态环境。"第二百零七条规定:"国家、集体、私人的物权和其他权利人的物权受法律平等保护,任何组织或者个人不得侵犯。"第二百五十八条规定:"国家所有的财产受法律保护,禁止任何组织或者个人侵占、哄抢、私分、截留、破坏。"

（五）国家所有权的司法救济

《民法典》第二百三十三条规定:"物权受到侵害的,权利人可以通过和解、调解、仲裁、诉讼等途径解决。"第二百三十六条规定:"妨害物权或者可能妨害物权的,权利人可以请求排除妨害或者消除危险。"第二百三十七条规定:"造成不动产或者动产毁损的,权利人可以依法请求修理、重作、更换或者恢复原状。"第二百三十八条规定:"侵害物权,造成权利人损害的,权利人可以依法请求损害赔偿,也可以依法请求承担其他民事责任。"第二百五十九条规定:"履行国有财产管理、监督职责的机构及其工作人员,应当依法加强对国有财产的管理、监督,促进国有财产保值增值,防止国有财产损失;滥用职权,玩忽职守,造成国有财产损失的,应当依法承担法律责任。违反国有财产管理规定,在企业改制、合并分立、关联交易等过程中,低价转让、合谋私分、擅自担保或者以其他方式造成国有财产损失的,应当依法承担法律责任。"

《刑事诉讼法》第一百零一条第二款规定:"如果是国家财产、集体财产遭受损失的,人民检察院在提起公诉的时候,可以提起附带民事诉讼。"

二、国家所有权法律性质分析

（一）关于自然资源资产国家所有权性质的五种观点

自然资源资产国家所有权性质问题的核心,是其究竟是公法权力还是私法权力,或是二者兼具。通常来说,既然所有权是所有人依法对自己财产所享有的占有、使用、收益和处分权,那么自然资源资产国家所有权就应当是国家作为所有者，依法对国有自然资源资产所享有的占有、使用、收益和处分的权利。但实际上，由于自然资源资产国家所有权与一般财产相比有天然的特殊性，并不能简单地仅以民法物权的角度看待。

《宪法》第九条、第十条规定，矿藏、水流、森林、山岭、草原、荒地、滩涂等自然资源，都属于国家所有，即全民所有；由法律规定属于集体所有的除外。城市的土地属于国家所有。如何理解上述《宪法》规定的相关条款，大体有五种认识。

1. 经济主权说

此种理论认为，《宪法》中的自然资源国家所有是一种集合意义上的所有权，其更多的是一种经济主权的宣示和表达，是高度政治化的概念。此外，从国际法的角度，也明确了国家享有并能自由行使包括拥有权、使用权和处置权在内的自然资源永久主权，国家享有的主权权力居于至高无上的法律地位。

2. 私法（民法）物权说

传统民法理论认为，国家所有权是国家作为所有者对国有财产所享有的包括占有、使用、收益和处分四项权能的权利，是对全民所有制在法律上的确认。尽管这种权利在主体、客体、权利内容等方面具有一些特殊性，但本质是权利人依法对特定的物享有直接支配和排他的一种民事权利。2007年施行的《物权法》在《宪法》规定"国家所有"的基础上，第一次以章节标题形式（第五章标题为"国家所有权和集体所有权、私人所有权"），提出了"国家所有权"的概念，从而实现了作为政治制度的"国家所有"到作为物权利的"国家所有权"的转变，充分体现了"物权法定"的精神。同时，《物权法》将国家所有权与集体所有权、私人所有权并列，事实上是对国家行使所有权进行了必要的限制，强调其与集体、私人所有权一样，并不能有超越法律所规定的特殊权利，应当遵守"平等原则"这一民法基本原则。2021年施行的《民法典》继承了《物权法》的上述内容。在物权说基础上，还发展出了特殊私权论、公共所有权利论等，但共同点都是强调国家所有权民法意义上的所有权属性。

3. 公法权力说

此种理论认为，自然资源国家所有权在主体、客体、内容、权利行使方式、责任承担方式等方面都与一般物权存在本质差异，其并非处理平等主体间的财产关系，而是划分国家与个人界限，为"全民"意义上的抽象国家以立法和行政手段"间接干预"资源利用提供合法依据的公权力，本质上更是一种垄断权或专权。有观点认为，强行将自然资源国家所有权私法化，等于束缚了公权力的手脚，并不利于对自然资源的保护，应当坚持在公法框架内讨论自然资源的管理。

4. 公权私权混合说

该理论认为自然资源兼具公权与私权属性，主要又可分为以下三类：

（1）双阶构造说。此种理论认为，公法和私法在自然资源领域有不同功能，使自然资源所有权蕴含着公法所有权与民法所有权的双阶构造，强调要区分宪法权利和民法权利，并按照"前阶公法+后阶私法"的法律模型，将宪法规定的国家所有视为国家取得民法上所有权的资格的依据。

（2）三层结构说。此种理论认为，宪法上的资源国家所有分别包含着私法权能、公法权能和宪法义务"三层结构"。第一层结构是私法权能，这与物权说无异。第二层结构是公法权能，其主要包括国家对于自然资源的立法权、行政监督管理权和收益分配权。第三层结构是宪法义务。国家应当为全体人民的利益行使其私法权能和公法权能。

（3）公私二重性说。此种理论认为，自然资源国家所有权具有私权和公权二重性，受私法和公法共同调整，是一种特殊的混合法律关系。其制度建构应当超越私法的传统界域，并且由于其行使关系到社会公共利益，也应具有公权力的强制效力。

5. 非权利（权力）说

（1）规制说。该理论主张把宪法上的资源国有条款理解为国家为"确保社会成员持续性共享自然资源"而采取的"规制"手段，应淡化其"所有"的概念，而更多的是将资源国家所有权承载的公益目的和公共使命作为国家一种与生俱来的责任。相应地，国家所有的自然资源作为一种管理属性，地方政府及有关部门可以承担国家委托进行管理，对权能进行分解，但不能在无合法程序的情况下处置这些资源。

（2）制度说。此种理论认为，宪法的资源国有条款不是一般意义上的权利（或权力）条款，而是国家构建资源法律制度的宪法基础，是实现公有制理想的法律表达，不能孤立地解释其内容和功能。应结合其他宪法条文进行体系化解读，通过具体立法形成的制度来实现。

（二）自然资源资产国家所有权的特殊性

为准确认识和界定自然资源资产的国家所有权，需要进一步分析自然资源资产国家所有权在主体、客体与民法上集体或个人所有权、与一般动产或不动产的所有权存在的差异。

1. 国家作为所有权主体，与集体或个人所有权相比，具有抽象性和身份双重性的特点

首先，国家所有权与集体或个人所有权在权利主体方面存在较大差异。从主体的性质上看，集体或个人所有权的主体更为具体、实在，无论自然人、公司或集体经济组织等法人均是实际存在的，可以以其身份直接履行各项权能；而国家所有权的主体相对是虚拟的、抽象的、概念化的，只能由具体执行机关来代表其意志。尽管法律明确国务院代表国家具体行使所有权，但由于实践中一般不把国务院视为独立法人，以往的自然资源管理实践中，通常是各级地方政府代表国家行使所有权。其次，从主体的平等性上看，集体或个人所有权属于平等主体间的法律关系，即私法关系；国家所有权具有全民所有属性，需要为社会公众提供服务，这使得国家所有权行使主体既具有私法人格，可以与民事主体发生平等的私法关系；又具有公法人格，需要承担一定的公权力责任，具有公法和私法双重身份、双重法律关系。最后，从权利行使目的上看，集体或个人所有权的行使主体主要以自益性为主，强调对组织或个人经济利益的最大化。而国家所有权的公益性质，决定了行使主体必须综合考虑生态、社会和经济因素，实现综合利益最大化，甚至还要考虑代际平衡等问题，经济利益并非其主要或唯一的考虑因素。

2. 自然资源资产作为所有权客体，与一般的动产或不动产所有权相比，具有广泛性、不特定性的特点

虽然自然资源资产所有权在可行性和必要性上均具备成为民法物权所有权的条件，但相较于一般动产、不动产所有权在客体上仍具有特殊性。首先，从是否为有体物上看，一般所有权仅限于有体物，而自然资源资产所有权的客体既包括有体物,也包括无体物(如水流)。因此,对自然资源的占有无法实现直接占有,只能通过特定形式进行宣誓性占有。其次,从是否为特定物上看,一般所有权仅限特定物,而自然资源资产所有权的多数客体并不具备特定物的特征(如水流、矿产品、野生动物种群),因此,对自然资源的占有只能由国家作为抽象主体来统一实现。再次,从是否为独立物上看,一般所有权仅限独立物,而多数自然资源资产所有权的客体并非独立物,各类资源往往相互依存、交叉、混同,体现为一个生命共同体。如生态空间中有多种物,森林资源中的林木可能同时包含国家所有、集体所有和个人所有的。对于上述这些特殊的自然资源资产能否作为物权,理论界争议很大;能否以民法物权所有权的方式进行管理,也是必须要解答的问题。

3. 自然资源资产国家所有权的权能行使和权能实现上,具有公共性

一是主体的公共性。国家本身就是一个具有公共性的概念。二是使用的公共性。部分自然资源资产,如自然保护地、国家公园、水资源、湿地等,其本身就是直接提供给公众使用的,与一般动产或不动产所有权的排他性不同。同时,部分自然资源资产所有权实现并不以经济利益为唯一目标,还要充分考虑生态利益、社会利益,在价值取向上与一般所有权的实现存在根本差异。三是终极目的的公共性。作为国家组成分子的国民,虽不能直接主张国家财产的任一部分为其所有,但国家所有权的存在是为公众谋利益,公共福祉是国家所有权行使的价值目标。

(三)对自然资源资产国家所有权的理解

基于上述分析,深化了我们对自然资源资产所有权的认识和理解,并以此作为界定全民所有自然资源资产所有者职责的内涵和权益管理相关制度设计的基本逻辑和法理依据。

1.《宪法》规定的"国家所有"具有多重内涵

《宪法》只规定了自然资源的"国家所有",但并未明确提出"国家所有权"。《宪法》的"国家所有"实际包含政治主张、经济主权、私法权能、公法权能和宪法义务等多重内涵,同时也为后续的立法及制度设计提供了根本依据和遵循。

2. 从理论层面分析

《物权法》最早使用"国家所有权"的表述和概念,主要是为了凸显和强调自然资源资产国家所有权的民法物权属性。"国家所有权"的表述首见于《物权法》,之后体现在《民法典》中,凸显了其私法物权属性。

3. 从实践层面分析

长期以来中国的自然资源管理以行政管理为主。但随着自然资源资产所有权和使用权"两权分离",有偿使用制度和产权制度改革不断推进,自然资源的物权属性不断彰显,物权权能得到有效实现。尽管理论界对于自然资源资产国家所有权究竟属于公法范畴还是私法范畴争议不断,且各有道理,但从实践看,自1982年版《宪法》明确自然资源国家所有以来,中国的自然资源管理均以公权力为代表的行政管理为主,对维护国家利益做出了重要贡献。为满足生态文明建设和高质量发展的需要,还应突出国家所有权的物权属性,充分实现所有权的物权权能。

4. 凸显和强调国家所有权物权属性、物权权能的同时,也充分承认其特殊性,行使权利的过程中应充分考虑其主体和客体的公共性及公益性

自然资源资产国家所有权既需要有一般物权应有的直接支配和排他的权利,也不能将其完全等同于一般动产或不动产的所有权。国家所有权的权利结构不能只保持一种形态,其权能也不只包括占用、使用、收益、处分的权能,管理权能也应当包含在其法律事实构成之中,从而实现民法物权以及公法权力的综合体现。而进行这种管理,最重要的是把握好自然资源资产作为全民财产的公共属性,牢牢掌握自然资源资产的控制权,充分贯彻"节约优先、保护优先、自然恢复为主"的方针,并确保实现全民受益。

5. 应构建复合结构的国有自然资源资产治理体系

当国家所有权需要与市场主体发生关系时,侧重强调其物权权能和经营属性,着力促进所有权与使用权的分离,促进资源的有偿使用,最大限度实现资源资产收益。当国家所有权在中央与地方之间、政府部门之间发生关系时,侧重强调其公法权力和公益属性,合理划分中央和地方行使所有权的界限,建立相应的资源清单和管理体制。

6. 无论是民法物权权利还是公法行政权力，行使国家所有权的同时，都必须承担相应的责任和义务，实现权责对等

行使国家所有权必须遵守国家法律法规，在资源处置、配置时应当符合国土空间规划和用途管制要求，特别是有利于节约资源和保护生态环境。要遵循公平诚信原则和市场规则，履行合同约定，对违反法律法规规定和合同约定的，也应当承担相应法律责任。

第四节　全民所有自然资源资产权益管理的国内外经验借鉴

在中国，理论界对国有企业资产所有权行使有关问题已有过广泛探讨，特别是中央管理的国有企业的改革探索实践经验，值得吸收借鉴。自然资源的国家所有权也非中国所独有，考虑到自然资源的公益性和生态重要性，全球大部分国家不同程度地以国家所有的形式管理着一部分自然资源。通过梳理和分析中国国有企业资产所有权行使经验以及国际上自然资源国家所有的管理经验，能够为全民所有自然资源资产管理提供经验借鉴。

一、国有企业资产管理的经验和启示

回顾中国国有企业改革发展历程，就是推进政企分开、政资分开、所有权与经营权分离的过程。

（一）国有企业资产管理改革

改革开放初期，国企改革的目标是通过放权让利、承包经营责任制等措施让企业有更多的自主权，把国企推向市场。党的十四届六中全会以来，国有企业改革的方向是建立现代企业制度。党的十五届四中全会通过的《中共中央关于国有企业改革和发展若干重大问题的决定》要求"政府对国家出资兴办和拥有股份的企业，通过出资人代表行使所有者职能"。党的十六大报告进一步明

确由中央和地方政府分别代表国家履行出资人职责，享有所有者权益，并要求中央政府和省、市（地）两级地方政府设立国有资产管理机构。2009年实施的《企业国有资产法》将这一制度上升为法律，并延续至今。

随着现代企业制度的基本建立，国有企业资产管理的重点逐步由"管企业""管资产"转向"管资本"。党的十八大报告明确提出"深化国有企业改革，完善各类国有资产管理体制"。2015年《中共中央、国务院关于深化国有企业改革的指导意见》《国务院关于改革和完善国有资产管理体制的若干意见》指出，要"以管资本为主推进国有资产监管机构职能转变"，"实现以管企业为主向以管资本为主的转变"，"以管资本为主改革国有资本授权经营体制"。党的十九大报告明确提出"要完善各类国有资产管理体制，改革国有资本授权经营体制……促进国有资产保值增值"。2019年国务院出台《改革国有资本授权经营体制方案》，企业国有资产管理不断法定化制度化，国有企业的管理体制经历了从"管经营"转为"管资产"的过程后，正逐渐从"管资产"向"管资本"推进。

（二）国有企业资产管理的主要制度

1. 明确行权主体

国务院国有资产监督管理机构和地方人民政府按照国务院的规定设立的国有资产监督管理机构，根据本级人民政府的授权，代表本级人民政府对国家出资企业履行出资人职责。在中央层面，国务院国资委作为国务院直属特设机构，与财政等部门，根据授权代表国务院依法履行出资人职责，专司国有资产监管，不行使社会公共管理职能，不干预企业依法行使自主经营权。

2. 实行清单管理

制定并定期更新出资人代表机构监管权力责任清单。比如《国务院国资委授权放权清单（2019年版）》较为详细地规定了各中央企业、综合改革试点企业、国有资本运营、投资公司以及特定企业的授权放权事项。清单以外事项由企业依法自主决策，清单以内事项要大幅减少审批或事前备案。通过实行清单管理，将依法应由企业自主经营决策的事项归位于企业，将延伸到子企业的管理事项归位于一级企业，原则上不干预企业经理层和职能部门的管理工作，将配合承担的公共管理职能归位于相关政府部门和单位。

3. 分类监管考核

出资人代表机构以企业功能分类为基础，对国家出资企业进行分类管理、分类授权放权，切实转变行政化的履职方式，减少审批事项，强化事中事后监管。对于公益类，重点考核成本控制、产品服务质量、营运效率和保障能力。对于商业类，国有企业可进一步分为两类：一类是主业处于充分竞争行业和领域的商业类国有企业，重点考核经营业绩指标、国有资产保值增值和市场竞争能力；另一类是主业处于关系国家安全、国民经济命脉的重要行业和关键领域、主要承担重大专项任务的商业类国有企业，考核经营业绩指标和国有资产保值增值情况的同时，加强对服务国家战略、保障国家安全和国民经济运行、发展前瞻性战略性产业以及完成特殊任务的考核。

4. 实行预算管理

国有资本经营预算，是指国家以所有者身份依法取得国有资本收益，并对所得收益进行分配而发生的各项收支预算，是政府预算的重要组成部分。通过编制国有资本经营预算，进一步明确和落实国有资本出资人的收益权，完善收益分配的管理程序，维护国有资本出资者的合法权益。国有资本经营预算收入包括依照法律、行政法规和国务院规定应当纳入国有资本经营预算的国有独资企业和国有独资公司按照规定上缴国家的利润收入、从国有资本控股和参股公司获得的股息红利收入、国有产权转让收入、清算收入和其他收入。国有资本经营预算支出包括资本性支出、费用性支出、向一般公共预算调出资金等转移性支出和其他支出。

（三）国有企业资产管理改革经验借鉴

国有企业的改革发展，为履行全民所有自然资源资产所有者职责、切实维护所有者权益提供了重要借鉴和启示。

1. 以落实所有者职责履行主体为根本前提

由国务院授权自然资源部统一履行全民所有自然资源资产所有者职责。其中，部分职责由自然资源部直接履行，部分职责由自然资源部委托省级、市（地）级政府代理履行。注重区分所有者职责和监管者职责，使国有自然资源资产所有权人和国家自然资源管理者相互独立、相互配合、相互监督。

2. 以清单管理、分类实施为基本路径

以全民所有自然资源资产产权权能为基础,分析权利、责任、义务,科学设定管理的事项范围,建立行使全民所有自然资源资产所有权的资源清单,结合社会经济发展、自然资源资产保护和开发利用要求,实行动态调整。同时,根据各门类自然资源资产的特点和参与经济社会发展的路径,实行分类管理。

3. 以考核评价为手段

以所有者职责为主线,以法律授权管理事项和自然资源清单等为基础,以衡量所有者职责履行和自然资源资产变动情况为重点,以定期评价和日常监管为手段,构建考核评价体系,逐步实现对全民所有自然资源资产的统一考核监督。

4. 以收益管理为落脚点

借鉴国有资本经营预算制度,研究建立全民所有自然资源资产收益预算制度,落实全民所有自然资源资产所有权人的收益权,维护全民所有自然资源资产所有者的合法权益,探索自然资源资产收益全民所有、全民共享的实现形式。

二、国外自然资源国家所有的管理经验和启示

自然资源的国家所有权也非中国所独有,由于自然资源的公益性和生态重要性,有关国家不同程度地以国家所有的形式管理着一部分自然资源,通过创设和让渡使用权方式实现资源开发利用并取得收益。

(一)自然资源公有及国家所有制度普遍存在

国际上,从所有制性质来看,很大一部分国家、地区的自然资源公有的占比并不低,特别是对矿产资源、水资源,很多国家在法律上明确宣布为国家所有。具体来看,土地方面,部分国家公有土地占比较高,如俄罗斯约92%,加拿大约89%,美国约47%;水资源方面,大多数国家的水资源基本上为国有;森林方面,美国的公有林占比约51%,加拿大约94%,日本约42%,澳大利亚约73%,德国约53%,英国约36%,俄罗斯则为100%。虽然自然资源公有并不意味着必然采取国家所有的形式,但公有是国家所有的前提;实践中,不同

国家结合其法律授权和实际需要等，往往对部分自然资源采取国家所有的管理形式，最具代表性的便是国家公园。

（二）公有自然资源由各级政府实行分级所有、分级管理、分级收益

对于公有的自然资源，所有权并非全部属于中央（联邦）政府，也并非全部属于地方政府。对于公有的自然资源资产管理，通常遵循"谁所有—谁管理—谁收益"的原则，如中央（联邦）政府负责管理中央（联邦）所有的公有自然资源，省（州）政府负责管理省（州）所有的公有自然资源。通过处置、配置公有自然资源所取得的收益，由中央和地方政府各自取得，资源收益不实行共享共用。如，美国联邦政府拥有全国 1/3 的地表土地所有权，其他归地方政府所有和私人所有；矿产资源所有权主体有联邦政府、州政府、印第安部落和私人。加拿大公有土地（皇室土地）又分为联邦所有和省政府所有。加拿大 89%的土地为皇室土地，其中，联邦政府管理的皇室土地占国土面积的 41%，省政府管理的皇室土地为 48%，剩余的 11%为私有土地。

（三）自然资源公有的重要性得到普遍认同

从西方国家历史来看，随着近代民法和普通法体系的形成，大多逐步建立了以土地私有为核心的较为完善的自然资源产权制度体系。西方国家传统上并不直接介入自然资源管理，更不干预自然资源资产的使用和经营管理。但是，伴随 19 世纪兴起的自然资源保护和 20 世纪兴起的环境保护运动，政府对自然资源和环境的行政管理也逐步发展起来，主要通过两种方式实施管理：一是为公共目的，保留一部分自然资源为政府所有；二是对自然资源的利用方式实行一定的用途管制，在私人产权上形成一定的公共权利，形成混合财产权体制。

20 世纪 60 年代以来，随着自然资源滥用带来的资源耗竭、环境恶化、生态退化、发展不可持续等问题的加剧，以及水资源短缺、森林草场退化、能源危机等诸多人类共同问题的出现，自然资源稀缺性持续上升，传统的自然资源私有制所带来的"外部不经济"、交易成本过高等问题逐渐引起人们的重视。

与此同时，自然资源公有以及采取国家所有的管理形式在维护自然资源的可持续利用，以及促进自然资源公平分配方面的独特功能，日益得到不同社会制度国家的普遍重视。

（四）实现公有自然资源的经济利益

1. 通过创设和让渡使用权的方式实现资源开发利用

各国设立使用权的方式不同，有的通过民法物权合同的方式设立并让渡，有的通过行政许可的方式设立并让渡。目前，大部分国家开始逐渐减少或停止出售公有自然资源的方式，大部分采取让渡使用权、租约等方式进行处分，但对于不同资源创设和让渡使用权的方式，做法并不一致。以美国为例，一是，对于油气、煤炭、钾盐、磷酸盐等资源，依据1920年《可租让矿产法》，按照一定程序授予矿业公司租借权进行具体的勘查开发；对于建筑材料等资源，依据1947年《材料法》，直接出售给矿业公司；对于一般金属矿产资源和其他矿产资源，则依据1887年《通用矿业法》，通过行政许可的方式批准矿业权。二是，对于土地，按照美国对联邦土地管理的法律规定，通过行使地役权、颁发许可证、租契、发布规章及采用其他恰当的措施，对公有土地的利用、占用和开发依法加以管理，如通过签订长期租契将公有土地租给有许可证的个人作为居住地，或用于耕作和发展小型工商业或制造各种产品等。三是，对于森林资源，森林服务局制订计划，确定哪些林地可供采伐；在计划实施阶段，森林服务局通过林木合同给予私人公司部分林木的财产权，所有大额出售都采用竞争性招标，开标后选择最高出价的投标者，授予林木合同。林木合同期限在3年左右，一般不超过10年，合同结束时没有采伐的林木再进入竞标。

2. 通过直接收取权益金，或以国家所有者权益入股公司参与分红的方式实现资源收益

一是，直接收取权益金。如美国国家公园内所有的特许经营收益和其他货币报酬都存入财政部的专用账户中。根据《1998年国家公园管理局改进特许权管理法》，账户中20%的资金将用于支撑整个国家公园体系的活动，剩下的80%资金用来帮助提高游客服务水平，并资助公园开展优先级的、迫切的管理运营计划。二是，以国家所有者权益直接入股公司参与分红。如挪威石油资源实行

"国有公司参股"模式实现国家所有者收益。挪威成立专门的油气收益管理公司（简称 Petoro，佩德罗，是一家由石油能源部管理的国有独资企业），Petoro公司不从事具体油气开发活动及油气产品的销售，而是作为油气资源的被许可人，以许可权向包括国家石油公司在内的油气开发公司投资，从而实现油气资源的收益。

（五）国外自然资源国家所有的管理经验借鉴

国外自然资源国家所有的管理经验，为履行全民所有自然资源资产所有者职责、切实维护所有者权益提供了借鉴和启示。

1. 坚持资源公有、统一行使

不同于西方联邦制等政治体制，中国是单一制国家，要坚持国有自然资源全民所有制，由国务院代表行使国家所有权。对中央政府无法直接行使所有权的，可以通过委托代理由省级、市（地）级政府代理履行部分所有者职责。

2. 通过创设和让渡使用权的方式实现资源开发利用

创新全民所有自然资源资产所有权实现形式，推动所有权和使用权分离，完善自然资源资产使用权体系，丰富使用权权利类型，适度扩大使用权权能，深化自然资源资产有偿使用。

3. 实现自然资源资产收益权

完善体现所有权的"权利金"制度，建立各类自然资源资产收益科目，依法收取有偿使用收益，维护国家所有者权益。

4. 完善法律制度

制定修订相关国有自然资源资产法律，明确由国务院授权国务院自然资源主管部门统一履行所有者职责，确定所有者职责履行主体、代理履行主体的权利、责任、义务，为全民所有自然资源资产管理提供法律保障。

第五节　全民所有自然资源资产权益管理的制度框架

《全民所有自然资源资产所有权委托代理机制试点方案》首次以中央文件

的形式明确界定所有者职责的内涵为"主张所有、行使权利、履行义务、承担责任、落实权益"五个方面,是自然资源资产产权制度改革的重大理论创新。依据所有者职责,逐步建立健全全民所有自然资源资产权益管理制度体系。

一、权益管理的重要遵循——所有者职责

构建所有者权益管理体系,首先要完整、准确理解和把握"所有者职责"的内涵和要义。

(一)主张所有

主张所有是履行所有者职责的前提和基础,要有人出来说"这是我的",要实现所有权人格化。摸清全民所有自然资源资产家底,开展清查统计和资产核算。对全民所有自然资源资产的数量、质量、分布、用途、价值进行统一调查、监测评价,并划清边界、确认权属。通过开展自然资源确权登记,将全民所有自然资源资产产权主体在自然资源登记簿上予以记载,明晰所有权人、所有者职责履行主体、代理履行主体及权利义务内容。

(二)行使权利

行使权利是履行所有者职责的核心。努力实现全民所有自然资源资产所有权的物权权能,包括占有、使用、收益、处分以及法律法规规定的其他权能,负责制定全民所有自然资源资产处置、配置、特许经营等规则,依法让渡自然资源资产的物权权能,与受让人订立权利让渡契约并组织实施。组织编制全民所有自然资源资产保护、使用规划,依法储备、管护、合理利用资产。可选择代理人行使相关权利。

(三)履行义务

履行义务是履行所有者职责的基本要求。享有权利必须履行义务,所有权人、所有者职责履行主体及其代理履行主体在产权归属清晰和权利内容明确的

前提下，要按照权利义务相一致的原则履职。考虑到自然资源资产管理具有公共性和外部性的特点，履职主体在履职过程中，要遵守政府维护公共利益的相关要求，依法履约。所有者及其代理人在处置、配置全民所有自然资源资产时要符合国土空间规划、用途管制要求和节约资源、保护生态环境要求，保障自然资源合理利用。同时，也要遵循公平诚信原则和市场规则，充分发挥市场在资源配置中的决定性作用，履行有关法律规定和民事双方约定。

（四）承担责任

承担责任是履行所有者职责的应有之义。国务院或其委托的部门向全国人大常委会报告全口径国有自然资源资产情况及管理情况。所有者职责履行主体、代理履行主体还应承担全民所有自然资源资产损害的发现、核实、追偿和报告责任，当所有权受到侵害时，有权依法请求赔偿或作为原告提起诉讼。如果所有者职责履行主体、代理履行主体违反法律规定或双方约定，也应承担相应的法律责任。

（五）落实权益

落实权益是履行所有者职责的落脚点。要落实资产管护、实现保值增值，维护所有者权益。健全收益管理和分配机制，依法收缴国有土地、矿产资源等收益，并纳入预算管理。公平分享全民所有自然资源资产收益，履行全民所有自然资源资产出资人职责，享有相应经济利益。建立考核评价制度，组织开展评估、评价、考核工作等。对代理人进行考核监督，当代理人越位、缺位时，可暂停代理并依规依纪依法追究相关责任。

二、权益管理的制度体系

要做好权益管理工作，重点是建立系统完备的权益管理制度体系。按照"主张所有、行使权利、履行义务、承担责任、落实权益"的所有者职责内涵，围绕"履行所有者职责、维护所有者权益"的工作主线，对照全民所有自然资源资产"由谁管—有什么—值多少—怎么管护—如何配置—收益怎么实现—如何监督—对谁负责"的管理链条和框架体系，首先建立委托代理制度，确定各类自然资源资产行权主体，依据权责履行或代理履行所有者职责。在此基础上，开展权益管理各项工作，建立健全委托代理制度、清查统计制度、资产核算制度、储备管护制度、资产配置制度、收益管理制度、考核监督制度、资产报告制度等基础性制度，权益管理制度框架见图1-1。

所有者职责	管理目标	制度体系	措施
主张所有	由谁管	委托代理制度	确定主体
行使权利	有什么	清查统计制度	摸清家底
	值多少	资产核算制度	明确价值
履行义务	怎么管护	储备管护制度	储备管护
	如何配置	资产配置制度	实现权利
承担责任	收益怎么实现	收益管理制度	规范收益
	如何监督	考核监督制度	维护权益
落实权益	对谁负责	资产报告制度	接受监督

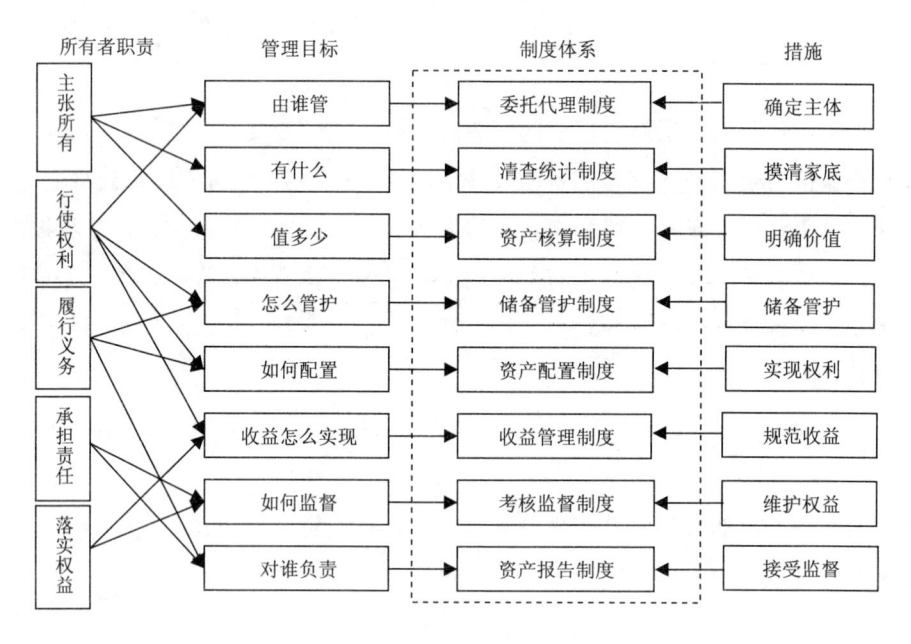

图1-1 权益管理制度框架

（一）建立委托代理制度，落实履职主体

以全民所有自然资源资产所有权委托代理为核心，落实各类自然资源资产所有权行使主体，划分自然资源部直接履行、委托地方人民政府代理履行所有者职责的边界，明确直接履行和代理履行所有者职责的具体内容。通过编制代理履行所有者职责的自然资源清单，落实产权责任主体，明晰委托人和受托人的权利、责任、义务，建立代理人向委托人报告受托资产管理及职责履行情况的工作机制，加强委托人对代理人的考核监督。

（二）建立清查统计制度，摸清资产家底

建立全民所有自然资源资产清查统计制度，制订清查技术规范。基于全国国土调查和各类专项调查成果，开展全民所有自然资源资产清查，摸清自然资源资产实物量和价值量，核实所有者权益。建立统计调查制度及台账，实现数据年度更新，建立自然资源资产数据库，夯实所有者权益管理的数据基础。

（三）建立资产核算制度，明确资产价值

建立全民所有自然资源资产核算制度，落实自然资源资产价值属性。制订全民所有自然资源资产核算通则，分门类制订资产核算技术规程，探索核算或评价自然资源资产生态价值的技术方法，建立科学合理、规范统一的核算标准体系，显化经济价值、兼顾生态价值、体现社会价值。

（四）建立储备管护制度，实现保值增值

编制全民所有自然资源资产储备管护规划，对全民所有自然资源资产实施储备和运营管护，建立全民所有自然资源资产损害赔偿制度，保护全民所有自然资源资产安全和不受侵害，实现自然资源资产保值增值。探索建立适合不同资源资产种类的储备管护制度和模式。创新储备土地资产管理新模式，搭建统一规划、统一管理、分类实施、运行规范、监管有力的储备土地资产管理框架，提高土地资源配置和利用效率、保障土地要素的有效供给。

（五）健全资产配置制度，提高配置效率

健全全民所有自然资源资产产权体系，推进全民所有自然资源资产所有权与使用权等用益物权相分离，完善权利设立方式和程序。统一全民所有自然资源资产配置的概念、内涵、程序，建立健全划拨、出让、租赁、作价出资（入股）等规则，并通过合同约定权利义务责任。对经营性的，强化竞争政策的基础地位，建立公平竞争政策与产业政策协调保障机制，降低制度性交易成本，逐步完善价格市场决定、流动自主有序、配置公平高效的高标准市场体系。对

公益性的，通过划拨、租赁或承包等方式确定使用主体，增强公共服务和生态产品的供给能力。

（六）健全收益管理制度，实现全民共享

按照所有者和管理者分开的原则，建立健全体现所有者权益的收益管理制度。研究提出合理调整全民所有自然资源资产收益分配比例和支出结构的建议，加大对自然资源资产管理和生态保护修复的支持力度。逐步统一全民所有自然资源资产收益的概念、内涵、核算标准、收益分配原则、预算归属类别。借鉴国有资本经营预算经验，研究推动建立国有自然资源资产预算制度，实现全民所有全民共享。

（七）建立健全考核监督制度，防止权益受损

建立健全考核评价制度和监督体系，对所有者职责履行、全民所有自然资源资产变化等情况进行考核评价，建立奖惩机制。健全自然资源资产监督体系，加强委托人对代理人的监督管理，发挥人大、司法、审计和社会监督作用，形成监管合力。

（八）建立健全资产报告制度，接受人大监督

建立健全国有自然资源资产管理情况报告制度。制订范围明确、分类科学、报告与报表相辅相成、实物量与价值量相结合的报告框架和内容。起草和报告国有自然资源资产管理情况，研究处理全国人大常委会审议意见，主动接受人大监督。指导地方建立健全政府向本级人大报告国有自然资源资产管理情况的制度，向全国人民交出国有自然资源资产"明白账""放心账"。

权益管理制度体系是一个开放的体系，未来将随着所有者权益管理工作的持续深化和实践探索而不断丰富完善。在本书的后续章节中，我们将进一步详细阐述权益管理的八项基础性制度和生态产品价值实现机制。

第二章 全民所有自然资源资产所有权委托代理机制理论及试点实践

中国是单一制国家而非联邦制国家，全民所有自然资源所有权的行使统一于中央政府，即国务院。相关法律规定，国务院代表国家行使全民所有自然资源所有权，这是生产资料公有制在自然资源所有权行使主体上的法律体现。由于全民所有自然资源资产数量巨大、种类繁多、分布广泛，且管理的专业性较强，国务院难以直接对全部的自然资源资产行使占有、使用、收益、处分等权利，需要根据资源特点，采取不同的管理方式，其中一部分所有者职责由中央政府直接行使，更多的所有者职责需要采取委托代理的方式由地方政府代理履行，从根本上解决全民所有自然资源资产"由谁管"的问题。

第一节 全民所有自然资源资产所有权委托代理理论探索

一、委托代理基础理论及启示

（一）委托代理理论

经济学和管理学意义上的委托代理理论源于企业的契约理论，主要描述和定义企业所有者与经营者之间两权分离状态下的关系。委托代理理论的中心任务是研究在委托人和代理人之间利益相冲突和信息不对称的环境下，委托人如何设计最优契约激励代理人，实现委托人的利益最大化。

该理论认为，代理关系是指当事人或委托人授予代理人一定的权利，要求代理人按照委托人的利益为其服务。如果代理人能够完全按照这一原则办事，则这种代理关系不会发生任何额外的成本，也不存在所谓的代理人问题。但现实世界中，由于代理人的利益与委托人的利益往往不完全相同，如果代理人在代理活动中追求自身效用的最大化，就不会完全按照委托人的利益行事，甚至会利用委托人授予的权利，以损害委托人的利益为代价，增加自身的效用。为防止这种现象的发生，当事人需通过严密合同关系和对代理人活动密切监督来限制代理人的行为。委托人所付出的代价，叫作代理成本，由此产生的一系列问题，称为"代理人问题"。代理成本包括三部分：委托人的监督费用、代理人的担保费用和剩余损失（即委托人因代理人代他决策而产生的一种价值损失）。

解决"代理人问题"，关键是建立、完善和强化激励、约束机制。在这种机制中，委托人发出的激励和约束信号必须是指向代理人的，这种指向越是方向明确，经过的环节越少，激励和约束信号的传递效率以及由此形成的对代理人的激励和约束作用就越大。具体包括：

1. 减少委托环节

委托人发出的指示或要求必须指向代理人，经过的环节越少，传递的效益作用越大，即直接的或较少层次的委托代理关系必定比较多层次的委托代理关系所产生的效率高。

2. 完善激励机制

比如，在股份公司治理体系中股东对经理人员的激励机制，主要包括将部分股权赠予经理人员，使委托人与代理人的利益相同，使报酬更富有刺激性，且增加经理人员对股份公司的认同感、增加工作的成就感。

3. 完善约束机制

对代理人进行有效考核或评估，使其收入与代理人绩效挂钩，有效的代理人绩效考核主要包括科学的考核指标体系、健全的考核机制和严肃的考核办法。

（二）对所有权委托代理的启示与借鉴

中央政府将部分全民所有自然资源资产所有者职责委托地方政府代理履行，这就涉及中央政府和地方政府间委托代理的问题。

1. 全民所有自然资源资产所有者职责的"代理人问题"

全民所有自然资源资产所有者职责委托代理的实质，是中央政府（委托人）委托地方政府（代理人）代理行使全民所有自然资源资产所有者职责。中央政府与地方政府间的委托代理关系不同于一般的委托代理，具有其特殊性，具体表现在：

第一，委托人目标多元化，既需要代理人通过处置、配置部分自然资源资产以支撑经济社会发展，又需要代理人承担自然资源资产保护的责任义务。

第二，委托人、代理人均不可自由退出委托代理关系，即中央政府与地方政府间委托代理关系具有一定强制性。委托人在没有找到合适的代理人的情况下，有时不得不接受一个不满意的代理人，而且代理人也不能拒绝委托人的代理。主要体现是：首先，中央政府和地方政府存在严重的信息不对称，中央政府进行信息收集和鉴别的成本巨大，高于实施监督核查所带来的收益，中央政府有时选择不核查，因此，部分时候存在"信息盲区"。其次，公共政策选择中的"逆向选择"。中央政府无法识别代理人备选方案的实际效用，使地方政府在落实中央宏观政策的实施方案选择过程中，越是有利于代理人的备选方案越容易成为现实选择，造成最后的结果与委托人的理想效益存在差距。再次，地方政府的"道德风险"。代理人利用自己的信息优势，减少自身要素的投入或采取机会主义行为达到自我效用最大化，从而影响组织的整体效益。在中央政府与地方政府博弈中，当委托人监督不力且两者之间存在严重信息不对称时，地方政府可能以种种借口不执行中央政府的相关政策。

2. 理论成果借鉴

第一，减少代理层级。中国的政府管理体系由五级行政架构组成，过去，虽然法律法规对哪级政府可以履行所有者职责没有明文规定，理论研究和实践上也均缺少所有者职责的概念，但实际工作中，五级政府均在履行着部分所有者职责，管理层级过多，看似共同履职，出现问题时实际很难明确履职主体。

构建所有者职责委托代理机制，要相应减少委托代理的层级，并尽可能采取并行委托的形式，减少层层传导，更加有利于委托人目标的实现。

第二，构建激励机制。中央政府可以对地方政府设置自然资源资产的固定收益及浮动收益，固定收益可以认为是经济学上的股份分红，浮动收益可以认为是对地方政府绩效考核的激励，有效实现中央政府与地方政府的利益一致性，实现中央政府与地方政府的一致发展。建立科学合理的报酬激励机制（即收益分配机制），有效地将中央政府与地方政府的利益捆绑起来，实现中央政府与地方政府的同一方向发展。

第三，构建约束机制。在委托地方政府代理履行全民所有自然资源资产所有者职责基础上，研究探索相适应的考核机制，逐步建立完善机制性评价考核制度。

二、所有者职责委托代理行为性质研究

委托一般是指委托主体将特定的权力或权利交由他人代为行使的行为。按照委托主体的不同，分为行政委托和民事委托。代理，是委托的结果，委托人赋予受托人代理权，产生代理关系。在现行法律法规框架内，对"全民所有自然资源资产所有者职责委托代理"的行为性质，可以有两种解释，一种是行政委托，一种是民事委托。为明确其性质，首先对两种委托进行必要的分析。

（一）行政委托与民事委托的基本概念

1. 行政委托

行政委托指行政机关将其部分行政权力委托给其他行政机关或特定社会组织的行为。通过委托，产生行政上的委托代理关系。例如，《行政处罚法》第二十条规定："行政机关依照法律、法规、规章的规定，可以在其法定权限内书面委托符合本法第二十一条规定条件的组织实施行政处罚。"《森林法》第五十七条规定："农村居民采伐自留山和个人承包集体林地上的林木，由县级人民政府林业主管部门或者其委托的乡镇人民政府核发采伐许可证。"

在谈到行政委托的过程中，经常会出现"行政授权"的概念，容易引起混淆。根据"职权法定"原则，行政机关的权力来源于法律授权（包括立法机关的直接授权）。如果行政机关需要将其部分权力进一步授权其他行政机关行使，而又无法律法规规定，则视同于"行政委托"。

2. 民事委托

民事委托全称为"民事性质的委托"，指民事主体将民事权利委托其他民事主体的行为。通过委托，产生民法上的代理关系。"民事委托"有时也称为"民事授权"，民法上的授权在实践中等同于委托。《民法典》第一百六十三条规定："代理包括委托代理和法定代理。委托代理人按照被代理人的委托行使代理权。法定代理人依照法律的规定行使代理权。"

需要注意的是，根据《民法典》，行政机关也可以作为特别法人、民事主体进行民事委托。在这些委托关系中，行政机关并非依靠行政强制力，而是通过民事契约与代理方发生法律关系，与代理方是平等的民事关系，同时，也要承担相应的民事责任。

3. 民事委托中的"信托"

除了一般的委托代理或法定代理，"信托"也可以认为是一种"民事委托"，也可以形成委托代理关系。《信托法》第二条规定："信托，是指委托人基于对受托人的信任，将其财产权委托给受托人，由受托人按委托人的意愿以自己的名义，为受益人的利益或者特定目的，进行管理或者处分的行为。"信托与一般的委托代理的主要区别在于：信托的受托人以自己的名义进行法律行为，当受托人为第三人即受益人管理或处分信托财产时，受托人对自己行为的后果负责。与一般的民事委托代理一样，信托可以通过合同、遗嘱、宣言或法律的直接规定成立。

（二）行政委托与民事委托的异同

1. 无论是行政委托还是民事委托，法律后果均由委托人承担（信托除外）

根据现行法律法规，除了作为立法机关的全国人民代表大会及其常务委员会授权，或法律法规授权，无论是行政委托、民事委托，还是行政机关授权，受托人（代理人）都以委托人的名义行使权利，受托人（代理人）在代理权限内，以委托人（被代理人）名义所为的符合代理行为要件的行为，其法律后果直接由委托人（被代理人）承担，受托人不承担任何法律责任。如《行政处罚法》第二十条规定："委托行政机关对受委托组织实施行政处罚的行为应当负责监督，并对该行为的后果承担法律责任。受委托组织在委托范围内，以委托行政机关名义实施行政处罚；不得再委托其他组织或者个人实施行政处罚。"《民法典》第一百六十二规定："代理人在代理权限内，以被代理人名义实施的民事法律行为，对被代理人发生效力。"

2. 行政委托不得转委托，而民事委托可以转委托

无论是行政委托还是行政授权，如无法律法规规定，都只能委托（或授权）一次，不能再向第三方转移。《立法法》第十二条规定："被授权机关不得将被授予的权力转授给其他机关。"《行政处罚法》第二十条规定："受委托组织在委托范围内，以委托行政机关名义实施行政处罚；不得再委托其他组织或者个人实施行政处罚。"虽然《行政处罚法》之外的行政法规没有明确规定不能再转委托，但根据公法"法无授权不可为"的原则，行政委托实际上也不能再转委托。根据《民法典》，在民事委托关系中，代理人经委托人同意，还可以转委托第三人代理。

（三）所有权委托代理与行政委托、民事委托的区别

一般而言，如果委托的客体是行政许可等行政权力，那么相应的委托关系就应该是行政委托关系；如果委托的客体是民法意义上的所有权，那么相应的委托代理关系就应该是民事上的委托代理关系。但是，与纯粹行政法意义上的行政委托或纯粹民法意义上的民事委托相比，全民所有自然资源资产所有者职责的委托代理，在委托、受托的主体和客体上，仍有其特殊性。

1. 在委托、受托主体方面

全民所有自然资源资产所有者职责委托代理的委托主体和受托主体都是行政机关，虽然其在行使所有权、与市场主体发生法律关系的过程中，可以作为特别法人视为民事主体，与一般的市场主体地位平等。但在发生委托代理关系的过程中，在中央政府及其代表（委托主体）向地方政府（受托主体）委托的过程中，并不能将委托主体和受托主体视为平等的民事主体。例如，依据宪法，

地方政府需接受中央政府（即国务院）的统一领导，中央政府要进行委托，地方政府无权利拒绝。因此，也难以直接将所有者职责委托代理界定为纯粹的"民事委托"，不能简单参照民法财产权的委托代理，建立中央政府与地方政府的民事委托代理法律关系。

2. 在委托客体方面

全民所有自然资源资产所有者职责委托代理的委托客体不是一般的行政权力，而是具有民法物权特点的国家所有权的部分权能、权利，以及相应的所有权管理职责和责任义务。因此，难以直接将所有者职责委托代理界定为纯粹的"行政委托"。不能简单按照既有的行政层级关系，建立中央政府和地方政府的行政委托代理关系。

（四）所有者职责委托代理行为性质的路径选择

关于所有者职责委托代理行为的法律性质，可以有三种路径选择。

1. 将所有者职责委托代理的性质明确为"行政委托"

自然资源部作为行政机关，经国务院授权，将所有权管理作为行政管理事项，以行政委托的方式将所有权的部分行政管理职责委托地方政府代理行使。受托人以自然资源部的名义开展相关工作，受托事项不得转委托。

2. 将所有者职责委托代理的性质明确为"民事委托"

自然资源部作为全民所有自然资源资产所有权民事法律意义上的权利主体（所有权具体代表行使主体），以民事委托的方式将所有权的部分权能委托给省级政府。省级政府可以按照一定的规则，经自然资源部同意后，再将部分权能或具体的事务性工作进一步转委托给下级政府或有关部门。受托人以自然资源部的名义开展相关工作。

3. 创设新型的所有者职责委托代理制度

按照建立中国特色自然资源资产产权制度的要求，创设新型的所有者职责委托代理制度。在宪法宣示自然资源国家所有的前提下，侧重自然资源资产国家所有权在民法物权意义上的实现，相应地，自然资源部对有关地方政府的委托也侧重其民事特点，但要根据所有者职责内涵，通过法律手段、制度设计等保障公共利益的实现，包括体现权责对等，明确地方政府相应的法律责任。为提高管理效率，充分考虑省级政府、市（地）级政府的积极性，在确保中央对生态、经济、国防等具有重要作用的自然资源资产直接行使所有权的前提下，可以将其余资源的所有者职责委托给省级、市（地）级人民政府。《全民所有自然资源资产所有权委托代理机制试点方案》提出，国务院代表国家行使全民所有自然资源所有权，授权自然资源部统一履行全民所有自然资源资产所有者职责。其中，部分职责由自然资源部直接履行，部分职责由自然资源部委托省级、市（地）级政府代理履行，法律另有规定的依照其规定。自然资源部要加强对统一履行所有者职责的统筹谋划，制定统一规则，统一考核监督，统一报告国有自然资源资产情况，以体现"统一行使"。

从法理应用、技术规范、实践操作等方面对上述三种路径进行分析比较，行政委托、民事委托均不能很好地实现通过所有者职责委托代理完成统一行使全民所有自然资源资产所有者职责的目标，唯有创设新型的所有权代理制度是可行的路径选择。

三、构建新型所有者职责委托代理机制

全民所有自然资源资产所有权主体（全体人民）的全民性、客体（国有自然资源资产）的公共性、公益性决定了该所有权还承载着公共职能，不能简单等同于民法物权，全民所有自然资源资产所有权是具有显著公权特征的民事权利。与此同时，所有者职责委托代理的客体是"所有者职责"，是一个包含权能、权利、责任、义务的综合概念，不宜单纯套用民事或行政委托代理规范。

（一）新型所有者职责委托代理机制的特点

习近平总书记指出，"国家对全民所有自然资源资产行使所有权并进行管理和国家对国土范围内自然资源行使监管权是不同的，前者是所有权人意义上的权利，后者是管理者意义上的权力"。区分"所有权"和"监管权"最根本的是要区分"基于所有权而进行的管理"和"基于行政监管权而进行的管理"，明确两种不同性质管理行为的内涵、差别，划清二者边界。《宪法》第一百零七条规定"地方各级人民政府依照法律规定的权限，管理本行政区域内的

行政工作",所以,对于行政监管权,法律规定就是"分级行使"的,不需要"委托"。而所有权是不同的,法律规定国有自然资源资产的所有权统一于中央政府,即国务院。但由于国有自然资源资产地域分布广泛、资源数量庞大,且种类繁多、各资源种类管理的专业性较强,中央政府难以直接对全部的国有自然资源资产行使占有、使用、收益、处分等权利。因而,需要根据资源的特点,采取不同的管理方式。其中一部分,可以由中央政府直接行使,更多的部分,还是需要委托地方政府代理履行所有者职责,这既是落实党的十九届三中全会精神、落实统一行使所有者职责、完善和发展中国特色社会主义制度、推进国家治理体系和治理能力现代化的需要,也是充分调动中央和地方两个方面积极性的需要。

与分级行使的行政监管权相比,委托代理行使具有突出优势。

1. 管理体系更加统一

以前,在自然资源管理中,没有区分所有权与监管权,对所有权也没有清晰的界定。通过委托代理,真正把"由国务院代表国家行使所有权"的法律规定落到实处,明确行权履职主体,避免所有权虚置,所有权管理体系更加完善,有利于重要自然资源资产的保护,同时也能更好地实现全民所有自然资源资产全民所有、全民共享、全民参与、全民监督。

2. 责权利更加清晰

委托什么权利,就要履行什么样的义务,承担相应的职责,因所有权产生的收益也应优先用于对应的权利实现和职责落实。权责清晰,才能更有效地落实监管、实现生态文明建设的目标。

3. 管理更加灵活

国务院可以决定由中央政府直接行使或委托给地方政府代理履行所有者职责,如果地方管理得不好,在一定情况下可以随时收回委托;委托代理可以在特定的范围内进行委托,不受法定行政区划的限制,如跨行政区、跨流域的国家公园、大江大河等;委托代理可以委托所有者职责的全部或者部分内容,可以针对不同省份、不同地市委托不同内容、不同权能,还可以动态调整。

（二）新型所有者职责委托代理机制的责任承担

对于委托省级、市（地）级政府代理履行的部分，委托的主体是自然资源部，委托的对象是省级、市（地）级政府，相应的法律责任由谁承担？可以编制资源清单的方式委托所有者职责。委托人、代理人根据有关法律法规、工作职责以及委托代理事项依法行权履职，并承担相应法律责任。

第二节　全民所有自然资源资产所有权委托代理机制试点的制度设计

为统筹推进自然资源资产产权制度改革，落实统一行使全民所有自然资源资产所有者职责，探索建立全民所有自然资源资产所有权委托代理机制，2021年6月，中共中央办公厅、国务院办公厅印发《全民所有自然资源资产所有权委托代理机制试点方案》（本章以下简称《试点方案》），部署开展试点工作。

一、试点目标和重要意义

《试点方案》强调，试点工作要以习近平新时代中国特色社会主义思想为指导，深入贯彻习近平生态文明思想，以所有者职责为主线，以自然资源清单为依据，以调查监测和确权登记为基础，以落实产权主体为重点，着力摸清自然资源资产家底，依法行使所有者权利，实施有效管护，强化考核监督，为切实落实和维护国家所有者权益、促进自然资源资产高效配置和保值增值、推进生态文明建设提供有力支撑。重要意义主要表现为：

一是深入推进生态文明体制改革的必然要求。《试点方案》以问题为导向，聚焦统一行使全民所有自然资源资产所有者职责这一重大核心问题，提出了所有权委托代理机制的总体设计、改革举措和重点任务，回答了所有者职责是什么、怎么构建、如何行使，并确立了路线图和时间表，体现了党中央从更深层次、更科学的治理机制来解决当前生态保护和自然资源开发利用中存在突出问题的总体谋划。

二是统筹推进自然资源资产产权制度改革的必然要求。产权制度改革的一项重要改革任务是明确自然资源资产产权主体。产权不清、权责不明，保护就要落空。《试点方案》界定了所有权、使用权以及管理权的关系，探索将自然资源资产所有权与使用权分离，创新自然资源资产所有权的多种有效实现形式，努力提升自然资源要素市场化配置水平。

三是落实统一行使全民所有自然资源资产所有者职责的必然要求。《试点方案》首次将全民所有自然资源资产所有者职责明确为"主张所有、行使权利、履行义务、承担责任、落实权益"二十个字、五项内容，并将其作为推进试点工作的理论基础和重要遵循，是自然资源管理的重大理论创新。《试点方案》明确了"统一行使"的模式，包括自然资源部直接履行和自然资源部委托有关地方政府代理履行两个层面，通过编制省级、市（地）级政府代理履行所有者职责的自然资源清单形式完成委托，并指导各地依据代理权责依法行权履职。

二、试点的重点任务

针对全民所有的土地、矿产、海洋、森林、草原、湿地、水、国家公园等8类自然资源资产（含自然生态空间）开展所有权委托代理试点。一是明确所有权行使模式，国务院代表国家行使全民所有自然资源所有权，授权自然资源部统一履行全民所有自然资源资产所有者职责，部分职责由自然资源部直接履行，部分职责由自然资源部委托省级、市（地）级政府代理履行，法律另有规定的依照其规定。二是编制自然资源清单并明确委托人和代理人权责，自然资源部会同有关部门编制中央政府直接行使所有权的自然资源清单，试点地区编制省级和市（地）级政府代理履行所有者职责的自然资源清单。三是依据委托代理权责依法行权履职，有关部门、省级和市（地）级政府按照所有者职责，建立健全所有权管理体系。四是研究探索不同资源种类的委托管理目标和工作重点。五是完善委托代理配套制度，探索建立履行所有者职责的考核机制，建立代理人向委托人报告受托资产管理及职责履行情况的工作机制。

三、试点的基础——编制自然资源清单

编制自然资源清单是所有权委托代理机制试点中的一项最为基础性的工作,通过自然资源清单,明确哪些所有者职责由自然资源部直接履行,哪些委托地方政府代理履行。

(一)清单编制的政策遵循

《生态文明体制改革总体方案》指出,对全民所有的自然资源资产,按照不同资源种类和在生态、经济、国防等方面的重要程度,研究实行中央和地方政府分级代理行使所有权职责的体制,实现效率和公平相统一。分清全民所有中央政府直接行使所有权、全民所有地方政府行使所有权的资源清单和空间范围。中央政府主要对石油天然气、贵重稀有矿产资源、重点国有林区、大江大河大湖和跨境河流、生态功能重要的湿地草原、海域滩涂、珍稀野生动植物种和部分国家公园等直接行使所有权。《关于统筹推进自然资源资产产权制度改革的指导意见》指出,研究建立国务院自然资源主管部门行使全民所有自然资源资产所有权的资源清单和管理体制。探索建立委托省级和市(地)级政府代理行使自然资源资产所有权的资源清单和监督管理制度,法律授权省级、市(地)级或县级政府代理行使所有权的特定自然资源除外。

《试点方案》明确,国务院代表国家行使全民所有自然资源所有权,授权自然资源部统一履行全民所有自然资源资产所有者职责,部分职责由自然资源部直接履行,部分职责由自然资源部委托省级、市(地)级政府代理履行,法律另有规定的依照其规定。在此基础上,《试点方案》提出,编制自然资源清单并明确委托人和代理人权责,自然资源部会同有关部门编制中央政府直接行使所有权的自然资源清单,试点地区编制省级和市(地)级政府代理履行所有者职责的自然资源清单。

（二）清单编制的目的和作用

通过编制各层级的自然资源清单，明确各级政府履行或代理履行所有者职责的主体、对象、范围、权利义务、受托责任，以解决自然资源资产管理领域长期以来存在的"所有权人不到位、管理权责不明确"等问题。自然资源清单的作用主要表现在：一是划清边界，即划清各级政府在履行或代理履行所有者职责时的全民所有自然资源资产范围边界。二是明确主体，即明确各级政府、各类自然资源资产行权履职的具体单位或部门，确定责任主体。三是明晰权责，即明确各责任主体行权履职的职责、权利义务等内容。

（三）清单编制的层级体系

按照《试点方案》的要求，对应履行或代理履行所有者职责的三个层级主体，即自然资源部、省级政府、市（地）级政府，为明确各主体的履职边界、权利义务关系等，相应编制三个层级的自然资源清单，即中央政府直接履行所有者职责的资源清单、省级政府代理履行所有者职责的资源清单、市（地）级政府代理履行所有者职责的资源清单。法律规定由县级政府履行所有者职责的，可以梳理后作为自然资源清单的补充内容。

（四）清单编制的原则

1. 资源种类全覆盖

按照统一行使全民所有自然资源资产所有者职责的要求，自然资源清单应当覆盖土地、矿产、海洋、水、森林、湿地、草原等各自然资源门类和作为自然资源生态空间的国家公园。

2. 考虑行权能力

结合各资源种类特点、管理体制现状，依托现有管理机构，充分评估行权能力，确保列入各个层级清单的自然资源资产能够接得住、管得好。

3. 实行动态调整

着眼当前、兼顾未来，把看得准、有把握、分歧少的职责内容和清单范围梳理出来，按资源种类分别列出各个层级清单的具体资源范围，可根据需要动态调整。

4. 与相关改革协同

做好与自然资源统一确权登记、自然资源有偿使用制度改革、国家公园体制改革、重点国有林区改革等工作的协同,做好与相关法律法规修改的衔接。

(五)根据资产特点确定履职主体

从自然资源资产的功能价值看,可以区分为主要体现生态功能价值的公益性资产与主要体现经济价值的经营性资产,根据资产属性特点分类确定履职主体。

1. 公益性自然资源资产主要是直接或间接为社会公众服务,或者行政主体自身需要持续使用的自然资源资产

主要有国家公园、水资源、湿地,军事、国防以及行政机关用地等自然资源资产。对公益性全民所有自然资源资产,主要是完善配置程序和方式,加强保护与修复。在履职主体方面,以自然资源部履行或省级政府代理履行为主。

2. 经营性自然资源资产主要是指能够进入市场流通,提供市场产品的自然资源资产[①]

主要包括:经营性建设用地、国有农场、经济林木、经营性用海、牧场以及非战略性矿产资源等。这些自然资源资产国家所有权下的权利侧重财产权的实现,大多能够在市场上流通并获得收益。在履职主体方面,可委托市(地)级政府代理履行所有者职责。

(六)清单主要内容

自然资源清单采用正面清单的方式,以表格形式呈现,主要内容包括资源种类、清单范围、履职主体、所有者职责内容、清单范围确立依据、所有者职责内容确立依据等方面。对一些名词解释、备注事项,以及在清单表格中无法直观展现的未尽事宜等,可以通过清单注释的形式进行说明。不同层级的自然

---

① 陈静、陈丽萍、郭志京:"自然资源资产国家所有权实现方式探讨",《中国土地》,2020年第1期。

资源清单还可结合管理实际，调整或增加相关内容。

1. 资源种类

按照《试点方案》明确的资源种类编制，具体包括土地、矿产、海洋、森林、草原、湿地、水、国家公园等 8 类自然资源资产（含自然生态空间）。编制清单时应涵盖本地区现有全部资源种类，体现资源种类全覆盖的原则。

2. 清单范围

指在每一资源种类下，根据履职主体的行权能力，细化行权履职的自然资源资产边界和范围。清单范围一定要具体化、指向明确，避免理解上的歧义。

3. 履职主体

按照中央文件精神，国务院代表国家行使全民所有自然资源所有权，授权自然资源部统一履行全民所有自然资源资产所有者职责，部分职责由自然资源部直接履行，因而中央级自然资源清单的履职主体是自然资源部（含国家林草局）。省级政府和市（地）级政府受自然资源部委托，代理履行部分所有者职责，是所有者职责代理履行主体，为了明确具体责任单位，编制省级和市（地）级自然资源清单时，还要结合本地区机构设置、部门职责等情况，确定具体资源种类所有者职责管理的具体承担部门，如自然资源厅（局）、林草厅（局）等。

4. 所有者职责内容

按照所有者职责"主张所有、行使权利、履行义务、承担责任、落实权益"的内涵，针对具体资源特点，结合管理现状和有关法律法规以及政策文件规定，进一步细化后，逐条形成具体的、可操作的所有者职责工作任务，并逐一列出，如组织开展专项调查、清查统计，摸清资产家底；组织开展统一确权登记，明晰相关产权主体及权利义务内容等。

5. 清单范围确立依据

指确定某一层级自然资源清单范围的法律法规、部门"三定"规定以及相关政策文件依据等。

6. 所有者职责内容确立依据

指列入清单所有者职责内容的依据，包括法律法规、部门"三定"规定以及有明确职责分工的相关政策文件等。

自然资源清单的结构如表 2-1 所示。

表 2-1　自然资源清单表格示例

中央政府直接行使所有权的自然资源清单（示例）

资源种类	清单范围	所有者职责		清单范围的确立依据	职责内容的确立依据
		履职主体	具体内容		
矿产资源	石油、烃类天然气等矿种资源	自然资源部	1. 组织开展专项调查、清查统计，摸清资产家底。 2. ……	……	……

四、不同资源种类的委托管理目标和工作重点

所有权委托代理机制试点过程中，应针对土地、矿产、海洋、森林、草原、湿地、水七类自然资源资产和国家公园这一特定自然生态空间内全部自然资源资产，聚焦实践中的突出问题，确定改革重点和方向。

（一）土地资源

1. 主要问题

一是国有土地主要由市、县配置（包括划拨、出让），缺乏必要的监督考核，部分地区仍然存在违反市场公平规则、低价出让土地的情况，损害所有者权益。二是中央、省两级政府行权履职的范围不够清晰，如重点国有林区、中央直属垦区的国有土地资产由中央行使所有权还是由省代理履行所有者职责，尚不明确。三是用益物权未覆盖各种地类，国有农用地和未利用地的所有者职责履行主体、履职方式不清，国有农场、林场和牧场土地所有者与使用者权能不清，法律法规只提及国有农用地可以参照农村土地承包经营，但未明确发包主体和具体的资源配置方式。四是国有土地资产没有实现全口径统一管理，部分未确定使用权人的国有土地没有纳入资产监管体系。

2. 改革重点和方向

侧重实现国有土地资产价值，加强委托人对代理人的监督考核。重点厘清中央、省两级政府行权履职范围，明确重点国有林区和中央直属垦区国有土地

所有者职责履行主体。研究明确国有农用地、国有未利用地所有者职责履行主体，建立健全所有者职责履行主体依法发包或配置使用权、使用权人依法承包经营或使用的国有农用地管理制度。将所有未确定使用权人的国有建设用地纳入储备，实施统一管护、开发、利用和监管。

（二）矿产资源

1. 主要问题

一是矿产资源所有权的产权体系及相应的市场体系有待健全。二是资源调查、勘探的投资不足，资源储备制度尚未建立，所有权登记办法有待完善。三是基于所有者权益的出让收益和行政监管税费不分，所有者收益底数不清。四是油气资源由中央行权，但省级或市（地）级政府对油气等矿产的管护责任尚未落实等。

2. 改革重点和方向

侧重实现矿产资源的所有者权益以及重要战略性矿产资源的保护性利用和储备。重点研究明确中央负责出让登记的重要战略性矿产资源中需委托省级政府履行的部分所有者职责。加快推进矿产资源公益性地质调查、矿产资源前期勘查、矿产资源探明储量的登记等。加强对代理人落实"净矿"出让制度的监督检查。完善矿业权出让收益管理制度。探索建立矿产地储备制度。

（三）海洋资源

1. 主要问题

一是海洋资源仍存在所有者职责分散的问题，海洋生态保护与资源开发利用的冲突仍然突出，非法围填海的问题仍然存在。二是无居民海岛所有者职责代理履行主体不明确，保护力度有待加大。三是海域范围内与其他自然资源资产所有者权益存在历史遗留问题有待处理。

2. 改革重点和方向

侧重加强对海洋资源所有者职责的统筹协调，解决好海洋资源生态保护和开发利用问题。重点明确海洋空间、海洋生物、海洋矿产等各类海洋资源的所有者职责与资源利用行业管理的关系，建立健全在同一空间范围内海洋资源保护利用分级分类的所有权委托代理机制。全面规范和严格管控无居民海岛开发利用活动，依法配置无居民海岛资源并完善相应权能。

（四）森林资源

1. 主要问题

一是森林资源质量有待进一步提高。中国提出了碳达峰、碳中和目标，根据国际上现有的碳汇计算规则，森林碳汇在陆地生态系统碳汇中占较高比例。因此，森林资源质量提升很重要，不仅要提高森林覆盖率，还要提升森林蓄积量。二是重点国有林区的所有者职责履行主体与履职能力不完全匹配，国有林业企业的国有自然资源资产出资人职责制度及相应的管理体制有待健全。三是国有林场森林资源资产的所有者职责代理履行主体有待明确。四是国有森林资源资产的有偿使用制度需要加快推进。

2. 改革重点和方向

侧重提升森林质量，加快森林资源培育和恢复，促进森林覆盖率、森林蓄积量增长，实现森林资源永续发展。重点建立与履职能力相适应的国有森林资源资产所有权管理体制。加快推进森林资源专项调查和确权登记。探索建立国有林业企业的国有自然资源资产出资人职责制度。强化森林资源监督机构对地方林草主管部门、国有林业企事业单位履职情况的监督。加快建立国有森林资源有偿使用制度，推进国有森林资源资产收益管理研究。

（五）草原资源

1. 主要问题

一是国有草原资源缺乏明确的所有者职责代理履行主体，草原目前全部由地方管理，暂无中央直接行权的范围。二是草原系统性保护还不到位，有的地方在生态修复时，不顾水资源条件在该种草的地方种树，没考虑好水平衡的问题。三是草原有偿使用制度尚未建立，生态功能保护与恢复力度还不足。

2. 改革重点和方向

侧重实现草原面积不减少，生态功能逐步提高，生态系统更加完整。重点落实国有草原资源所有者职责代理履行主体，加快推进草原资源专项调查和确权登记。以自然恢复为主加强草原保护与修复，完善国有草原承包经营制度，完善和落实草原禁牧和草畜平衡制度。探索建立国有草原资源有偿使用制度，推进国有草原资源资产收益管理研究。

（六）湿地

1. 主要问题

一是湿地的内涵和范围还不明晰，湿地与水资源、海洋资源、草原资源在管理上都存在交叉。二是地方对其管理的国际重要湿地，管理范围不明确、监测工作不规范、日常管理不到位。三是中央与地方在各类湿地特别是国际重要湿地管理、使用等方面的职责划分不清，湿地生态保护的修复力度不足。四是湿地被乱占的现象没有得到根治，湿地不减少的要求没有充分落实。

2. 改革重点和方向

侧重实现湿地面积不减少，保护生物多样性，履行国际湿地公约。重点推进对湿地概念的界定，理顺中国湿地与水资源、海洋资源、草原资源的关系。结合自然资源统一确权登记工作开展湿地范围划定，落实湿地所有者职责代理履行主体。逐步明确中央与地方在国际重要湿地及其他湿地管理、使用等方面的职责划分，探索特许经营制度。

（七）水资源

1. 主要问题

一是所有权客体较为复杂，导致相关资源资产的所有者职责代理履行主体难以确定。二是水资源约束没有真正成为刚性，以水定城、以水定地、以水定人、以水定产没有落实。三是黄河地区水资源试点要重点探索滩区的突出矛盾，解决河道内各种自然资源的交叉与冲突问题。四是生态系统中的水平衡水循环问题还没有研究透。

2. 改革重点和方向

侧重摸清水资源资产家底和落实产权主体。重点开展水资源统一调查、确权登记和资产报告。基于自然生态系统和水循环理论，探索建立生态优先的统一水资源分类和调查标准体系。加快推进地下水资源量、质量、水位以及储存量变化量调查。开展重点地区生态系统水平衡调查试点。探索明确地表水和地下水自然转换过程中的水资源所有者职责履行主体。合理划定水域、水流与其他资源的边界。完善水资源资产报告制度。

（八）国家公园

1. 主要问题

一是自然保护地体系整合优化尚不到位，国家公园保护与地方经济发展的关系有待进一步协调。二是国家公园范围内各类自然资源资产的权属边界有待明确，自然资源资产家底有待摸清。三是国家公园范围内全民所有自然资源资产管理的具体实现形式有待进一步探索。

2. 改革重点和方向

侧重实现整体保护、自然恢复、系统修复，确保重要自然生态系统、自然遗迹、自然景观和生物多样性得到系统性保护。重点结合国家公园体制建设，进一步完善所有权委托代理机制，明确中央直接管理和委托地方管理的国家公园的中央与地方事权划分。按照自然生态系统原真性、整体性、系统性及其内在规律，探索对不同种类自然资源资产的科学保护和合理利用，加强生态保护修复。在不损害生态系统前提下，在一般控制区内探索特许经营制度，统一核算相关收益。

五、试点中需要理顺的几大关系

（一）理顺所有权与监管权的关系

长期以来，自然资源管理体制没有区分"所有者权利"与"监管者权力"，政府兼具资产管理、行政监管等多种职能。比如，在自然资源审批管理中，相当数量的行政审批属于资产处置事项。这一事项的本质属性实际为所有者权益，不属于监管者职责。履行所有者职责的内容，包括统一调查监测、统一确权登记、统一标准规范、统一信息平台等,侧重的是资源资产管理、市场化配置、资产权益的实现、资源的保护和利用,发挥好全民所有自然资源资产的经济价值、生态价值和社会价值,不包括用途管制、执法监察、行业监管等行政监管职责。试点过程中,需要不断建立健全所有权管理的制度体系,更好地落实和维护所有者的权益,并通过创新管理体制、管理方式,实现管理效果最优化,确保所有者职责和监管者职责相互独立且都能履行好。

（二）理顺统一行使、直接行使、委托代理和法律授权的关系

考虑到现阶段一些自然资源的行业管理与资产管理、所有者职责与监管职责还存在交织,建立委托代理机制需统筹衔接好落实"统一行使"的总体要求和尊重现行法律法规及部门职责分工。也就是说,在"统一行使"的总体要求下,对法律或部门职责分工已经明确授权由相应层级政府或部门履行的所有者职责,继续按其规定执行;对目前没有法律规定的,按照自然资源属性和生态功能重要性等特点,划定自然资源部代表中央政府直接行使的部分职责,其余职责则委托省级、市（地）级政府代理履行。因而,直接行使、委托代理、法律授权构成了履行所有者职责的三种具体形式,最终都是为统一行使服务的。

（三）理顺中央和地方权责关系

健全充分发挥中央和地方两个积极性的体制机制,理顺中央和地方权责关系,加强中央宏观事务管理,适当加强中央在跨区域生态环境保护等方面事权,减少并规范中央和地方共同事权,赋予地方更多自主权,支持地方创造性开展工作,是推进国家治理体系和治理能力现代化的重要内容。首先,发挥中央和地方两个方面的积极性,可以从不同层级政府有不同职责、事权设置的合理性、方便群众等角度去考虑。中国是五级政府的政体,职能在不同层级的政府是不一样的,这需要合理把握和设计好中央政府和地方政府的事权,做到权责对等、运行高效,不要上下为难。其次,在积极推进自然资源领域中央与地方财政事权和支出责任划分改革的基础上,赋予地方更多资源配置自主权,其中,对于

以公益性为主、在生态、经济、社会等方面具有重要作用的国有自然资源资产，可以由自然资源部或省级政府履行或代理履行所有者职责；对于以营利性为主的资源资产，可委托市（地）级政府代理履行所有者职责。

第三节　全民所有自然资源资产所有权委托代理机制试点的地方实践探索

所有权委托代理机制试点是一项全新的工作，不仅需要完善的顶层制度设计作指引，也需要广泛的地方实践探索作支撑。《试点方案》印发后，各试点地区高度重视，贯彻中央文件精神，落实自然资源部试点部署安排，坚持问题导向和目标导向，认真编制试点实施方案和自然资源清单，积极推进试点各项任务的开展。

一、总体情况

在试点区域选择方面，各地区广泛发动地市积极性，保证了试点工作充足的样本量。31个省（自治区、直辖市）和新疆生产建设兵团共选择约130个试点市（地、州、盟，含国家公园）开展试点，每个省份均选择了3个及以上试点地市。在试点资源种类方面，各地区在突出重点资源种类的同时，兼顾其他相关资源，尽可能覆盖全部资源种类。按照《试点方案》明确提出的土地、矿产、海洋、森林、草原、湿地、水和国家公园等八类自然资源资产（含自然生态空间），各试点地区在调查评价、清查统计等基础性工作方面实现了资源种类全覆盖。在重点资源种类探索上，多数省份按照《试点方案》确定的资源范围进行探索，北京、内蒙古、浙江、福建、广东、广西、贵州、宁夏等对全部资源种类开展探索。在履职模式方面，试点地区进一步明确和细化省级政府、市（地）级政府受自然资源部委托代理履行部分所有者职责及政府职能部门的分工。

二、实践探索

各试点地区按照报自然资源部备案的试点实施方案和自然资源清单，围绕所有者职责的核心内涵，结合各资源种类的实际情况，从完善制度设计、规范配置处置、加强资源保护等方面开展了实践探索。

（一）资源种类方面

1. 土地资源

各地重点从规范国有农用地、国有未利用地管理，以及创新国有建设用地配置政策方面进行试点探索。一是围绕国有未利用地，吉林探索制定使用管理办法，重庆研究明确"四荒地"所有者职责履行主体。二是围绕国有农用地，黑龙江、广东、海南和宁夏着重探索有偿使用和储备制度。宁夏探索厘清国有农（林）场土地的所有者与使用者权能关系，推进国有农用地确权，探索制定国有农用地的使用权确权登记办法。三是围绕国有建设用地，广东深圳推进二、三产业混合用地改革。江苏围绕存量盘活和优化营商环境的需求，完善国有建设用地配置管理，推进土地储备制度标准化。

2. 矿产资源

各地在"净矿"出让、矿山修复等方面进行试点探索。一是开展"净矿"出让工作，山西针对煤铝共采和砂石矿、河北沧州针对盐田开采"净矿"出让开展探索。二是山西、广西等地开展矿产开采后的生态修复和损害赔偿工作。三是贵州等地探索矿业权和土地使用权联合出让。

3. 海洋资源

沿海各省在海洋资源配置等方面进行试点探索。一是梳理海洋空间和海洋资源所有者职责与行业管理的关系，探索不同用海类型管理制度。浙江探索提出水域与其他资源重叠区域的管理办法。二是创新海洋资源配置方式。河北创新海域海岛使用权长期租赁等供应方式，开展海域使用权立体分层设权工作研究。浙江舟山开展"标准海"试点，按用海类型制定分区出让指导标准。福建探索制定出让合同范本，福州建立重大用海项目第三方评审制度。三是福建探索建立与土地审批挂钩的激励约束机制。广西、江苏建立闲置海域使用权收回制度。

4. 森林资源

各地主要围绕规范配置、林场管理和生态产品价值实现等方面进行试点探索。一是规范配置行为。内蒙古探索制定森林资源配置规则。宁夏将林木所有权等纳入自治区公共资源交易平台，探索设立森林资源回购基金，建立政府回购兜底机制。二是开展生态产品价值探索研究。福建南平深化"森林生态银行"建设，福建三明发展全域森林康养产业。四川加强林草生态产品计量核算基础研究。三是黑龙江、福建、四川、陕西探索建立国有林业企业的国有自然资源资产出资人职责制度。

5. 草原资源

各地主要围绕草原资源管理、有偿使用和保护修复等方面开展探索。一是完善草原承包经营和资产收益管理制度。新疆、黑龙江、宁夏探索解决草原资源与其他资源管理交叉重叠问题。二是探索建立国有草原资源有偿使用制度。青海选择国有农牧场开展草原资源有偿使用制度改革试点，内蒙古包头按照不同使用主体、不同区域、不同取得方式和不同利用模式，构建差别化的国有草原有偿使用机制。三是健全完善草原保护制度。云南推进草原自然公园建设试点。四川阿坝积极推行划区轮牧，探索草原生态产品价值实现。

6. 湿地

各地围绕湿地范围划定、生态保护修复和开展特许经营等方面开展探索。一是理顺湿地与其他资源关系。海南、江苏、江西、山东、云南开展湿地范围划定，厘清湿地与水资源、海洋资源的关系。二是开展湿地生态保护修复。福建福州探索湿地局部生态保护性开发模式。黑龙江、海南开展退化湿地修复，保护生物多样性。上海探索湿地生态补偿、碳汇交易、湿地银行。三是探索开展湿地特许经营。内蒙古呼伦贝尔开展湿地冬季冰冻湖面有偿使用。山东探索建立由企业等主体承担湿地特许经营保护工作机制。

7. 水资源

各地主要围绕调查监测和配置开展试点探索。一是开展调查监测。贵州、宁夏开展生态系统水平衡调查和水平衡分析。湖北宜昌开展地下水资源量、质量、水位、水温以及储存量的变化监测和调查。广西开展地下水基础环境状况调查。贵州开展岩溶地区地下水监测。广东探索开展海水入侵调查监测。山东探索地表水和地下水自然转换过程水资源量核算技术体系。二是规范水资源配置。四川宜宾探索水资源资产市场化配置管理体制机制创新，打破社会资本进入水资源资产市场瓶颈。山东日照挖掘水资源的有偿使用、水量分配，推进水权交易。

8. 国家公园

各地围绕国家公园整体保护、系统修复等工作开展试点探索。海南探索编制国家公园自然资源资产保护和使用规划。青海、湖南探索国家公园自然资源资产特许经营制度。云南探索以征收、赎买等方式将集体所有自然资源资产纳入国家公园管理范围。福建建立跨省工作协调机制，推动国家公园生态系统的完整性保护。

（二）管理创新方面

1. 发挥储备管护在自然资源资产保护和开发利用方面的积极作用

结合土地储备近年来取得的成效和经验，发挥土地储备在维护所有者权益工作上的重要作用，部分地区拓展了土地储备的层级，如江西、广西、海南开展省级土地储备试点。此外，部分地区从实践出发，积极探索其他资源资产种类的收储和管护工作，如宁夏探索森林资源回购和水权分级收储，山西、广东开展储备林建设，山东探索建立国有森林资源资产收储平台，北京探索水资源战略储备，上海探索海洋和湿地资源储备。

2. 探索创新所有权管理方式

部分地区积极推动成立自然资源资产管理公司，负责履行部分所有者职责管理事项，让专业的机构干专业的事。如浙江成立浙江省自然资源集团有限公司，开展自然资源资产运营管护等工作。

3. 利用信息化技术提升自然资源资产管理水平

各地在试点中探索建立资产管理信息系统和监管平台，提升自然资源资产管理的实效性、精确性和便利度。如北京探索建立自然资源资产台账制度和赋值体系，浙江本级探索自然资源资产"上图入库"，浙江宁波探索"一码管地"

和自然资源资产评价预警模型等。

三、理论研究

各试点地区在推进实践探索的同时，结合试点安排，通过组建研究工作专班，依托高校、科研院所等技术支撑力量，开展了全民所有自然资源资产所有权委托代理模式、国家所有权及其实现形式、所有权与监管权比较、用益物权及合同规范等重点领域的理论研究。部分地区理论研究工作开展较早，已经取得一定研究成果。如福建已完成全民所有自然资源资产所有权委托代理监督考核体系、所有权委托代理实现机制及具体形式等研究成果；内蒙古已完成全民所有自然资源资产损害典型案例汇编及损害赔偿研究等课题；浙江已初步完成全民所有自然资源资产所有权与监管权比较、全民所有自然资源资产保护和使用规划研究等课题；江西初步完成了全民所有自然资源资产用益物权及合同规范等课题。

在统一部署的研究课题之外，各试点地区还结合当地实际，围绕更好地履行全民所有自然资源资产所有者职责，开展了各具特色的理论研究探索。如海南开展了国有农用地承包经营配置规则研究，江苏和山东分别开展了基于土地成片开发背景和新形势背景下的土地储备模式研究，河北开展了生态优先的水资源分类和调查标准体系研究，福建开展了全民所有自然资源资产市场配置研究，湖北开展了自然资源资产价值核算评价研究，青海开展了三江源国家公园全民所有自然资源资产管理体制研究等。

第三章 全民所有自然资源资产清查统计

　　清查统计是摸清全民所有自然资源资产"家底"的基础性工作，是统一履行全民所有者职责的前提，包括全民所有自然资源资产清查和全民所有自然资源资产统计两方面工作。本章主要介绍全民所有自然资源资产清查统计工作的目标任务、主要思路及具体方法等。

第一节　全民所有自然资源资产清查统计概述

　　改革开放以来，中国自然资源资产产权制度逐步建立，在促进自然资源节约集约利用和有效保护方面发挥了积极作用，但也存在自然资源资产底数不清、所有权人权益不落实等问题。2016 年，《国务院关于全民所有自然资源资产有偿使用制度改革的指导意见》首次提出全民所有自然资源资产清查的概念，要求在各类自然资源调查评价和统计监测的基础上，开展资产清查，建立全民所有自然资源资产目录清单、台账和动态更新机制，全面、准确、及时掌握中国全民所有自然资源资产"家底"。为进一步加强国有资产管理，2017 年，中共中央印发《关于建立国务院向全国人大常委会报告国有资产管理情况制度的意见》，要求采取措施切实摸清各类国有资产家底。2019 年，中共中央办公厅、国务院办公厅印发《关于统筹推进自然资源资产产权制度改革的指导意见》，进一步明确全民所有自然资源资产"家底"既包括实物量，也包括价值量。

一、概念内涵

全民所有自然资源资产清查是通过查清全民所有自然资源资产所有权履职主体及使用权状况、估算资产价值、核实所有者权益，摸清资产底数的基础性工作。自然资源资产价值包括经济价值、生态价值、社会价值。目前，生态价值、社会价值内涵不明确、量化方法尚不成熟，全民所有自然资源资产清查暂时只考虑经济价值。

全民所有自然资源资产统计是以资产清查等成果为基础，收集、整理管理数据和专项调查等涉及全民所有自然资源资产变化的信息，及时掌握变动情况，定期核算分析全民所有自然资源资产家底的工作。全民所有自然资源资产统计与清查有密切的联系，资产清查可以全面查清资产"底数"的情况，但是工作周期长，无法实现动态掌握资产变化和家底情况。统计弥补了清查的不足，可以动态掌握变化情况，但缺少对"底数"的核实确认。清查和统计互为基础又互为补充，形象的说法是，资产清查类似"盘点"，通过盘点查清资产的"期初数"（底数）；资产统计类似"记账"，通过统计台账搜集、整理各时期变化情况，即"增减数"。通过资产清查与统计制度的统筹设计，可以定期掌握全民所有自然资源资产期末数家底，为全民所有自然资源资产管理筑牢数据基础。

二、工作基础

中国已开展的各资源种类的调查统计成果为全民所有自然资源资产清查统计工作提供了良好的工作基础。在自然资源调查方面，中国已完成两次全国土地调查、一次全国国土调查、两次水资源调查、一次全国地理国情普查、一次全国海洋经济调查和全国海域海岛地名普查、九次全国森林资源清查、一次全国草地资源清查、两次湿地资源调查，目前正在组织开展矿产资源国情调查和第三次全国水资源调查评价等工作。在自然资源统计方面，建立了土地、矿产、海洋等自然资源统计调查制度，自然资源督察和管理统计调查制度，以及自然资源综合统计调查制度等多项统计调查制度。

查清资产属性信息、估算经济价值和核实所有者权益是全民所有自然资源资产清查统计与其他调查统计最根本的区别。目前现有工作基础不能完全满足全民所有自然资源资产清查工作要求，主要表现在：一是各类自然资源资产的所有权履职主体、成本、收益、价格、使用权等属性信息不全；二是各类自然资源资产权利类型、权利期限、估价期日等价格内涵尚不统一，难以实现各类自然资源资产价值量全国范围内横向可比；三是不同种类自然资源资产市场发育差距较大，部分资源资产的交易行为少、交易价格信息少，有些甚至没有交易，可以直接反映全民所有自然资源资产价值内涵的价格信号（如政府公示价、交易价、流转价以及相关成本等）不能全覆盖。

三、目标任务

为了解决全民所有自然资源资产家底不清的问题，需要建立健全清查统计制度，开展以下工作。

（一）建立全民所有自然资源资产清查统计制度与技术规范

明确清查统计目的、内容、方法、对象、组织方式和数据报送形式等，形成各类全民所有自然资源资产清查统计技术规范，研究探索全民所有自然资源资产年度更新机制。

（二）掌握全民所有自然资源资产家底

在第三次全国国土调查（以下简称"国土三调"）和各类自然资源专项调查统计成果的基础上，补充调查土地、矿产、森林、草原、湿地、海洋、国家公园等①全民所有自然资源资产（含自然生态空间）的成本、收益、价格、所有权履职主体、使用权主体与剩余年限等情况，核算各类全民所有自然资源资产

---

① 第三次全国水资源调查评价工作尚未结束，资产清查范围暂不包括水。资产清查中的海洋包括海域和无居民海岛。

价值量，核实所有者权益，摸清资产家底，构建全民所有自然资源资产"一张图"。

（三）开展全民所有自然资源资产统计

搜集、整理管理数据和专项调查数据等，对资产的成本、收益、价格、所有权履职主体和使用权主体变化、使用权剩余年限、违法违规使用情况等，以及资产价值量、所有者权益的年度变化进行统计，定期掌握全民所有自然资源资产家底和变动情况，构建全民所有自然资源资产信息系统和监管平台。

（四）开展成果分析应用

通过时间和空间两个维度，借助空间化、数据报表、文字报告等多种表达方式，研究分析各类全民所有自然资源资产实物量、价值量、所有者权益的特征与变化情况，反映各类国有自然资源资产的配置、使用、处置和收益等情况，为切实履行全民所有自然资源资产所有者职责提供支撑和服务保障。

四、工作架构及技术路线

全民所有自然资源资产清查统计的工作架构概括为"清、查、估、核、记"。

（一）"清"楚资源属性信息

在各类自然资源调查（清查）与确权登记基本摸清权属、数量、质量、用途、分布等属性信息基础上，按照统一的标准与规范，整合各类资源资产专项调查成果与专题数据，在一张底图上集中反映各类资源属性信息。

（二）"查"明资产属性信息

"查"明各类资源资产的所有权履职主体、使用权让渡方式、年限、对象与市场价格，以及成本、收益等情况，进一步分析符合全民所有自然资源资产经济价值内涵的价格体系，为估算资产经济价值、核实所有者权益奠定基础。

（三）"估"算资产经济价值量

全民所有自然资源资产经济价值是指各类自然资源资产在法定使用年限内获得的收益现值。市场交易价格或评估值可以反映经济价值。全民所有自然资源资产清查是在短时间内，同步估算出统一时点的各类全民所有自然资源资产经济价值量，形成全国范围内横向可比的资产家底。

目前各类自然资源资产价格体系建设并不均衡，需要按照资产经济价值内涵，通过资料收集整理与补充调查成本、收益、交易价格、评估价格等数据，构建价值内涵、基准时点统一的各类全民所有自然资源资产清查价格体系，"估"算全民所有自然资源资产经济价值量。

（四）"核"实所有者权益

国家作为自然资源资产的所有者，以出让、划拨、出租或者作价出资（入股）等方式将自然资源资产的使用权让渡给使用者后，资产经济价值量与所有者权益不完全一致，根据不同的使用权让渡方式、年限、对象与市场价格情况，以及成本、收益等使用情况，进一步核实全民所有自然资源资产所有者权益。

（五）"记"录资产年度变化情况

在全民所有自然资源资产清查成果基础上，统计各类全民所有自然资源资产的数量、质量、价值、使用权主体、让渡方式、权益变动以及成本、收益和支出等指标的年度变化情况，"记"录资产年度变化情况。

按照"清、查、估、核、记"的工作架构，全民所有自然资源资产清查统计的技术路线主要包含准备工作、属性信息调查、估算经济价值、核实所有者权益、成果质检与核查、成果汇交入库及分析应用、年度变更等阶段，详见图3–1。

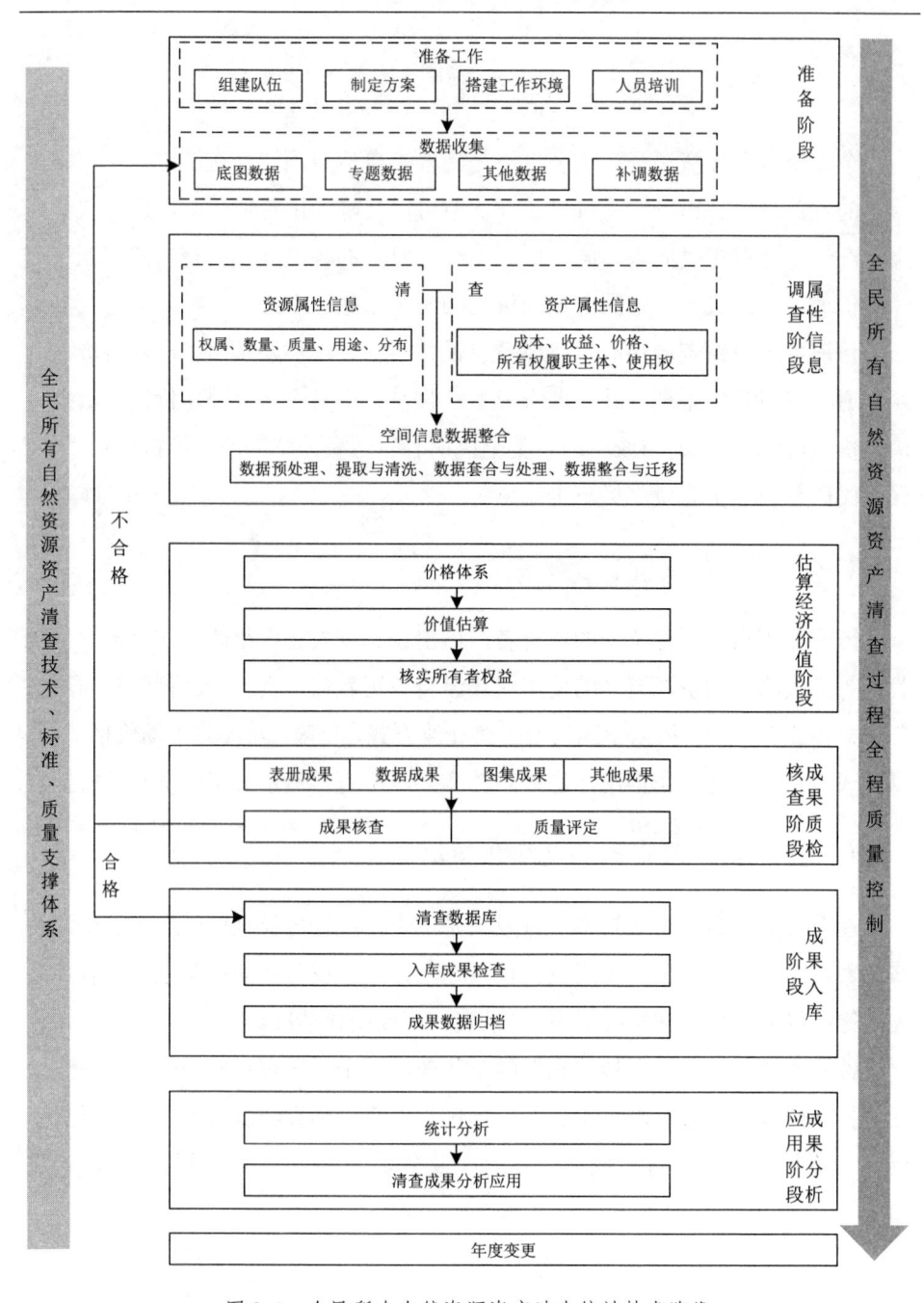

```
┌─────────────────────────────────────────┐  ┌────┐
│              准备工作                    │  │ 准 │
│  ┌──────┐ ┌──────┐ ┌────────┐ ┌──────┐  │  │ 备 │
│  │组建队伍│ │制定方案│ │搭建工作环境│ │人员培训│ │  │ 阶 │
│  └──────┘ └──────┘ └────────┘ └──────┘  │  │ 段 │
│              数据收集                    │  │    │
│  ┌──────┐ ┌──────┐ ┌──────┐ ┌──────┐   │  │    │
│  │底图数据│ │专题数据│ │其他数据│ │补调数据│   │  │    │
│  └──────┘ └──────┘ └──────┘ └──────┘   │  │    │
└─────────────────────────────────────────┘  └────┘
```

图 3–1　全民所有自然资源资产清查统计技术路线

（全民所有自然资源资产清查技术、标准、质量支撑体系 ← 左侧纵向标注）

（全民所有自然资源资产清查过程全程质量控制 → 右侧纵向标注）

阶段划分：准备阶段 → 调查阶段（属性信息：资源属性信息——权属、数量、质量、用途、分布；资产属性信息——成本、收益、价格、所有权履职主体、使用权；清查；空间信息数据整合：数据预处理、提取与清洗、数据套合与处理、数据整合与迁移）→ 估算经济价值阶段（价格体系、价值估算、核实所有者权益）→ 核查阶段成果质检（表册成果、数据成果、图集成果、其他成果；成果核查、质量评定）→ 成果阶段入库（清查数据库、入库成果检查、成果数据归档）→ 应用阶段成果分析（统计分析、清查成果分析应用）→ 年度变更

不合格 / 合格 分支控制

第二节　全民所有自然资源资产属性信息调查

一、目标任务和原则

（一）目标任务

全民所有自然资源资产属性信息调查是在自然资源统一调查监测体系的基础上，利用"国土三调"数据成果和各类专项调查成果的属性信息，查清全民所有的土地、矿产、森林、草原、湿地、海洋等资源的权属、数量、质量、用途、规模、分布、种类、保护利用等情况，补充调查自然资源资产配置信息等，摸清中国全民所有自然资源资产实物量家底，为经济价值量估算奠定基础，为全民所有自然资源资产清查统计分析提供依据。

据不完全统计，全民所有自然资源资产属性信息调查涉及7类25项专题数据，分属不同领域。各类专题数据采用的数学基础、成果精度、内容（概念）指标、质量标准不同，具有基础数据多源、数据结构多元、数学基础多样、成果精度不一、指标概念各异、成果质量不齐等复杂性特征。对各类专题数据的属性信息，除了做简单的提取、叠加等综合处理外，还需根据清查报表中实物量信息填报需要，规范化整合反映空间位置、数量、质量、用途等属性信息的图斑、属性字段，形成空间信息数据集，为全民所有自然资源资产属性信息调查、价值量核算、报表填制等提供数据支撑。

（二）原则

通过梳理、分析全民所有自然资源资产属性信息调查涉及专题数据生产的技术规范（设计、方案等），结合调研、实验过程中发现的问题，全民所有自然资源资产属性信息调查整合须遵循四项原则。

1. 唯一性

反映全民所有自然资源资产属性信息的各类原始专题数据在本门类空间信

息数据整合过程中，具有唯一的清查范围和基础数据。

2. 准确性

在数据提取、整合过程中应尊重原始数据的准确性，不对原始数据进行修改，确保整合前后数据的一致性。

3. 完整性

对缺失的图斑、属性等信息开展必要的补充调查，确保全民所有自然资源资产实物空间图形信息全覆盖，属性信息完整。

4. 系统性

整合过程中注重与清查各工作环节的协调性，即与核查、统计、入库等进行衔接。

二、工作流程

全民所有自然资源资产属性信息调查流程主要包括准备工作、数据预处理、数据提取与规范化、数据套合与处理、数据整合与迁移、核查与报表填制六个环节，具体技术设计见图3–2。

准备工作主要是在属性信息调查生产性工作实施前，开展的技术设计、制度建设、数据收集以及人、财、物准备等工作，是全民所有自然资源资产属性信息调查顺利开展的根本保障。数据预处理是对收集的各类数据进行的一些基础性操作或简单处理，以形成统一的数据格式，满足数据生产环境的需要。数据提取与规范化主要是提取行业数据中反映全民所有自然资源资产属性信息的图形、字段等信息，并形成统一的属性信息调查范围和规范化的专题数据集。数据套合与处理是以调查范围和规范专题数据集中空间信息为基础，开展的图形套合、处理等工作，初步生产形成全民所有自然资源资产空间信息数据集。数据整合与迁移是对生产的空间信息数据集进行拓扑检查、面积平差等，形成空间信息标准数据集，并通过数据抽取、直接映射等数据迁移手段，完成其他资产属性信息的整合。核查与报表填制主要针对整合的资产属性信息开展核查，并以该成果为基础，进行全民所有自然资源资产清查报表的填制。

准备工作	制定工作方案	团队组建	组织培训
	软、硬件环境	数据收集	数据整理

数据预处理：数据格式转换 → 数学基础转换 → 数据补录上图

数据提取与规范化：清查范围要素层提取与制作 → 专题数据要素层提取 → 属性字段清洗 → 清查范围数据集 / 规范专题数据集

数据套合与处理：
- 数据套合：裁切处理、掩膜处理、要素层合并、属性字段挂接；海洋资源，土地、森林、草原、湿地，矿产资源
- 数据处理：问题识别分类 → 问题处理规则 → 规范化处理

数据整合与迁移：
- 数据整合：拓扑检查 → 面积平差 → 空间信息标准数据集
- 数据迁移：数据抽取、直接映射、属性挂接

核查与报表填制：数据集成果质量核查、迁移数据质量校验 → 各门类自然资源资产清查报表填制

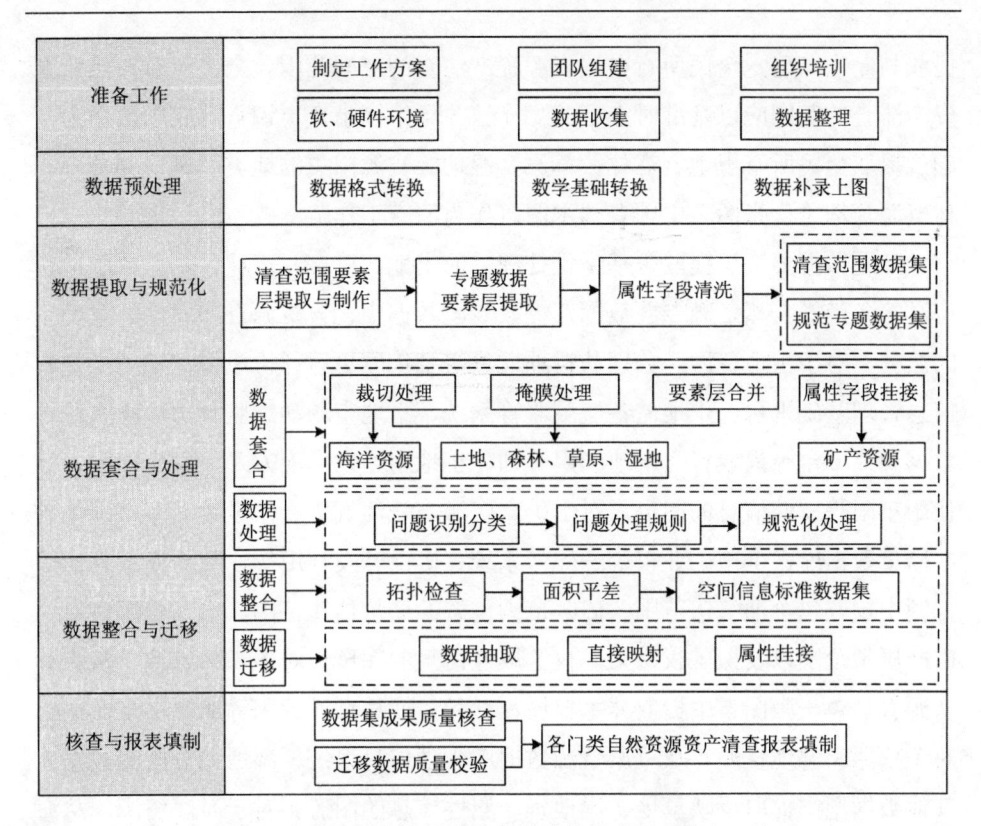

图 3-2 全民所有自然资源资产属性信息调查技术设计

三、工作方法

针对全民所有自然资源资产属性信息调查中数据生产的关键环节，以及数据多源、属性缺失等带来的问题，主要采取以下方法。

（一）数据提取与规范化处理

数据提取与规范化处理包括清查范围要素层提取与制作、专题数据要素层提取、属性字段清洗三个方面。

清查范围要素层提取与制作是在地理信息系统软件支撑下，基于预处理后的底图数据，开展各门类全民所有自然资源资产空间信息数据整合工作范围的

提取与制作，确定全民所有自然资源资产清查的空间范围。全民所有自然资源资产清查的范围应以基准时点下的"国土三调"、国土变更调查等底图数据为基础，提取全民所有土地、森林、草原、湿地等资源门类的地类图斑，并整合森林资源管理"一张图"中国有林木图斑作为清查工作范围。

专题数据要素层提取是基于预处理后的土地、矿产、森林、草原、湿地、海洋等各门类自然资源专题数据，提取专题数据中包含资源资产属性信息的空间数据。对于土地资源，分别从耕地质量等别年度更新评价成果、不动产登记信息管理基础平台、土地储备监测监管系统、土地市场动态监测与监管系统等数据源或平台中提取包含耕地利用等别、土地用途、供应方式、供应年限、已使用年限等属性信息的图斑。对于矿产资源，从油气矿产储量数据库、固体矿产储量数据库、全国矿业权统一配号系统、矿山开发利用统计数据库或其他数据源中提取包含油气田范围、矿区范围、资源储量估算范围、水气资源信息、矿产压覆范围以及探矿权、采矿权等属性信息的图斑。对于森林资源，从森林资源管理"一张图"中提取林木权属、林种、亚林种、蓄积等属性信息图斑。对于草原和湿地资源，从草原资源数据库管理信息系统、湿地调查监测数据或其他数据源中提取反映草地、湿地资产属性信息的图斑。对于海洋资源，从海域海岛动态监管系统、围填海现状调查数据、海洋功能区划数据、全国海域海岛地名普查成果等业务系统和调查成果中分别提取海域权属、围填海现状、海洋功能区划以及无居民海岛的基础数据、权属数据和开发利用现状等属性信息图斑。

属性字段清洗是对提取图斑对应的属性表中属性字段、属性值进行一致性检查，处理无效值和缺失值等，分散、零乱、标准不统一的数据整合为规范化数据集。全民所有自然资源资产属性信息调查中属性字段清洗是根据清查的报表填报需求、统计分析需要以及清查目标要求等，剔除与报表填报无关的属性字段，并分别对属性字段的完整性、规范性进行查阅、标注，转换成清查范围数据集、规范专题数据集。

（二）数据套合与处理

数据套合是运用地理信息系统中的裁剪、叠合、擦除等空间信息运算工具检查各门类专题数据与清查范围的一致性，并对各门类专题自然资源空间信息要素层进行必要的处理，包括剔除各门类自然资源资产专题数据清查工作范围以外的冗余图斑，识别工作范围内的空洞图斑并补充属性信息等，以形成空间信息整合套合数据集。

在上述数据套合处理过程中，不同资源门类的套合成果会产生大量的冗余图斑、空洞图斑和破碎图斑等。为规整空间数据，使其具有更合理的空间表达，对于套合后清查工作范围以外的专题数据图斑和属性信息直接删除；对于清查工作范围内的空洞图斑，根据相关技术规范，通过采用查阅相关补充资料、遥感影像判读、实地调查等方法进行图斑属性值补充；对于套合过程中清查工作范围内产生的破碎图斑，按照"国土三调"对上图最小图斑面积的相关要求，兼顾合理性和毗邻原则进行破碎图斑的融合。

（三）数据整合与迁移

数据整合是共享或者合并来自两个或者更多应用的自然资源空间化数据，创建一个具有更多信息、功能的数据过程。全民所有自然资源资产属性信息调查中，需要对完成规范化处理的空间信息套合数据集各要素层，开展拓扑检查、面积平差，并进行生态保护范围计算等，形成空间信息标准数据集。拓扑检查及处理主要为保证空间表达合理、有效，通过设置一定的容差，对整合后的空间信息数据要素层，进行要素层内部和相关要素层间拓扑关系检查。面积平差是以"国土三调"数据为基底，针对与"国土三调"数据套合产生面积变化的图斑，以"国土三调"图斑面积作为控制面积，对细化分割的子图斑进行面积平差计算。生态保护范围计算主要是统计各图斑划入生态保护红线、自然保护地核心区的面积。

数据迁移是运用数据抽取、直接映射等数据迁移技术，将各专题数据中未空间化的属性信息要素或价格信号等迁移到全民所有自然资源资产属性信息调查空间信息标准数据集，挂接到对应图斑。

（四）缺失数据插补处理

插补法是通过采取一定的方式为调查中的每一个缺失数据寻找一个合理的

替补值插补到原缺失数据的位置上。针对自然资源资产属性信息缺失的情况，在查阅相关补充资料、实地调查等手段仍不能满足缺失信息补充需求时，可借鉴数理统计中的缺失数据插补方法，如临近值插补、平均值插补等方法对数据集中缺失的属性信息进行填充处理。

（五）属性信息、图斑归并校核

对于全民所有自然资源资产同一空间位置的图斑，存在的多个属性信息来源不一致、破碎图斑归并不确定等问题，可以采用现场调查、遥感监测等方法对图斑和属性信息进行校核。在外业现场调查条件允许的前提下，作业单位可以通过开展外业实地调查，对内业处理的图斑、属性信息等内容进行结果验证，以判定属性信息补充、选取的正确性，以及图斑归并、分割等的合理性。对于开展实地调查存在困难的区域，可借助天地空一体化观测技术，应用遥感分析、信息提取、识别监测等技术手段，并结合实地自然地理环境、区域特点、人类活动特征，进行属性信息、图斑合并等问题核实。

第三节　全民所有自然资源资产经济价值估算和权益核实

一、资产清查价格体系建设

（一）价格体系建设方式

充分利用已有工作基础，构建符合全民所有自然资源资产价值内涵的资产清查价格体系，用以开展各类尺度资产核算，服务国有自然资源资产管理。目前各类全民所有自然资源资产价格基础不一，建设用地已经建立起基本覆盖全国的基准地价体系，矿产资源建立了矿业权出让收益市场基准价体系，海洋资源建立了海域和无居民海岛使用金体系，农用地、森林、草原等全民所有自然资源资产没有成熟的价格体系，各类资源价格内涵与资产清查的价格内涵也不尽相同。结合各类资源资产价格基础和特点，采用三种不同思路，初步明确各类全民所有自然资源资产清查价格体系建设的方式与方法。

1. 自下而上，统筹确定

对于国有建设用地，根据县级行政区的城镇基准地价，对期日、用途进行修正，自下而上汇总平衡，得到不同用途土地的清查价格。为了进一步提高精度，对于能够获得容积率等信息的宗地，将均质区域的清查价格按照容积率进行修正后得到宗地的清查价格。基准地价未覆盖的区域，参照本行政单元内相应用地类型的末级基准地价或选取若干个影响地价的核心因素，测算区位修正系数对末级基准地价进行修正来确定清查价格；未建立城镇基准地价的县级行政区，采用简易化的技术方法来推算清查价格，有条件的地区可以采集相关数据来制定清查价格。

2. 自上而下，逐级确定

在全国层面上，对农用地和森林、草原资源基于自然、经济、社会条件基本一致的原则，划分国家级均质区域；对矿产资源根据矿种按矿床类型、矿物成分、产品用途等划分国家级矿产资源生产集中区。在国家级均质区域（矿产资源生产集中区）内，选取样点或收集与价格相关的基础数据，根据样点或数据情况，通过年租金或净收益还原、交易单价修正等方法评估价格，对价格进行比较、验证、分析和统筹平衡，得到国家级全民所有自然资源资产清查价格，作为省级价格体系建设的控制与指导标准。

在省域范围内，选取影响资产价格的因素并建立省级价格修正体系，将国家级全民所有自然资源资产清查价格进行期日修正，得到省域清查价格。

在县域范围内，选取影响资产价格的因素，建立县级价格修正体系，将省级全民所有自然资源资产清查价格修正，得到县域内不同级别或图斑的清查价格。

3. 上下结合，分类确定

对于已取得使用权证或用海方式明确的海域、无居民海岛资源资产，通过修正各级海域、无居民海岛使用金征收标准，获得资产清查价格。对于尚未确权且预期用海方式不明确的海域，划分形成国家级均质区域，测算均质区域价格。

（二）国有建设用地清查价格体系建设

1. 国有建设用地清查价格内涵

国有建设用地资产清查价格是基于清查时点的，各类用地法定最高年期出让的土地使用权价格，其中，住宅用地估算权利年期为 70 年的使用权价格，工矿用地估算权利年期为 50 年的使用权价格，商服用地估算权利年期为 40 年的使用权价格。容积率、开发程度等土地利用条件按所在区域平均水平统一设定。

2. 分类建立国有建设用地清查价格体系

因为基准地价覆盖面广且是接近均衡、稳定的价格信号，所以清查价格使用基准地价进行修正。

（1）对于基准地价体系实现全类型、全地域覆盖的行政单元，可对基准地价进行期日、容积率修正，经汇总平衡，形成清查价格体系。

（2）对于基准地价体系没有实现全类型、全地域覆盖的行政单元，须对本辖区内现行基准地价进行必要的补充与修正，其价格体系的建设分为四种情况：一是基准地价覆盖空间内，有地价信号的地类，对相应用地类型基准地价进行期日、容积率进行修正。二是基准地价覆盖空间内，无地价信号的地类（多为公共管理与公共服务用地、特殊用地等非经营性用地），可查询当地的地价政策，如有政策明确该类用地价格参照标准的，可根据其思路选择参照地类的基准地价确定其清查价格。当地政策未明确参照标准的，机关团体新闻出版用地、科教文卫用地采用所在区域商服、住宅、工业等各类经营性用地基准地价的算术平均值；公共设施用地、公园与绿地、交通运输用地参照所在区域工业用地的基准地价。对于特殊用地，当具体地类不适用于前述两种情况时，可按照其具体利用方式，经合理性分析后，参照所在区域内相应地类的价格确定，遵循谨慎估算原则，通常以工业用地等价格相对较低的地类为参照。三是基准地价覆盖空间外，有地价信号的地类，参照本行政单元内相应用地类型的末级基准地价确定。四是基准地价覆盖空间外，无地价信号的地类（多为道路交通等非经营性用地等），参照末级工业基准地价水平确定；有条件采集相关数据的，可进行区位修正。

（3）对于未建立基准地价体系的行政单元，分为三种情形：一是利用城镇土地等别成果推算县级及以下行政单元的区域平均地价。二是在同一省份范围内，选取经济水平或区位条件与待估单元相近，且基准地价体系完备的一个或多个县区级（及以下）行政单元（即可比单元），参照可比单元的平均基准地价水平取值。三是有条件的地区，在建成区范围内，选择少量核心因素，经量化评价后，按土地质量的差异程度划定适宜数量的土地综合级别，以级别为抽样总体，采集市场交易样点地价、征地成本、土地租赁或土地经营样点资料，估算样点地价，经统计检验，剔除异常值后，测算各级别的商业、住宅、工业各类地价；在建成区范围外，参照测算所得的各类型用地的末级地价水平确定清查价格水平。

对于储备土地资源资产价格，当储备地块规划条件明确且具备地价评估客观条件的，采用基准地价系数修正法，分用途确定储备地块资产清查价格；储备土地规划条件不明或者尚未有规划条件时，按照已经发生的收储成本、前期开发成本、资金成本和其他成本确定资产清查价格。

3. 统筹平衡国有建设用地清查价格

通过分析国有建设用地清查价格体系与城镇土地等别、社会经济指标、土地市场状况等相关因素的匹配程度，分析结果的合理性、协调性，当存在明显异常的情况时，通过以下两种方法进行调整和完善。

序列化分析法。将基本工作单元[通常为县级以上（含）行政单元]的国有建设用地清查价格与其主要影响因素指标（例如：城镇土地等别、GDP 总量、工业生产总值、社会消费品零售总额、人口状况、全社会固定资产投资、人均可支配收入等）（分值）分别排序；或建立适宜的评判规则，对各基本工作单元进行综合评分、排序。分析国有建设用地清查价格水平位次与影响因素指标（分值）位次的差异，判断国有建设用地清查价格体系建设结果的总体协调性。

回归模型分析法。通过建立回归模型，对比回归模型测算的国有建设用地清查价格理想值（条件均值）与国有建设用地清查价格水平的差异，分析国有建设用地清查价格偏离度，辅助判断国有建设用地清查价格的总体协调性。

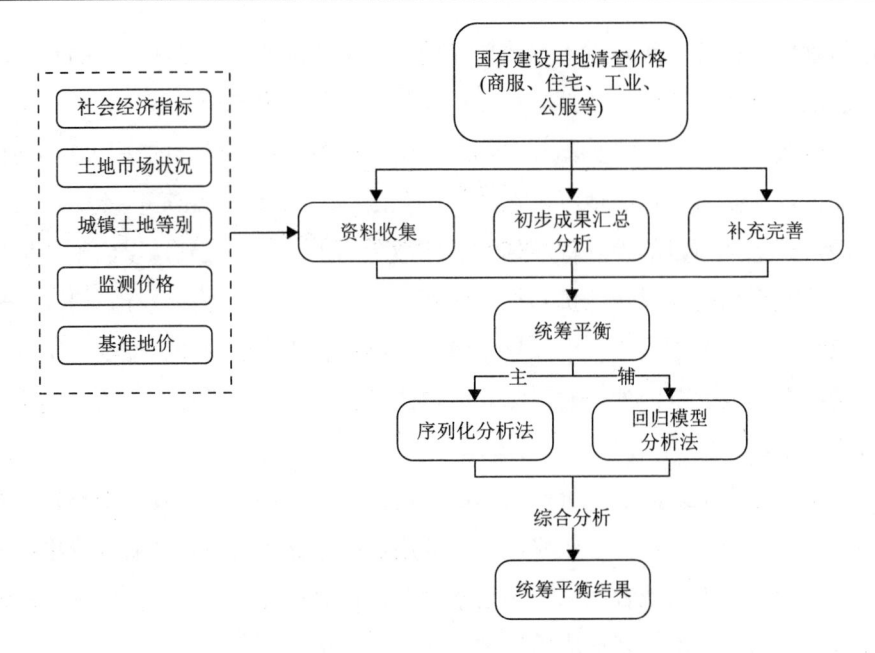

图 3-3 国有建设用地清查价格统筹平衡技术路线

（三）全民所有农用地和森林草原资源资产清查价格体系建设

全民所有农用地尚未形成全国统一可比的基准地价体系，按照全民所有农用地资源资产清查价格内涵，补充调查价格信号数据，建立全国统一可比的全民所有农用地资源资产清查价格体系。

1. 价格内涵

全民所有农用地资源资产清查价格是基于清查时点，在当地标准耕作制度或所在区域普遍种植的农业主导作物、主要农业利用方式前提下一定年期的使用权价格。《民法典》《土地管理法》《农村土地承包法》等法律法规中规定：耕地的承包期为三十年；草地的承包期为三十年至五十年；林地的承包期为三十年至七十年。综合上述地类年期，耕地、种植园用地、草地等全民所有农用地按照地类、耕作制度、农田基本设施状况等估算权利年期为三十年的使用权价格。考虑到森林资源生产周期较长，土地价格核算应尽可能保证经济周期的完整性，林地权利年期为七十年。

2. 测算方法

（1）划分均质区域

在保证县级行政辖区完整，不跨省的原则下，按照自然、社会、经济条件的相对一致性，划分耕地和种植园用地等农用地、森林、草原国家级均质区域。其中，耕地、种植园用地等农用地根据所处的光温、水分、地形地貌、土壤等自然条件，综合标准耕作制度区、地区经济生产总值、农用地分等成果划分；森林参考《中国林业发展区划》，根据水文、地貌、土壤、地理区位、森林资源状况、森林植被、经营状况等因素划分；草原参考《全国草原保护建设利用"十三五"规划》及草原综合分类一级分类标准划分。

（2）样点价格信号采集

综合考虑样本充足性、分布均匀性、代表性以及多样性等原则，在划分好的均质区域内确定样点采集县。对耕地和种植园用地等农用地采用分层抽样法，对林地、草地采用典型抽样法，按照均质区域内县级行政区数量的一定比例抽取。

对耕地和种植园用地等农用地，在市场交易活跃的情况下，优先选用市场交易样点。对投入产出样点，采用抽样调查方式选取。以县为单位进行样点调查，搜集农用地地价资料。样点要按照用地类型分别调查，耕地需按国家利用等进行调查。耕地调查样点地块能够代表县内典型耕地质量水平，样点须涵盖所有耕地利用等别。种植园用地按照二级地类进行调查。养殖坑塘、设施农用地样点数量按一定比例确定。样点资料应调查承包、转包、出租、联营入股等交易案例资料（优先选择近三年的交易案例），交易样点不足的也可以通过样点投入产出资料（数据应为近三年的平均值）进行补充。

对森林资源，将均质区域内一定比例的县（市、区）作为样点县，开展森林资源价格信号采集工作。主要包括：近五年林地出租、作价出资入股及流转价格；林木作价出资入股、林木和经济林产品产量及销售价格；营造林成本、伐区设计费、木材采运成本、经济林产品采摘运输成本、销售税费、林业生产投资收益率、木材生产利润率等；各立地类型区（亚区）各树种生长率和出材率、材积表、生长过程表、林分生长模型、收获预测表等林业数表。

对草原资源，为了尽可能地反映清查基准时点的价格，抽取一定比例的样点采集县（市、区），收集样点采集县近5年草地出租及流转价格、干草平均交易价格等经济指标数据。主要指标数据包括：草地流转价格、草地承包价格、干草平均价格、主要畜产品价格、草原管护费用、收割费用、运输费用、储存费用等。

(3) 测算均质区域价格

在已经划分的各类农用地国家级均质区域内，按照采集到的价格信号，选择合适的评估方法，评估统一时点下的样点价格，将样点价格的平均值作为均质区域的全民所有农用地资源资产清查价格。

对耕地和种植园用地等农用地，根据所调查交易样点的净收益（如流转租金），采用收益还原法测算样点价格，并将样点地价修正成为农用地资产清查价格内涵条件下的正常地价，主要包括对土地租金（收益）的年期修正、一次性转让样点的期日修正等。为了防止不正常因素导致的数据失真，保证样点价格符合大数规律，选用均值-方差检验法和四分位（箱型图）法对清查价格评估结果的准确性、真实性进行进一步检验。对于剔除异常样点后，均质区域内有效样点数量不满足原采集样点数量一定比例要求的区域，原则上需要再次补充样点至满足样点数量要求后开展价格测算。

均质区域价格标准按耕地（分等别）、种植园用地（果园、茶园、橡胶园、其他园地）与其他农用地（养殖坑塘、设施农用地）分别计算。首先，将经过修正及数据处理后的样点，按用地类型、样点类型和农用地等别的顺序进行整理，并以均质区域为单位分析不同地类、不同样点类型和不同等别样点价格水平的分布规律。然后，按照均质区域内各样点地价，针对不同农用地类型求取各均质区域的平均地价。其中，对耕地，按照同一均质区域内同一等别的耕地样点进行归类，采用算术平均法求取各均质区域内各等别耕地的平均价格；对种植园用地，按照二级地类统计同一均质区域内种植园用地样点地价数据，采用算术平均法求取各均质区域内种植园用地二级地类的区域平均价格；对其他农用地，如设施农用地、养殖坑塘等，按照同一均质区域内相应地类的样点地价数据，采用算术平均法分别求取其区域平均价格。需要说明的是，为确保价格体系建设精度要求，对租赁样点满足测算要求的均质区域，以纯土地租金测算均质区域地价；对租赁样点不满足测算要求或缺失租赁样点的均质区域，补充投入产出样点进行测算。最后，对计算得到的均质区域价格水平，与实际情况进行比较、验证，分析总体价格水平，经区域统筹平衡，确定各均质区域内不同地类的价格标准。

对森林和草原，森林资源资产根据林地和林木样点价格确定均质区域价格。林地样点的价格评估方法包括收益还原法和林地期望价法，林木样点的价格评估方法按不同林种和林龄选用重置成本法、收益还原法、市场倒算法。草原资源资产价格评估方法目前国内没有统一规范的标准，参照《农用地估价规程（GB/T 28406—2012）》《森林资源资产评估技术规范（LY/T 2407—2015）》，采用收益还原法。

各种价格评估方法中的还原率通过安全利率加风险调整值的方法来确定。其中，安全利率可选用同一时期的一年期国债年利率或银行一年期定期存款年利率，风险调整值可根据林业和草原生产所遇到的灾害性天气、病虫害、火灾，以及测算对象所处地区的社会经济发展水平和市场等状况对其影响程度而确定。

（4）确定清查价格

国家级均质区域的全民所有农用地资源资产清查价格为国家级价格，是指导全国开展经济价值估算而建立的分区域价格控制标准。在国家级全民所有农用地资源资产清查价格体系的基础上，为提高清查精度，将影响耕地、种植园用地、森林、草原等全民所有自然资源资产价格的主要因素作为修正因子，对均质区域清查价格进行修正，或在国家级全民所有农用地资源资产清查价格体系的基础上细化建立省级价格体系，确定各类全民所有农用地资源资产清查的县级平均价格，作为开展农用地经济价值估算的指导标准。

（四）矿产资源资产清查价格体系建设

1. 方法选择

当前中国与矿产资源经济价值相关的、应用广泛的价格标准仅有各地制定的矿业权出让收益市场基准价。但是基准价作为确定出让收益的最低计征标准，仅体现出让环节收益,不能完整体现矿产资源权益金制度全部环节的所有者权益。[①]各地基准价计征对象既有资源量又有可采储量,确定经济价值对应客体不一致。按照履行所有者职责的要求,需要构建覆盖所有者权益全范围、价值内涵统一的价格体系。由于环境经济核算体系中心框架(SEEA-2012)推荐的净现值法确定矿产资源资产经济价值,与权益金制度框架要求一致,即矿产资源资产价值为扣除了全部费用和正常回报后的应计剩余价值,因此选择此方法构建矿产资源资产清查价格体系。

2. 基本思路和计算过程

首先,划定各矿种的矿业生产集中区,并在集中区内收集所有生产矿山企业的储量核实报告、开发利用方案、矿业权评估报告和企业生产经营报表等。其次,通过数据整理和数理统计,确定矿产品销售收入、矿产品总成本和采矿业投资正常回报等具体测算参数,建立"标准矿山"模型,通过净现值方法测算各矿种基准时点资产价值。最后,根据标准矿山剩余可采储量计算出相关矿种的资产清查单位价格,具体过程如下。

(1)建立生产集中区划分和标准矿山

各矿种按照生产矿山的矿床类型、矿物成分、产品用途等划分不同类型的矿产资源生产集中区。在每一类集中区中,选择具有代表性的 1~5 个生产集中区,生产集中区选择方法:如果同类型集中区数量少于等于 5 个则全选;如果集中区数量多于 5 个,则选择产量占前 5 位的生产集中区。

在选定的每一个生产集中区中,根据生产规模大、中、小型的矿山,测算各类型矿山近 5 年相关参数的平均值(算术平均),计算过程中应剔除高度异常值(与平均值的偏差超过三倍标准差的值)。将集中区内各参数的平均值作为标准矿山的参数,计算标准矿山的资源租金。其工作过程如图 3-4 所示。

---

① 2017年国务院印发的《矿产资源权益金制度改革方案》,矿产资源资产权益金包括矿业权出让环节的出让收益、矿业权占有费、矿产开采资源税和矿山环境治理恢复基金。

第三章 全民所有自然资源资产清查统计

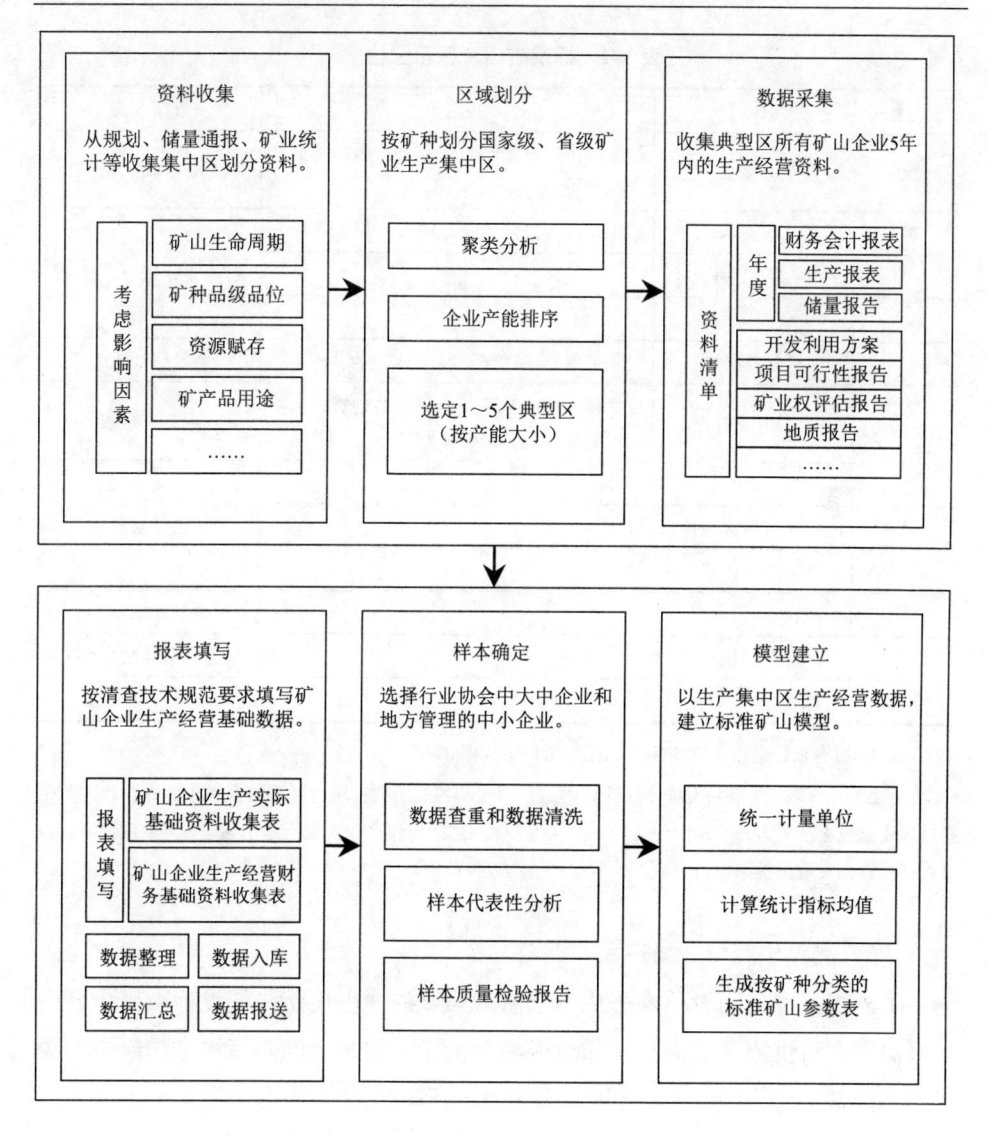

```
┌─────────────────────┬─────────────────────┬─────────────────────┐
│ 资料收集             │ 区域划分             │ 数据采集             │
│ 从规划、储量通报、矿业统 │ 按矿种划分国家级、省级矿 │ 收集典型区所有矿山企业5年 │
│ 计等收集集中区划分资料。│ 业生产集中区。        │ 内的生产经营资料。     │
│                     │                     │                     │
│ 考虑   矿山生命周期    │ 聚类分析             │ 年  财务会计报表      │
│ 影响   矿种品级品位    │                     │ 度  生产报表         │
│ 因素   资源赋存        │ 企业产能排序         │     储量报告         │
│        矿产品用途      │                     │ 资  开发利用方案      │
│        ……            │ 选定1~5个典型区      │ 料  项目可行性报告    │
│                     │ （按产能大小）        │ 清  矿业权评估报告    │
│                     │                     │ 单  地质报告         │
│                     │                     │     ……             │
└─────────────────────┴──────────┬──────────┴─────────────────────┘
                                 ▼
┌─────────────────────┬─────────────────────┬─────────────────────┐
│ 报表填写             │ 样本确定             │ 模型建立             │
│ 按清查技术规范要求填写矿 │ 选择行业协会中大中企业和 │ 以生产集中区生产经营数据，│
│ 山企业生产经营基础数据。│ 地方管理的中小企业。   │ 建立标准矿山模型。     │
│                     │                     │                     │
│ 报   矿山企业生产实际  │ 数据查重和数据清洗     │ 统一计量单位         │
│ 表   基础资料收集表    │                     │                     │
│ 填   矿山企业生产经营财 │ 样本代表性分析        │ 计算统计指标均值      │
│ 写   务基础资料收集表  │                     │                     │
│                     │ 样本质量检验报告      │ 生成按矿种分类的       │
│     数据整理 数据入库  │                     │ 标准矿山参数表        │
│     数据汇总 数据报送  │                     │                     │
└─────────────────────┴─────────────────────┴─────────────────────┘
```

图 3-4　生产集中区划分和标准矿山建立

（2）确定资源租金

结合中国矿产资源权益金制度的独特性，资源租金从所有者角度，加回矿业权出让收益摊销、矿业权占用费、矿产资源补偿费和资源税。为减少矿业周期的影响，采用企业5年生产经营指标平均值。标准矿山资源租金构成见表3-1。

表 3–1　标准矿山资源租金构成

关系	指标[1]	说明	数据来源
产出	营业收入	标准矿山年产品产量×标准矿山销售价格（不含税）	主营业务收入明细表
减	营业成本[2]	即生产成本，包括制造成本、制造费用	财务会计报表、辅表
	管理费用		
	营业费用		
	税金及附加	财政部财会〔2016〕22号规定的范围	税金及附加明细表
	开采专项补贴	包括矿山企业享有的资源类奖励资金、增值税先征后返、价格补贴等	现金流量表
加	矿业权出让收益（价款）摊销		会计资料
	矿业权占用费（使用费）		
	矿产资源补偿费①		
	资源税		税金及附加明细表
减	生产资产回报		财务会计报表、辅表
等于	资源租金		

注：1. 所有指标采用企业5年生产经营指标平均值。

　　 2. 生产资产回报采用统计或计算确定，即先从各矿山项目可行性研究报告中统计获得，如果在难以收集或无法分离开采期间的生产资产回报，则采用固定资产投资加土地出让金，再乘以投资回报率进行测算，投资回报率取值可参考矿业权评估的取值范围。

（3）测算矿产资源资产清查价格

①测算标准矿山价值。采用基于资源租金的净现值法，假设标准矿山剩余可采储量在可供服务年限内每年资源租金恒定，将未来的资源租金扣除资源税后折现到基准时点，得到标准矿山矿产资源资产价值。

②测算清查价格。把生产集中区内所选矿山剩余可采储量（截至清查基准时点）的均值作为标准矿山的剩余可采储量。然后，将标准矿山资产价值除以

---

① 《财政部 国家税务局关于全面推进资源税改革的通知》明确，"在实施资源税从价计征改革的同时，将全部资源品目矿产资源补偿费费率降为零，停止征收价格调节基金，取缔地方针对矿产资源违规设立的各种收费基金项目。实施时间从2016年7月1日起"。但是基于财务表中三项成本费用可能包含已经交过的矿产资源补偿费，应计入国家收益中，故将其加回。如成本不包含矿产资源补偿费，则无需加回。

标准矿山剩余可采储量，得出各类型各生产集中区标准矿山单位储量的资产清查价格，再通过算术平均得出该矿种单位储量的资源资产清查价格。

部分矿种（如多金属矿产）存在共伴生，企业实际成本难以分离，采用单一矿种和共伴生矿种两种方法测算。单矿种分类型清查价格测算是将选定的该矿种分类型多个标准矿山的资产清查价格进行算术平均。共伴生矿按共伴生组分占矿产品销售比例分割成本，再计算各矿种的清查资产价格，再将数个标准矿山资产清查价格进行算术平均。矿产资源资产清查价格测算结果需要采用折现现金流量法进行验证，确保价格水平的合理性。为分析矿山企业负担的资源税和权益金整体情况，另外测算包含资源税的矿产资源资产清查价格用于相关研究。

（4）确定调整系数

地区调整系数综合考虑资源禀赋（品位品级）、外部建设条件（交通运输条件、经济发展）等因素确定调整因子，地方也可结合实际合理增加影响因素。按国家级和地方分别建立资产清查价格体系，国家层面提出省级地区调整系数确定方法，地方结合实际测算并细化省级清查价格。国家级价格对省级价格有控制作用，地方价格水平原则上应控制在国家价格上、下30%之内。

（五）海洋资源资产清查价格体系建设

1. 价格内涵

海洋资源资产清查价格是基于清查时点的，海域、无居民海岛等海洋资源资产法定或规定最高年期的使用权价格。根据《海域使用管理法》和《无居民海岛使用申请审批试行办法》，结合海域、无居民海岛实际用途，渔业用海、用岛估算权利年期为15年的使用权价格，旅游用海、用岛估算权利年期为25年的使用权价格，工业、交通运输、海底工程等用海、用岛估算权利年期为50年的使用权价格。

2. 测算方法

按照已取得使用权证或预期用途明确的海洋资源资产、尚未确权且预期用途不明确的海洋资源资产两类情况分别建立海洋资产清查价格体系。

（1）已取得使用权证或预期用途明确的海洋资源资产

目前全国尚没有全面开展海域基准价格的评估工作，但是对海域、无居民海岛制定了使用金征收标准，已取得使用权证或预期用途明确的海洋资源资产可以在现有各级各类使用金征收标准基础上，按照海洋资源资产清查价格内涵进行修正，获得海洋资产清查价格。

（2）尚未确权且预期用途不明确的海洋资源资产

对于尚未确权且预期用途不明确的海洋资源资产，采用环境经济核算体系中心框架（SEEA-2012）推荐的净现值法构建资产清查价格体系。

①划分均质区域。在保证省级行政辖区完整，不跨省的原则下，结合海洋功能区划以及区域自然、社会、经济条件，以海洋基本功能区为单元，考虑海岸线附近海域与其他海域在资源环境特点、开发利用状况和管理要求等方面的显著差异，结合岸线分布、海岸类型及海域使用结构与空间布局，进一步划分海岸和近海基本功能区，形成国家级均质区域。

②开展样点价格信号采集。结合均质区域用途管制要求，在划分好的均质区域内采集一定数量的海域使用权一级市场出让样本价格和二级市场流转样本价格。

③测算均质区域价格。采用净现值法评估统一时点下的样点价格，在区域间统筹平衡后，测算出各均质区域海洋资源资产清查价格。由于部分均质区域离岸较远、开发利用难度大，仅有少量用海样本，难以反映区域实际价值，采用开放式用海海域使用金征收标准修正作为均质区域海洋资源资产清查价格。

二、估算资产经济价值

根据资产清查价值量估算精度要求，选取自然资源资产清查价格。借助地理信息系统工具，以各门类资源单个图斑（矿区）作为资产清查经济价值估算的最小基本单元。在此基础上，将实物量信息与价格信息进行匹配、统计，计算出每个图斑（矿区）的资产经济价值量，以各级行政辖区为单元，分类汇总形成自然资源资产价值总量。

三、核实所有者权益

自然资源资产的所有权和使用权分离，国家所有者通过让渡部分用益物权，合法获得相应的自然资源资产收益。已配置使用权的全民所有自然资源资产的经济价值，由所有者和使用者共同享有，国家所有者现在的权益，仅是资产经济价值的一部分。比如建设用地，不同剩余使用年期土地资产的预期收益存在差异，剩余使用年期越少，所有者越能更早地获得收益，如果按照统一的资产清查价格进行价值估算，客观上不能体现这种差异。需要根据使用权让渡情况，考虑资产使用权的剩余年限，建立所有者权益系数，在对资产经济价值修正的基础上核实所有者权益。因此，在各类全民所有自然资源资产经济价值量核算基础上，根据已查明的所有权履职主体、成本、收益、价格、使用权主体与年期等属性信息，探索核实国家所有者的现实权益，也是摸清资产家底的重要内容。需要强调的是，经核实的所有者权益可以从经济价值角度反映建设用地的国家所有者权益的客观状况，与土地续期政策等无关。

土地资源资产可以结合使用权剩余年期核实所有者权益。对于可以确定宗地开发利用和使用权信息的国有建设用地，可估算所有者享有的剩余权益，具体的方法为宗地经济价值量乘以所有者权益系数。已出让土地，所有者权益系数=（法定最高出让年期-实际出让年期+已使用年期）/法定最高出让年期；已划拨土地，所有者权益系数参照当地划拨土地使用权办理协议出让时出让金补缴的比例确定，当地无明确比例规定的，一般可按宗地价格的30%~40%取值，即所有者权益系数取值为 0.3~0.4，各地可根据实际情况适当调整；以作价出资（入股）、国有土地租赁等方式供应的土地，所有者权益参照已出让土地的估算方法进行估算；未供应的土地（如储备土地），所有者权益系数为1。

矿产资源资产可以结合剩余矿业权年限和核定开采量，核实所有者权益。森林资源资产区分林地和林木分别核实所有者权益。海域的所有者权益核实方法类似于土地资源资产。

第四节　全民所有自然资源资产统计

我们对全民所有自然资源资产统计工作只进行了目标和技术路线研究，形成了初步框架，随着清查工作的全面推进，摸清资产底数，将逐步开展全民所有自然资源资产统计工作。

一、工作内容

根据全民所有自然资源资产统计工作的目标和任务，统计内容主要包括全民所有自然资源资产数量、质量、价值、使用权主体、让渡方式、权益变动以及成本、收益和支出等年度变化情况等。由各级自然资源主管部门，在资产清查底数的基础上，根据每年行政管理记录，统计指标的年度变化情况，形成统计台账。

二、技术路线与方法

全民所有自然资源资产统计的技术路线主要包含确定统计需求、制定统计制度、数据采集、数据公布与传播、统计数据分析应用等环节，具体技术路线见图3-5。

（一）统计需求确定

根据全民所有自然资源资产权益管理工作需要和全民所有自然资源资产统计的目标，确定统计任务、统计对象和统计范围内容，提出实施统计项目具体的、分阶段的目标和预期成果，对如何合理有序地记录全民所有自然资源资产的家底变化情况提出开展统计工作的各环节相关内容。

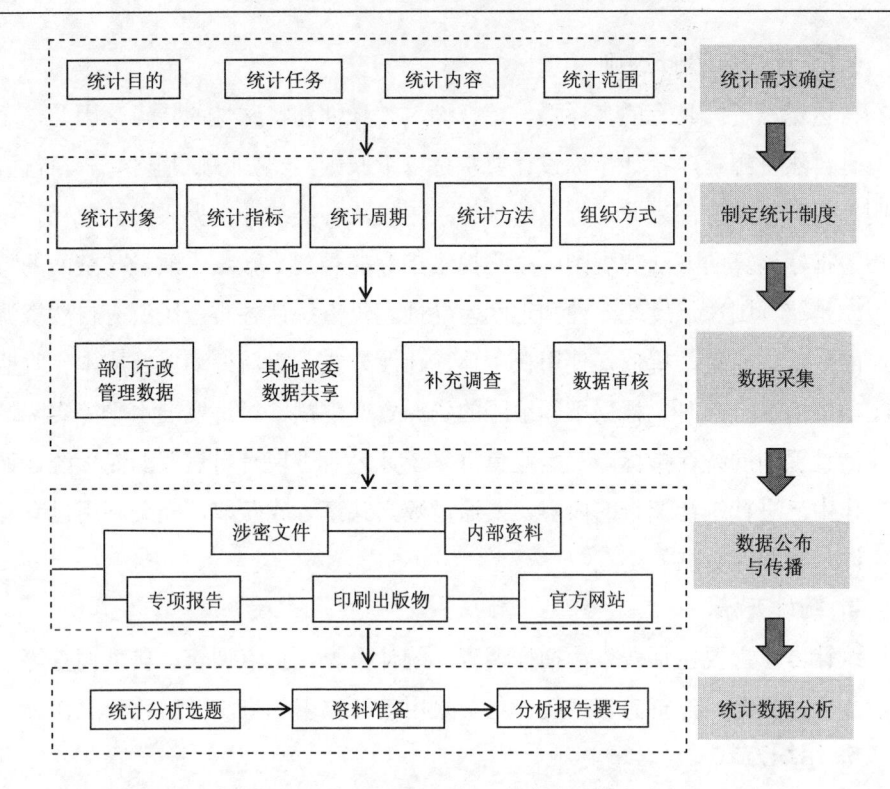

图 3-5　全民所有自然资源资产统计技术路线

（二）制定统计制度

根据全民所有自然资源资产统计的目标和任务，确定统计对象、统计周期及频率、统计指标设计原则、统计方法及组织方式等内容，形成全民所有自然资源资产统计调查制度。

1. 统计对象

全民所有自然资源资产统计主体为各级自然资源行政主管部门。统计范围包括全民所有土地资源资产、矿产资源资产、全民所有森林资源资产、全民所有草原资源资产、全民所有湿地资源资产、水资源资产、海洋资源资产和国家公园。

2. 统计周期

统计周期以年度数据为主，报告期为每年1月1日至12月31日。后续根据工作开展情况，逐步推行季度、月度统计。

3. 统计指标设计原则

自然资源资产具有的多样性、综合性、差异性和特殊性的特点，因此，全民所有自然资源资产统计指标设计要坚持以下原则。一是兼顾科学性与可行性。要明确各类数据全部来源于行政管理记录，规范各类统计数据采用的口径，统一相关指标核算的方法和规则，准确揭示指标的类别、数量、质量与空间的特征。二是兼顾国家尺度统一性和地区差异性。重点统计各类全民所有自然资源资产的数量、质量、价值、使用权主体、让渡方式、权益变动以及成本、收益和支出等情况。同时，根据不同地区的资源资产禀赋、经济发展水平等实际情况灵活设置辅助统计指标。三是避免重复统计。对于现有自然资源专项统计调查工作中已进行统计调查的内容，要通过数据共享方式获取，充分利用已有各类资源专项统计数据。

4. 统计方法

统计方法主要包括普查、抽样调查、统计报表、重点调查、典型调查等。现阶段全民所有自然资源资产统计主要采用统计报表的方法开展统计工作。

5. 组织方式

全民所有自然资源资产统计以行政区划为统计单元，由自然资源部负责统一组织，各级自然资源主管部门按照"逐级填报，汇总上报"的方式开展统计工作。全民所有土地资源资产、矿产资源资产、全民所有森林资源资产、全民所有草原资源资产、全民所有湿地资源资产、海洋资源资产统计单元为县级行政区划；水资源资产统计单元暂为地（市）级行政区划。

（三）数据采集

全民所有自然资源资产统计在资产清查成果有关数据基础上，以年度土地变更调查、耕地质量等别、矿产资源储量通报、矿业权管理、海域动态监视监测等部门行政业务管理系统中的行政管理记录为依据，开展数据采集工作并汇总、审核形成记录台账，部分数据通过数据共享方式采集。具体包括以下四个环节：一是采集数据。按照全民所有自然资源资产统计目标与方案确定的时间、内容和方式等，采集土地、矿产、森林、草原、湿地、水、海洋、国家公园等全民所有自然资源资产（含自然生态空间）的数量、质量、价值、使用权主体、让渡方式、权益变动以及成本、收益和支出等数据。二是录入数据。将纸介质报表和原始记录、台账录入数据处理系统中。三是初审数据。为确保统计数据质量,制定指标逻辑审核关系,明确审核方法和重点指标审核要点,遵循统一领导、分级负责的统计管理体制,上级部门负责对下级部门填报的资料进行审查,提出各级专业数据初步审核工作要求,必要时按照规定对一定比例的统计样本重新采集数据。四是上报数据。在规定时间内将记录的台账初步审核后,上报至上级部门。

(四)数据公布与传播

全民所有自然资源资产统计数据应根据有关内容和敏感性,以涉密文件、内部资料、专项报告、印刷出版物、官方网站等形式,供内部使用,或对外公布。需要对外公布的数据,全民所有自然资源资产统计部门应对公布和报送的统计数据进行审核,并在规定的公布时间前对社会公开。全民所有自然资源资产统计数据可以在有关法律法规规定下通过多种形式在部门内部和有关部门间共享使用。

(五)统计数据分析

全民所有自然资源资产统计部门根据全民所有自然资源资产统计工作的目标任务,结合全民所有自然资源资产权益管理和社会公众等要求,使用不同的分析工具,对统计数据开展时间序列分析、空间分析、一致性和可比性、差异性分析等深度分析。关注全民所有自然资源资产的年度增减变动原因,通过加权计算等方法将数据汇总结果转换为统计总量指标、相对指标、平均指标及各类指数,进行定量与定性分析并形成分析报告。统计分析报告的编写包括综合分析报告和专题分析报告。

三、工作展望

随着全民所有自然资源资产统计工作的逐步推进和全民所有自然资源资产清查和委托代理工作、国有自然资源资产报告编制等相关权益管理工作的开展,全民所有自然资源资产统计对全民所有自然资源资产权益管理工作的支撑作用逐渐凸显，同时开展统计工作的相关基础也不断夯实。下一步，将坚持目标和问题导向，制定全民所有自然资源资产统计制度，建立动态监管平台，建立信息分析和应用机制。

（一）制定全民所有自然资源资产统计制度

在已有自然资源综合统计的基础上，结合全民所有自然资源资产清查成果，构建覆盖国有土地、矿产、森林、草原、湿地、海洋、国家公园等自然资源资产的统计指标体系，研究制定《全民所有自然资源资产统计制度》，出台相关管理办法和配套措施，确保全民所有自然资源资产统计工作稳步推进。

（二）建立动态监管平台

开展全民所有自然资源资产统计数据系统设计工作，做好与各资源门类现有相关业务系统对接，方便相关数据的及时获取和比对分析。在数据系统基础上，逐步建立全民所有自然资源资产动态监管平台，全面、准确、及时掌握中国全民所有自然资源资产家底和动态变化情况。

（三）建立信息分析和应用机制

建立健全全民所有自然资源资产信息分析和应用机制，发布年度全民所有自然资源资产公报，充分发挥自然资源资产统计成果在服务经济发展和社会管理、支撑宏观调控和科学决策中的基础作用。

第五节 全民所有自然资源资产清查统计成果及分析应用

一、清查统计成果

（一）清查成果

全民所有自然资源资产清查成果反映各类全民所有自然资源资产的实物数

量、质量、经济价值量、空间分布、使用权状况情况，形成矢量化数据和各类总结报告，反映各类全民所有自然资源资产的配置、使用、收益、处分等现状，以支撑国有自然资源资产管理工作。主要有以下成果形式：一是数据成果。一方面是属性信息成果，包括整合的各类自然资源属性信息（如类别、面积、数量、分布等）；宗地、宗海或矿区的所有权履职主体、使用权主体、使用权让渡方式、年限、对象、价格，以及成本、收益等资产属性信息数据。另一方面是价格体系成果，包括土地（建设用地、农用地）、矿产、海洋、森林、草原等全民所有自然资源资产清查价格体系数据成果。还有核算的各类全民所有自然资源资产的经济价值数据成果，以及样点或样本外业调查和内外业核查的影像资料数据。二是图件成果。指对已有数据成果进行矢量化，将各类全民所有自然资源资产属性信息、价格体系、经济价值等在空间上进行表达，形成的可视化、可叠加、可分析的全民所有自然资源资产"一张图"。三是报告成果。指资产清查工作各个阶段的技术总结、工作总结等。四是报表成果。指对各类全民所有自然资源资产数据进行汇总，通过报表的形式，选取和构建主要指标，表现各类全民所有自然资源资产数量、价值量、所有者权益以及变动情况。五是规范标准。包括全民所有自然资源资产清查通则、汇交规范、数据库建设标准、各类全民所有自然资源资产清查的技术规范标准、资产清查预算定额标准等。六是数据库。将数字化的图件、报告、标准和数据等汇交入库，形成全民所有自然资源资产清查数据库。

（二）统计成果

全民所有自然资源资产统计成果在清查成果基础上，反映各类全民所有自然资源资产的年度变化情况，形成统计报表数据和各类分析报告，以支撑国有自然资源资产管理工作，主要包括以下成果形式：一是统计数据。指通过开展统计工作获取的纸质或电子的年度调查（清查）数据、直报数据和业务管理数据。二是统计成果报表。指根据需求将统计数据加工成统计年报、半年报、年鉴等数据成果报表。三是统计分析报告。指对统计数据开展加工分析形成综合统计分析报告和专题统计分析报告等数据分析报告。

二、分析应用

通过对全民所有自然资源资产实物量、价值量等指标的基本分析，可以全面掌握家底情况，了解各类全民所有自然资源资产有什么，质量怎么样，分布在哪里以及增减变化情况，为编制国有自然资源资产管理专项报告，向各级人大常委会报告国有资产管理情况，提供完整、真实、可靠、可核查的国有自然资源资产实物量、价值量、所有者权益等方面的信息，以及国有自然资源资产的保值增值情况。通过对价值、使用权主体、让渡方式、权益变动以及成本、收益和支出等指标的专题分析，可以掌握了解各类全民所有自然资源资产值多少钱，谁在用以及用的怎么样等情况，为全民所有自然资源资产储备管护、资产配置和全民所有自然资源资产保护、使用规划编制提供依据，最终实现增值保值等合理利用国有自然资源资产的目标。通过对各项实物、价值指标的时空动态及变动等情况综合分析，并结合自然、经济、社会等方面数据，可以掌握全民所有自然资源资产处置是否合理，所有者权益是否受损，国有自然资源资产是否流失，支撑评价考核指标计算。为开展省、市、县各级评价考核，量化全民所有自然资源资产管理、保护、监督、责任的成效，考核全民所有自然资源资产所有者权益落实情况提供数据基础。

资产清查统计成果作为全民所有自然资源资产的底层基础数据，具有十分广阔的应用前景，需要长期的研究探索。各地各有关部门可以结合本地区本部门特点，创新分析方法，积极在实践中探索资产清查统计的应用路径。

第四章　全民所有自然资源资产核算

"资源"要成为"资产",价值属性必不可少。自然资源资产核算是在自然资源调查、统计与评价评估等基础上,对一定时间、空间内自然资源资产的实物量和价值量的整体核定与测算分析,客观反映其总量、结构、质量、分布与变化情况的工作。对全民所有自然资源资产进行核算,有利于真实客观、全面动态掌握自然资源资产"家底"及其变化状况,进一步合理配置、高效利用自然资源资产,服务于所有者权益管理工作,是履行"两统一"职责的重要基础和手段。

第一节　全民所有自然资源资产核算概述

根据《辞海》和《现代汉语词典》释义,核算即核查计算,常见于经济管理领域,一般与管理活动和管理对象相结合出现,如成本核算、资金核算、会计核算、统计核算以及国民经济核算等。与具体学科结合后,"核算"的具体含义以及侧重点会有所不同,但大多偏重于会计和统计,总体上是运用一定的体系和方法,对特定对象的存量状况、变动情况进行搜集、整理、记录、汇总、计算,属于一个连续记录、动态反映的过程。

一、国内外自然资源资产核算发展进程

（一）国外发展进程

20世纪60年代开始，国际社会开始关注环境和自然资源损耗在经济增长中的贡献与影响。挪威是世界上最早开展自然资源核算的国家之一，侧重对能源矿产、土地、森林、水和鱼类等资源的存量及流量状况进行核算，构建了国民核算矩阵（NAMEA）。加拿大建立了专门的国家环境与资源账户体系，侧重核算土地资源、水资源、地下资源的存量及流量情况，并编制价值型资产账户（MSAA）。美国构建了综合经济和环境卫星账户（IEESA），将矿产和能源、土地、水等资源纳入核算范围，编制实物型和价值型资产核算账户。[1]芬兰建立了自然资源核算体系框架，涵盖森林资源核算、环境保护支出费用统计和空气排放调查，并开展了大范围的环境价值核算研究。欧盟在总结挪威、芬兰两国实践经验的基础上，提出了包括环境账户在内的国民核算矩阵（NAMEA）。日本设计了环境核算账户（EMA），并对相关年度绿色GDP做了初步核算。

联合国发布的《环境经济核算体系2012—中心框架》（SEEA CF），是第一个综合性国际环境核算标准，涵盖三个主要领域的计量：环境资产存量及其变化情况、与环境有关的经济活动、经济与环境之间的物质和能量流量。内容包括实物型和价值型账户两种基本形式，并将资源环境资产细分为矿产和能源资源、土地资源、土壤资源、林木资源、水生资源、其他生物资源、水资源。

从国际上现有的核算体系来看，总体反映以下特征。[2]一是以将自然资源与环境损耗及贡献纳入国民经济核算体系为出发点，侧重资源环境对经济增长的贡献及经济活动对资源环境的损耗及影响的核算。二是重视将资源损耗和环境损害纳入核算体系，侧重实物量核算与成本统计。三是资源环境的生态系统服务价值得到广泛研究关注，但由于其核算方法和核算结果的不确定性，在核

---

[1] 朱道林、王健等：《自然资源资产核算国际比较与借鉴》，中国大地出版社，2022年。
[2] 朱道林、王健等：《自然资源资产核算国际比较与借鉴》，中国大地出版社，2022年。

算体系中均较少体现生态价值核算。四是在核算内容与目标上均强调"环境经济核算",与纯粹的"自然资源资产核算"有所不同。

(二)国内发展进程

中国自然资源资产核算的理论研究起步于 20 世纪 80 年代,李金昌等学者翻译了《关于自然资源核算与折旧问题》《挪威的自然资源核算与分析》《自然资源核算与分析》等研究报告,率先开展相关核算研究。[①][②]

在资源环境核算方面,国务院发展研究中心与世界资源研究所于 1988 年联合开展了"自然资源及其纳入国民经济核算体系"的课题研究,对资源定价、资源折旧、资源分类和综合核算以及自然资源纳入国民经济核算体系等进行了研究。[③][④][⑤] 2003 年,国家统计局将自然资源实物量核算表作为卫星账户,编制了 2000 年全国土地、森林、矿产、水资源实物量表,并开展了四种资源的价值量核算。[⑥][⑦]同时国家统计局牵头开展绿色 GDP 和环境经济核算研究,于 2006 年发布《中国绿色国民经济核算研究报告 2004》。[⑧]

在具体实践方面,原国家林业局联合国家统计局提出了森林资源资产核算的框架和具体方法,并连续开展了九次全国森林资源清查,初步完成了林地林木的实物量和价值量核算;并于 2013 年、2016 年相继开展了两轮森林资源核算研究工作,完善了核算理论框架和技术方法,测算了中国林地林木的资产价

---

① 曹俊文:《环境与经济综合核算方法研究》,经济管理出版社,2004 年。
② 李金昌、高振刚:"实行资源核算与折旧很有必要",《经济纵横》,1987 年第 7 期。
③ 李金昌:《自然资源核算初探》,中国环境科学出版社,1990 年。
④ 李金昌:《资源核算论》,海洋出版社,1991 年。
⑤ 李金昌:"资源核算及其纳入国民经济核算体系初步研究",《中国人口·资源与环境》,1992 年第 2 期。
⑥ 国家统计局:《中国国民经济核算体系(2002)》,中国统计出版社,2003 年。
⑦ 陈玥、杨艳昭、闫慧敏等:"自然资源核算进展及其对自然资源资产负债表编制的启示",《资源科学》,2015 年第 9 期。
⑧ 黄溶冰、赵谦:"自然资源核算——从账户到资产负债表:演进与启示",《财经理论与实践》,2015 年第 1 期。

值和森林生态系统每年提供的生态服务价值。[①②]

根据 2021 年国家林草局、统计局联合发布的第三期中国森林资源核算研究成果，截至 2018 年，全国林地资源实物量 3.24 亿公顷，林木资源实物量 185.05 亿立方米；全国林地林木资产总价值为 25.05 万亿元，其中林地资产 9.54 万亿元，林木资产 15.52 万亿元，相比第八次全国森林资源清查期末，林地资源面积和价值量分别增长了 4.51%和 24.87%；林木资源实物存量和价值量分别增长了 15.12%和 13.70%；森林生态系统提供生态服务价值为 15.88 万亿元，首次开展评估的森林文化价值约为 3.10 万亿元。

随着生态文明建设的持续推进，中国在自然资源资产核算领域陆续开展了一系列基础理论和管理实践探索，但基础理论仍不完善，也尚未建立科学性、可操作性强的核算技术体系，难以适应新时代自然资源资产管理要求。党的十八届三中全会以来，中国开展自然资源资产负债表编制试点，推动自然资源资产清查、核算和评价制度，对自然资源资产核算表式、账户形式和相关指标等进行了规范，着力解决各类资源之间的共性和差异性问题，开启了全面深化自然资源资产核算研究的新局面。

二、自然资源资产核算的主要特点

从国际上现有的核算体系来看，大多是聚焦"环境经济核算"，并基于纳入国民经济核算体系的要求，主要关注自然资源和环境条件在人类经济活动中的贡献及其所发生的消耗和损害。中国正在开展的自然资源资产核算探索实践，聚焦于"摸清自然资源资产家底"，侧重对自然资源数量、质量状况及资产价值的计量与核算。现阶段对价值量的核算主要侧重经济价值，同时也正在对生态价值不断深化理论与实践探索。

---

① 中国森林资源核算研究项目组：《生态文明制度构建中的中国森林资源核算研究》，中国林业出版社，2015 年。

② http://www.xinhuanet.com/travel/2021-03/12/c_1127204526.htm。

（一）工作规范性

通过制定核算标准，对价值量内涵、对象、权利类型、原则、方法、程序等进行统一规范，为资产清查、资产平衡表（负债表）编制、考核评价等提供内涵清晰、表达规范的技术方法体系，实现核算结果可校核、可比较、可监测。

（二）技术基础性

根据工作目标、工作基础、精度要求和管理需求等，可以选用宏观、中观、微观三种不同尺度的价值量核算体系，是一套由可供选择的技术方法组成的"技术工具箱"。

（三）动态连续性

根据工作需要和管理目标，可以灵活选取不同尺度、不同精度的技术方法，对特定范围内的全民所有自然资源资产开展核算，并进行动态更新和连续核算，核算结果具有横向和纵向可比性。

三、自然资源资产核算的主要应用方向

（一）在所有者权益管理中发挥基础支撑作用

现有自然资源资产核算技术体系，针对不同类型自然资源设置了宏观、中观、微观等不同核算尺度下的多种核算方法，以服务于自然资源资产权益管理多样化的需求。具体而言，宏观、中观尺度的资产核算，主要服务于所有者"摸清家底"的需要，体现长期性、持续性、稳定性，反映自然资源资产总体价值、结构、时空分布与变化情况，为定期评估监测自然资源资产变化情况夯实基础。微观尺度的资产核算，多采用批量评估和模型计算等方式，比较精确地反映一个区域的资产情况，可为自然资源资产损害赔偿、评价考核以及征税管理等工作提供技术方法和基础数据，比如在陕西西安开展的土地资产核算试点中，开展了"以地控税"等探索尝试，将土地资产价值作为税收征收和监管的依据。

（二）为开展清查统计和平衡表编制等专项工作提供技术方法

自然资源资产核算聚焦于摸清家底的"基础性技术"方向，重在明确价值量内涵，制定技术方法。自然资源资产清查聚焦于"工程化实施"方向，重在组织实施，即选取统一的核算技术、对统一时点的全民所有自然资源资产开展统一清查。自然资源资产平衡表编制也是核算的一种具体表现形式和应用方向，是以核算为基础综合反映全民所有自然资源资产管理和权益落实情况的信息工具。以资源调查和价格评估的技术与成果为基础，叠加其他信息，结合统计综合等过程，也可针对具体需求形成有针对性、适用性、不同精度、不同内涵下的核算成果，如对国有企业的存量划拨土地开展专项资产核算等。

（三）探索开展生态价值核算，推动核算结果应用

生态价值核算作为自然资源资产核算的重要组成部分，对践行"绿水青山就是金山银山"理念发挥重要的作用。按照中共中央办公厅、国务院办公厅《关于建立健全生态产品价值实现机制的意见》要求，需针对生态产品价值实现的不同路径，探索构建行政区域单元生态产品总值和特定地域单元生态产品价值两套评价体系。其中，针对行政区域单元的生态产品总值核算，主要用于绩效考核和生态保护补偿等政府发挥作用的领域；针对特定地域单元的生态产品价值核算，主要用于经营开发、权益交易等市场发挥作用的领域。

第二节 全民所有自然资源资产经济价值核算

一、核算实践——以土地资源资产核算为例

自然资源部已经在上海、山东以及陕西西安、湖南株洲等14个地区开展了土地资源资产核算试点，在此基础上总结提炼，于2020年正式发布了《全民所有土地资源资产核算技术规程》（TD/T 1059—2020），建立了技术方法体系，并

明确了实施程序。

（一）核算方法介绍

根据不同核算目的、核算效率、核算精度及地价体系特点，可以将土地资源资产核算划分为宏观、中观、微观三种尺度，在不同尺度下划分基本核算单元后，结合不同地价指标，构建不同尺度下多种方法组成的土地资源资产价值核算技术体系。

1. 宏观核算

适用于在全国、省（自治区、直辖市）等较大区域范围内统一开展的快速核算工作。以县级以下（含县级）行政辖区为基本核算单元，不体现行政辖区内部土地质量、价格的空间分布差异；评估核定基本核算单元内分用途的平均土地价值水平，与相应的土地实物量结合，核算土地资产总量。主要参照的地价指标包括基准地价、监测地价、交易地价、其他评估地价等。

2. 中观核算

适用于地级及以下行政区范围内统一开展的、精度要求较高的核算。在行政辖区内部，依据不同空间区位上土地的质量、功能、价值等的差异划分均质区域，以各均质区域为基本核算单元，评估核定基本核算单元内分用途的平均土地价值水平，与相应土地的实物量结合，核算土地资产总量。主要参照的地价指标包括公示地价（基准地价、标定地价）、监测地价、交易地价、其他评估地价等。

3. 微观核算

适用于高精度的土地资产量核算，对基础数据的完备程度和多源数据间的空间匹配精度要求高。以各宗地（或地块）为基本核算单元，显化微观区位条件及主要个别因素对宗地（或地块）价值的影响，评估核定各宗地（或地块）的价值水平，与相应土地的实物量结合，核算土地资产总量。主要参照的地价指标以现有地价体系成果为基础，通过批量评估测算获取。

（二）核算案例

1. 上海市国有建设用地核算

上海市将核算区域分为中心城区（外环线以内约 660 平方千米）和桃浦工业区（4.09 平方千米）两部分，分别采取了不同精度的核算方法。纳入核算的地类为区域内的国有建设用地，不包括农用地、未利用地、农村宅基地、自然河流水面等地类。具体方法如下：

一是在中心城区，采用了中观层次的核算，即通过基准地价、监测地价、交易地价等不同特征的地价指标，分别确定设定容积率下的区域平均地价，根据宗地所在区域的平均地价与宗地面积结合，测算土地资产量。

二是在桃浦工业区，提升核算精度，具体测算每一宗地的实际容积率，基于基准地价，通过期日、容积率、特殊用途修正等逐宗测算土地资产量，并对现状条件下和规划条件下的土地资产量结构、变化进行深入分析。现状条件下，基于 2014 年土地利用现状数据，套叠 2016 年地籍数据，将土地利用的图形数据和属性数据更新到 2016 年，基于基准地价修正法，进行期日、容积率、特定用途等修正，对每宗地计算土地资产量，从而核算出现状条件下的土地资产量，汇总得到桃浦工业区基于基准地价计算的土地资产量114.51亿元。规划条件下，采用基准地价修正法核算土地资产量，按规划土地用途分类，按规划容积率进行修正。期日修正与现状条件相同，为 2016 年 1 月 1 日。测算各块土地规划条件下的价值量，汇总得到桃浦工业区规划条件下，分属近 20 个细类的土地资产总量共计 346.39 亿元（表 4–1）。

表 4–1 上海市中心城区和桃浦工业区土地资产核算条件对比

	中心城区	桃浦工业区
区域范围	外环内约 660 平方千米	4.09 平方千米
核算精度	按区域核算	逐宗地核算
区域划分	按地价级别划分	均质性强，不划分
数据条件	土地利用现状、地价数据	地籍数据、规划数据、地价数据
土地类型	按现状用途分类	按用途、权属、规划条件分类

续表

	中心城区	桃浦工业区
开发强度	设定容积率	实际容积率
地价类型	基准地价、监测地价和交易地价等	
核算方法	区域价格平均法	基准地价修正法等

上海市土地资产核算成果具有以下特点：一是分别进行了区域和宗地两种尺度、两种精度下的核算；二是在宗地价格核算中，对宗地拆分、合并以及混合宗地的容积率测算过程进行了细节处理，使之更符合实际；三是进行了规划条件与现状条件下土地资产量的核算和对比分析，有助于进一步开展土地资产核算应用研究。

2. 山东省土地资源资产核算

山东省将核算区域分为省级和市县级（滨州市和东营市东营区）两个尺度，分别采取了不同精度的核算方法。纳入核算的地类为区域内的国有建设用地、农用地（济南市历城区），不包括未利用地、农村宅基地、自然河流水面等地类。具体方法如下：

一是在山东省域，其核算主要采用了区域价格平均法，采用了宏观和中观两种层次的核算。利用交易地价测算时，以行政区为基本核算单元，采用了宏观尺度的核算方法；利用基准地价和监测地价测算时，分别以级别和监测区段为基本核算单元，均采用了中观尺度的核算方法。

二是在滨州市和东营市东营区。由于交易地价和监测地价数据基础情况不理想，覆盖范围较窄，仅在滨州市和东营市东营区完成了探索，其核算结果的覆盖范围和实际意义远低于基于基准地价的核算结果。

三是在济南市历城区的农用地核算中，以农用地定级估价工作为基础，依据其级别面积与级别价格，核算了农用地资产总量。纳入核算的具体地类包括耕地、园地、林地（此三类面积占比近 98%）、沟渠、设施农用地、坑塘水面以及农村道路总体占比不大。对三种主要用途之外的其他农用地均按最低农用地价格进行估算。

山东全省和局部地区土地资产核算条件对比见表 4-2。

表 4–2　山东全省和局部区域土地资产核算条件对比

	全省	市级及区县级（滨州市及东营市东营区）
区域范围	省域（2 832 508.35 公顷）	滨州市（158 565.15 公顷） 东营区（45 073.23 公顷）
基本核算单元划分	以基准地价中的土地级别为单元	以行政区整体为单元
数据条件	城镇土地利用现状数据、土地变更调查数据、地价数据	土地利用现状数据、地价数据
土地类型	按现状用途分类	按现状用途分类
开发强度	设定容积率	实际容积率
地价类型	基准地价、监测地价和交易地价等	
核算方法	中观核算（基准地价、监测地价和交易地价核算法）、其他模型推算法	微观核算（市场比较法和其他模型推算）

山东省土地资产核算成果具有以下特点：一是分别进行了省域和市县区域两种尺度、三种精度下的核算；二是对局部地区（济南市历城区）开展了农用地的土地资产核算探索；三是在现有的客观数据条件下，探索了土地资产量核算规模化实施的多种方法，并进行了方法的优选比较与验证分析。

二、工作展望

目前，针对中国各类自然资源资产的特点和属性，衔接现行评价体系、统计指标和各地实践探索，兼顾核算成本、精度和效率，正在研制满足管理需求、准确核算、高效实施的自然资源资产核算技术体系。

（一）总体思路

自然资源资产核算主要围绕"履行所有者职责、维护所有者权益"的工作主线，立足解决实际问题和把握管理实际，按照统分结合、先易后难、重点突破的原则，结合国际核算做法，总结土地资源资产核算成效经验，提炼各资源门类核算内容的共性问题，明确核算总体要求和定位，研究制订通则性的标准规范，指导各类全民所有自然资源资产核算规程的制订和更新。在此基础上，进一步开展试点，形成共识，形成可复制可推广可操作的工作模式，逐步形成各相关资源门类具体的标准规范，为开展全民所有自然资源清查、平衡表编制等提供系统、完整的技术方法体系。

（二）基本原则

与自然资源调查监测体系相衔接。自然资源资产核算工作应与同时期自然资源资产调查监测体系衔接协调，充分利用国土调查，年度国土变更调查，森林、草原、海洋、水资源专项调查，以及地籍调查、公示价格体系建设和市场调查监测等专项工作成果，实现社会经济统计数据、价格体系数据与自然资源数据的有机结合。

以实物量核算为基础。自然资源资产核算过程中应首先以"国土三调"及年度变更调查，地籍调查，林、草、湿、水专项调查等调查监测成果，清晰界定实物量范围，开展实物量核算；价值量核算应以准确的实物量为基础，结合各类资源的管理需求与价值可显化程度的阶段特征逐步开展。

以可实现价值为主导。基于生态文明建设总体进程，根据各类自然资源有偿使用制度建设情况、市场发育程度等，优先以相对稳定均衡、具有共识性，在现阶段可广泛实现的交换价值作为资产量核算的基础。

清晰界定核算结果内涵。明确自然资源资产各类型核算结果对应的具体内涵，以保证结果可用、时空可比、工作可持续延展、便于后期多元化应用。

统筹自然资源功能特征的复合性与主导性。对同一空间范围内含有一种类型以上自然资源的复合性自然资源进行整体核算时，应协调好各类型资源间核算对象的不重不漏；针对功能多宜性特征明显的自然资源，宜重点体现其主导功能，当资源的生态价值与经济价值存在权衡关系时，应重点核算符合自然资源保护与利用政策导向的价值。

（三）范围与分类

立足当前中国基本国情和自然资源主管部门职能及需求，从核算家底的视角，目前将自然资源资产主要分为土地、矿产、森林、草原、水、湿地、海洋以及国家公园等八种类别。

(四) 核算框架

自然资源资产核算包括实物量核算和价值量核算（图4–1）。实物量核算是充分利用各类自然资源调查监测、确权登记、清查统计，以及自然资源管理与业务流程中形成的相关数据成果，通过比对分析、归类汇总，辅以必要的补充调查、实验、量测等进行，核算不同分类体系下的自然资源实物量，具体包括资源总量、质量、分布和权利类型等。价值量核算是在全面整体调查与合理评估的基础上，厘清自然资源资产价值量内涵，按照统一规则，对一定时间和空间内自然资源资产价值总量进行核定分析、分类汇总。

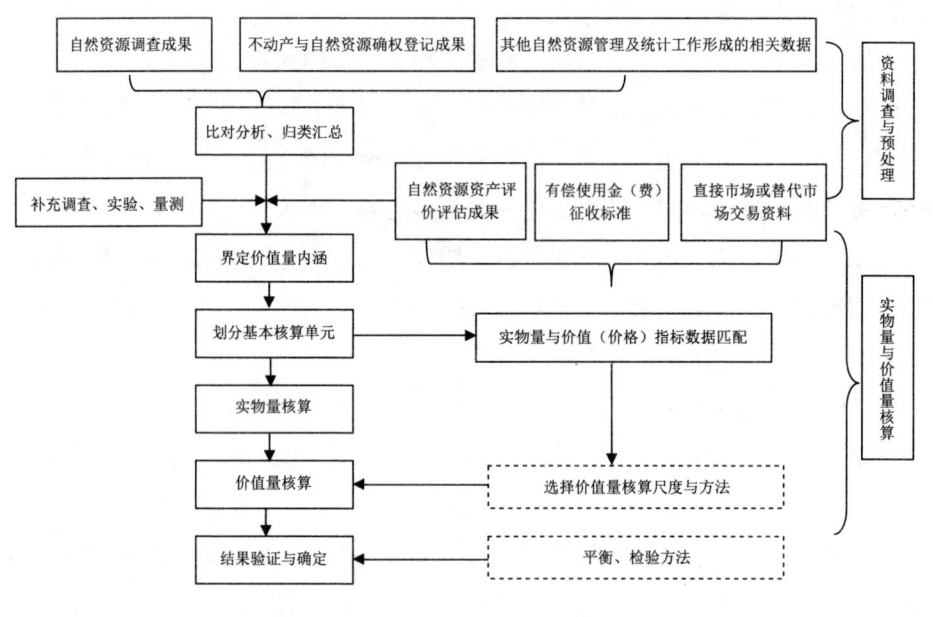

图4–1 自然资源资产核算技术路线

(五) 价值量核算探索

价值量核算主要依据基本核算单元划分，及预期实现的精度差异，构建宏观、中观、微观三种不同尺度的核算方法；结合主要参照的自然资源资产价值（价格）指标，构成由多种具体核算方法组成的方法体系。

1. 土地、森林、草原、海域及无居民海岛资源资产

一是宏观尺度的核算方法。以某一适当层级的行政辖区（例如：地级或县级）或具有宏观序列可比的资源质量等别作为基本核算单元，视其内部相应类型的自然资源在质量与价值的空间分布上具有总体均一性；评估核定基本核算单元内该自然资源资产的平均单位价值水平，与相应的资源实物量结合，核算资产总价值量。宏观核算方法主要参照的资源价值（价格）指标包括政府公布的自然资源基准价、监测价、自然资源税费及使用金征收标准、直接市场或替代市场交易价格及其他评估价格等。

二是中观尺度的核算方法。在行政辖区内部，依据不同空间区位上自然资源的质量、功能、价值等的差异划分均质区域，以各均质区域为基本核算单元，评估核定基本核算单元内该类自然资源资产的平均单位价值水平，与相应资源的实物量结合，核算资产总价值量。中观核算方法主要参照的资源价值（价格）指标包括自然资源政府公示价格（基准价、标定价）、监测价、自然有偿使用金征收标准、直接市场或替代市场交易价格及其他评估价格等。

三是微观尺度的核算方法。以自然资源资产登记中的具体权属单元（例如宗地、宗海）或图斑为基本核算单元，显化微观区位条件及主要个别因素对核算对象价值的影响，评估核定各具体权属单元或图斑的价值水平，与相应资源的实物量结合，核算资产总价值量。微观核算方法主要参照的资源价值（价格）指标通常依据既有区域性价格体系和价格影响因素，通过批量评估修正测算获取。

2. 矿产资源资产

根据基本核算单元的差异，矿产资源资产价值核算主要包括宏观区域价值（价格）标准调整法、标准矿山平均价值（价格）修正法和典型矿山评估价值（价格）核定法三种，主要参照的资源价值（价格）指标包括矿产资源资产公示价、矿业权出让收益市场基准价、区域性价格体系、市场数据、企业生产经营数据、矿业权招拍挂出让价格及其他矿业权评估价格等。

3. 湿地资源资产

作为多类型资源组成的生态空间，湿地资源资产价值量核算应按照各类型资源资产分别开展，湿地资源资产处于自然保护地范围内时，不作为单独生态空间进行价值量核算，直接纳入自然保护地体系对各类型资源资产进行核算汇总。

4. 水资源资产

以某一适当层级的行政辖区（一般为省级）或水资源分区作为基本核算单元，也可依据水资源不同的水源类型或使用功能，评估不同类别水资源资产的平均单位价值水平，与相应的水资源实物量结合，核算水资源资产总价值量。水资源价值指标可参照政府公布的水资源费（税）征收标准、不同水源类型或用户类别的价格标准等确定，也可运用影子价格法、市场定价法、替代价格法、补偿价格法等方法进行核算。

5. 国家公园

国家公园资源资产价值量核算应按照各类型资源分别开展，核算结果原则上按照资源类型和国家公园管控体系分别汇总，即将各类资源价值量按照一般控制区、核心保护区分别统计汇总，并根据全民所有和集体所有进行分类统计。

第三节　自然资源资产生态价值核算实践

自然资源资产不仅是经济社会发展的关键要素，具有经济价值、社会价值，还是维持人类生存和优美生态环境的重要物质基础，也具有生态价值。国际社会高度关注生态价值的核算，越来越多的国家公布了相关核算数据，以体现自然生态系统对人类福祉的惠益。随着生态文明建设的持续深入推进，中国逐步推动生态价值的核算工作。中共中央、国务院印发的《生态文明体制改革总体方案》提出："树立自然价值和自然资本的理念，自然生态是有价值的，保护自然就是增值自然价值和自然资本的过程，就是保护和发展生产力，就应得到合理回报和经济补偿。"因此，在核算和显化自然资源资产经济价值的同时，有必要对自然资源资产的生态效用进行评价和核算，将自然生态价值嵌入经济体系，有效权衡自然资源资产的开发与保护，并为公共政策的制定提供决策依据。

一、国内实践进展和案例分析

国内生态价值核算研究与实践主要是在生态系统服务核算的基础上开展。

目前,中国生态系统服务核算在理论基础、主要原则和指标体系等方面形成了大量成果,并制定了森林、荒漠、海洋等评估规范或技术导则,形成了多种生态系统服务价值核算方法,比较有代表性的为功能价格法和当量因子法。

(一)功能价格法

功能价格法是基于生态系统服务实物量和单位价格,核算特定区域生态系统的产品与服务的经济价值。具体核算步骤如图4-2所示,第一,将生态系统服务划分为供给服务、调节服务和文化服务三种类型,通过要素监测体系、水文监测、气象台站、环境监测网络等可以为生态系统服务功能量的核算提供数据和参数,部分生态系统服务功能量要通过生态系统模型估算;第二,利用市场法、替代市场法等,确定各类生态系统服务功能的单位价格;第三,用不同生态系统服务功能量乘以对应单价,核算汇总生态系统服务总经济价值。

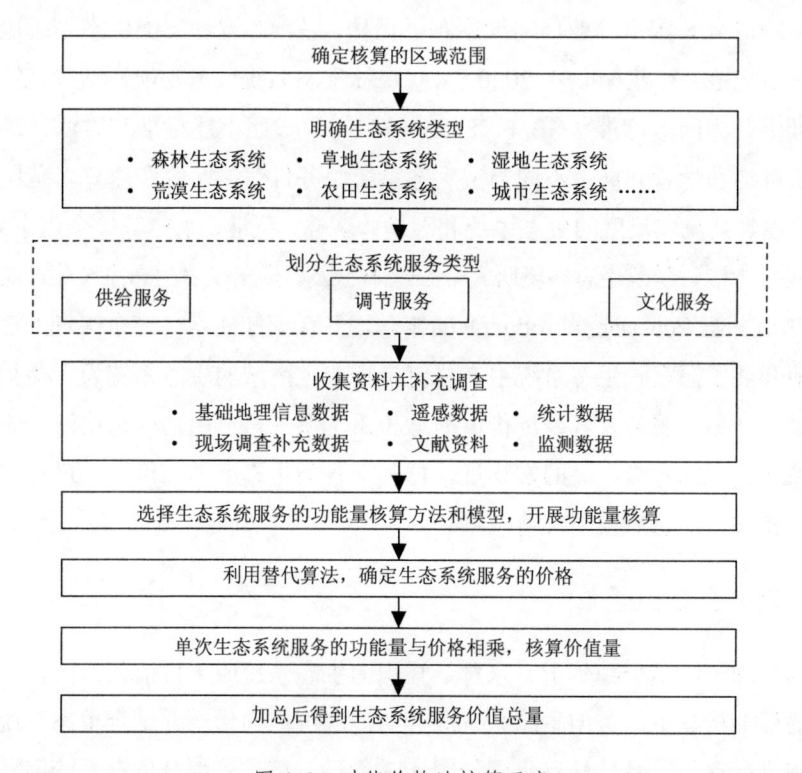

```
┌─────────────────────────────────┐
│        确定核算的区域范围         │
└─────────────────┬───────────────┘
                  ▼
┌─────────────────────────────────┐
│        明确生态系统类型           │
│  • 森林生态系统  草地生态系统  湿地生态系统 │
│  • 荒漠生态系统  农田生态系统  城市生态系统…… │
└─────────────────┬───────────────┘
                  ▼
┌ ─ ─ ─ ─ ─ ─ ─ ─ ─ ─ ─ ─ ─ ─ ─ ─┐
         划分生态系统服务类型
│ ┌──────┐   ┌──────┐   ┌──────┐ │
  │供给服务│   │调节服务│   │文化服务│
│ └──────┘   └──────┘   └──────┘ │
└ ─ ─ ─ ─ ─ ─ ─ ─ ─ ─ ─ ─ ─ ─ ─ ─┘
                  ▼
┌─────────────────────────────────┐
│        收集资料并补充调查         │
│  • 基础地理信息数据  遥感数据  统计数据 │
│  • 现场调查补充数据  文献资料  监测数据 │
└─────────────────┬───────────────┘
                  ▼
┌─────────────────────────────────┐
│ 选择生态系统服务的功能量核算方法和模型,开展功能量核算 │
└─────────────────┬───────────────┘
                  ▼
┌─────────────────────────────────┐
│    利用替代算法,确定生态系统服务的价格    │
└─────────────────┬───────────────┘
                  ▼
┌─────────────────────────────────┐
│  单次生态系统服务的功能量与价格相乘,核算价值量  │
└─────────────────┬───────────────┘
                  ▼
┌─────────────────────────────────┐
│    加总后得到生态系统服务价值总量      │
└─────────────────────────────────┘
```

图4-2 功能价格法核算示意

运用功能价格法对生态产品的"价值量"进行计算，关键在于采用何种方法将生态产品实物量转换为价值量，一般根据市场发育程度，选取三类方法：一是直接市场法，应用于具有实际市场的生态系统产品和服务，以市场价格作为经济价值的衡量标准。具体方法有市场价值法（评估物质类产品等）。二是替代市场法，用于没有直接的市场交易与市场价格，但替代品具有相应的市场与价格的生态系统产品和服务。具体方法包括影子工程法（评估水源涵养和土壤保持）、恢复和防护费用法（评估污染物降解）、旅行费用法（评估景观生态系统的游憩等价值）等。三是模拟市场法，对没有实际市场交易、价格和相应替代品的生态系统产品和服务，通过人为构造假想的市场来衡量其价值。主要方法有条件价值法。总体来看，不同的生态系统产品和服务价值，都可以采用一种或几种评估方法，每种方法各有优缺点，暂未形成统一的评估标准。

在中国，林业领域是较早使用功能价格法计算生态系统服务价值的领域。2008—2017年，国家林业局陆续颁布了森林、荒漠、湿地三类生态系统服务功能的评估规范（行业标准）；2020年，《森林生态系统服务功能评估规范》从行业标准上升为国家标准（GB/T 38582—2020）。参照上述标准和方法，国内相关科研机构和学者开展了不同类型生态系统服务价值的研究和测算，范围涉及全国尺度、某流域尺度的生态系统和湿地、森林、草地、水体等单个生态系统。2012年，中国科学院生态环境研究中心欧阳志云等提出了"生态系统生产总值"（GEP，Gross Ecosystem Product）的概念，并在浙江丽水、广东深圳、江西抚州等地开展了探索。生态系统生产总值是指一定区域的生态系统为人类福祉提供的最终产品和服务及其经济价值的总和，本质上是运用功能价格法，先核算生态系统提供的各类产品的实物量，再确定各类生态产品的价格，最后实物量与价格相乘、加总后得出价值总量。

（二）当量因子法

当量因子法是一种基于专家背景知识的生态系统服务价值化方法，基于可量化的标准构建不同类型生态系统服务功能的价值当量，并结合生态系统的分布面积进行评估。具体核算步骤如图4-3所示：第一，划分生态系统服务为供给服务、调节服务、支持服务和文化服务四种类型，并确定一个标准当量因子的生态价值；第二，通常沿用中国科学院地理科学与资源研究所谢高地[①]的"单位面积生态服务价值当量表"，并结合研究区域的自然条件进行适当修正；第三，结合统计、调查监测或补充调查工作，确定核算区域内各类生态系统的面积；第四，不同生态系统的面积乘以对应的服务当量因子和经济价值，汇总后得出生态系统服务价值总量。

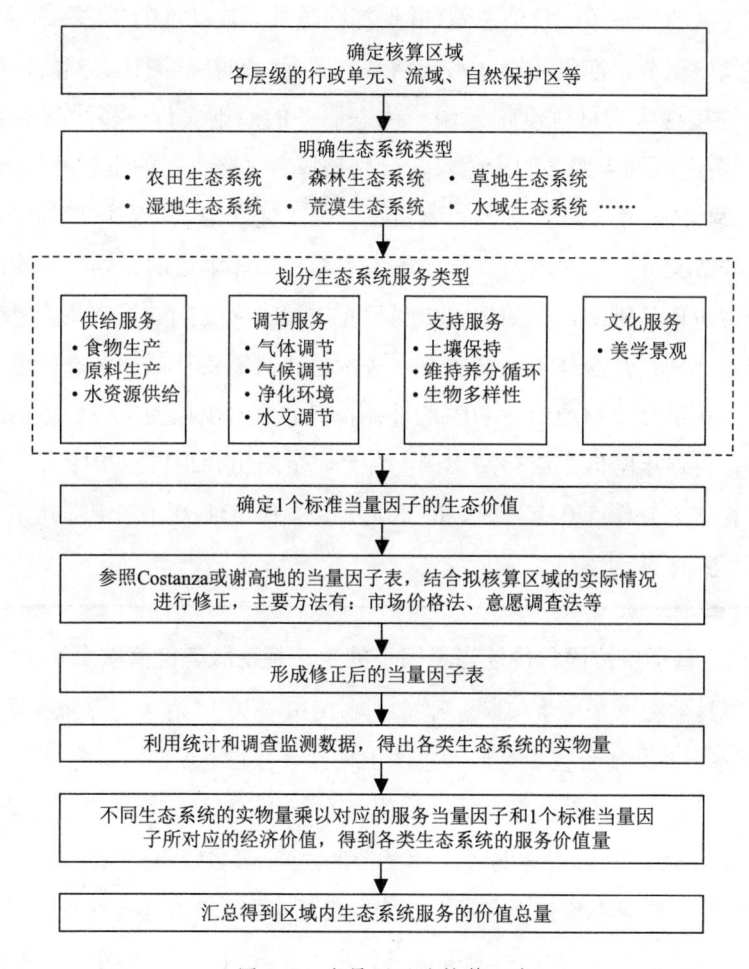

```
┌─────────────────────────────────────────────┐
│            确定核算区域                      │
│    各层级的行政单元、流域、自然保护区等      │
└─────────────────────────────────────────────┘
                    ↓
┌─────────────────────────────────────────────┐
│            明确生态系统类型                  │
│  • 农田生态系统  • 森林生态系统  • 草地生态系统 │
│  • 湿地生态系统  • 荒漠生态系统  • 水域生态系统…│
└─────────────────────────────────────────────┘
                    ↓
┌ ─ ─ ─ ─ ─ ─ ─ ─ ─ ─ ─ ─ ─ ─ ─ ─ ─ ─ ─ ─ ─ ┐
            划分生态系统服务类型
│ ┌───────┐ ┌───────┐ ┌───────┐ ┌───────┐   │
  │供给服务│ │调节服务│ │支持服务│ │文化服务│
│ │•食物生产│ │•气体调节│ │•土壤保持│ │•美学景观│ │
  │•原料生产│ │•气候调节│ │•维持养分循环│
│ │•水资源供给│ │•净化环境│ │•生物多样性│       │
  │       │ │•水文调节│
│ └───────┘ └───────┘ └───────┘ └───────┘   │
└ ─ ─ ─ ─ ─ ─ ─ ─ ─ ─ ─ ─ ─ ─ ─ ─ ─ ─ ─ ─ ─ ┘
                    ↓
┌─────────────────────────────────────────────┐
│       确定1个标准当量因子的生态价值          │
└─────────────────────────────────────────────┘
                    ↓
┌─────────────────────────────────────────────┐
│  参照Costanza或谢高地的当量因子表，结合拟核算│
│  区域的实际情况进行修正，主要方法有：市场价格│
│  法、意愿调查法等                            │
└─────────────────────────────────────────────┘
                    ↓
┌─────────────────────────────────────────────┐
│          形成修正后的当量因子表              │
└─────────────────────────────────────────────┘
                    ↓
┌─────────────────────────────────────────────┐
│  利用统计和调查监测数据，得出各类生态系统的  │
│  实物量                                      │
└─────────────────────────────────────────────┘
                    ↓
┌─────────────────────────────────────────────┐
│  不同生态系统的实物量乘以对应的服务当量因子和│
│  1个标准当量因子所对应的经济价值，得到各类生 │
│  态系统的服务价值量                          │
└─────────────────────────────────────────────┘
                    ↓
┌─────────────────────────────────────────────┐
│       汇总得到区域内生态系统服务的价值总量   │
└─────────────────────────────────────────────┘
```

图 4–3　当量因子法核算示意

[①] 谢高地、张彩霞等："基于单位面积价值当量因子的生态系统服务价值化方法改进"，《自然资源学报》，2015 年第 8 期。

在实践方面，湖北省鄂州市与华中科技大学合作，依据自然资源基础数据和相关补充调查数据，采用当量因子法开展生态价值核算。首先，根据植被丰茂度、降水量、各区水质、环境与生态质量等因素，对"单位面积生态服务价值当量表"进行了修正，建立了反映当地特征的当量因子表，共涵盖水域湿地、水田等八类自然生态系统。其次，根据各类生态系统的当量因子及对应的面积，分别计算各区的生态系统价值总量，并选择四种具有流动性的生态系统服务（气体调节、气候调节、净化环境、水文调节）进行生态补偿测算。然后，按照生态服务高强度地区向低强度地区溢出生态服务的原则（价值多少代表强度高低），按照各个区四类服务的价值量，分别核算各区应支付的生态补偿金额。

对于具体的补偿工作，鄂州市制定了《关于建立健全生态保护补偿机制的实施意见》等文件，按照政府主导、各方参与、循序渐进的原则，在实际测算的生态服务价值基础上，先期按照20%权重进行三区之间的横向生态补偿，逐年增大权重比例，直至体现全部生态服务价值。对需要补偿的生态价值部分，试行阶段先由鄂州市财政给予70%的补贴，剩余30%由接受生态服务的区向供给区支付，再逐年降低市级补贴比例，直至完全退出。2017～2019年，梁子湖区分别获得生态补偿5 031万元、8 286万元和10 531万元，由鄂州市财政、鄂城区和华容区共同支付。

专栏3–1　基于单位面积价值当量因子的生态系统服务价值核算[①]

中国科学院地理科学与资源研究所对2010全国14种生态系统类型及其11类生态服务功能价值在时间和空间上进行动态综合评估。研究发现2010年中国不同类型生态系统服务的总价值量为38.1×10^{12}元，总体变化趋势为从东南向西北逐渐降低，并与植被生物量密度和降水的空间分布相一致。荒漠、裸地和冰川积雪服务价值全年变化极小，其他生态系统服务价值量总体变化趋势为7月为最高点，向两边相邻的月份逐步递减，1月和12月达到最低点。

[①] 谢高地、张彩霞等："基于单位面积价值当量因子的生态系统服务价值化方法改进"，《自然资源学报》，2015年第8期。

二、国外实践进展和案例分析

（一）国外核算实践进展

1997年，美国学者Constanza在《自然》杂志撰文，提出17个评估指标的生态系统服务分类，首次对全球生态系统服务进行了评估。[①]此后，生态系统服务价值核算逐渐被相关国际组织和各国所关注，并研究发展了核算框架和体系。

从国际组织看，2001年，联合国环境规划署（UNEP）联合相关国际组织和机构，研究开展了"千年生态系统评估"（MA）。2007年，联合国环境规划署首次提出生态系统与生物多样性经济学（TEEB），为生态系统评估和生物多样性资源的管理提供新的理论、方法和技术支撑（Ringetal，2010）。[②]2014年，由联合国和世界银行等国际组织共同研究制定了《2012环境经济核算体系：实验性生态系统核算》（SEEA-EEA），初步奠定了生态系统核算的理论基础。在此基础上，2017年，联合国统计司（UNSD）等组织启动了"自然资本核算与生态系统服务估价项目"（NCAVES），并在南非以及中国广西、贵州开展了核算试点。2021年3月，联合国环境-经济核算专家委员会对SEEA-EEA进行修订，形成并发布了《环境经济核算体系：生态系统核算》（SEEA-EA）。

> **专栏3–2 SEEA-EA和广西生态系统服务价值核算**[③]
>
> （1）SEEA-EA
>
> SEEA-EA是一整套针对生态系统及其为经济和人类活动提供服务流量来进行综合测算、以此评估其环境影响的方法，构建了生态系统范围、生

[①] Costanza R, d'Arge R, De Groot R, et al. 1997. The Value of the World's Ecosystem Services and Natural Capital. *Nature*: 253-260.

[②] Ring I, Hansjürgens B, Elmqvist T, et al. 2010. Challenges in Framing the Economics of Ecosystems and Biodiversity: the Teeb Initiative. *Current Opinion in Environmental Sustainability*: 15-26.

[③] https://seea.un.org/home/Natural-Capital-Accounting-Project.

态系统状况、生态系统服务实物量、生态系统服务货币量、货币性生态系统资产等五个账户。

具体核算过程包括三个阶段：第一，按照生态系统类型确定生态系统状况账户测量重点，定义和选择生态系统特征和相关变量，编制生态系统状况变量账户；第二，将生态系统类型变量无量纲化，提取生态系统状况指标，构建生态系统状况指标账户；第三，通过聚合函数和加权系统对生态系统主题和空间方面的指标进行聚合，生成汇总信息。

（2）广西生态系统服务价值核算

基于 SEEA-EEA 核算框架，2016 年和 2017 年，广西生态系统提供的服务总值分别为 9141 亿元和 8794.5 亿元。其中，一级指标值的评估结果为：生态系统调节服务>物质供给服务>文化服务，调节服务价值占 60%以上，体现了其在广西生态系统中的重要性；二级指标体系中，生态系统提供的服务价值排序为森林>农田>城市>海洋>淡水>草地。

从区域和国家层面看，2015 年，欧盟启动了自然资本和生态系统服务核算综合系统项目（INCA），旨在建立欧盟层面的综合生态系统核算试点。2017 年，欧洲环境署更新了生态系统服务的共同国际分类（CICES），指导欧洲环境署开展环境核算工作。[①] 英国、德国、澳大利亚等国家基于 SEEA-EEA 框架，并结合区域特征开展了生态系统核算实践探索。

（二）案例分析

1. 美国湿地缓解银行的信用评价

湿地缓解银行是美国最大的生态系统服务市场，通过信用交易进行生态补偿。各州在遵守联邦政府确定湿地信用评估的总体规则前提下，采用的评价方法可根据实际有所调整。当前美国湿地信用的测算主要有基于面积（面积比）、基于功能（生态服务功能）的两种模式。其中，基于面积的核算模式比较简单，

---

① https://cices.eu.

通过测量湿地面积，按不同比率折算湿地信用，适用于生态服务功能较单一湿地信用的核算。而基于功能的模式相对复杂，测算技术比较精准，适用于生态服务功能多样的湿地，采用生态系统服务价值的评估方法来确定补偿湿地的交易信用。虽然基于功能的测算方法有很多种，但比较典型的是借贷法（Credit-Debit Method）和统一缓解评估方法（Uniform Mitigation Assessment Method，UMAM）。具体来看：

借贷法提供了一种将湿地的生态资源状况转化为缓解比率的半定量化指标，该方法需要进行两步计算：第一步是量化受影响湿地的生态服务功能的大小；第二步是量化引入湿地缓解措施（包括新建、恢复、保育和强化）后缓解湿地的生态服务功能的大小。

统一缓解评估方法通过评估补偿性湿地的生态系统服务，以及引入缓解银行后，进一步考虑时间因素和风险等级，从而确定湿地信用。具体包括定性描述和定量评估两个部分，其中定性描述包括湿地详细信息、物种与湿地的地理位置以及水文联系。定量评估根据所在位置、景观情况、水环境和群落结构等因素进行定量评分，打分范围为 0~10，受损因素越低评分越高，并综合时间因素和风险等级进行量化。定性描述为定量评估提供了评价背景和基准，定量评估依据定性描述中定位的湿地建设目标对生态功能指标进行打分。

专栏 3-3　佛罗里达州湿地缓解银行的信用计算

佛罗里达州湿地缓解银行的信用计算包括三个步骤：首先，根据湿地的水文地貌分类，判断受损湿地与湿地缓解银行内的湿地是否属于相似类型；其次，对湿地的不同功能进行评分，共有湿地物种栖息地、支持食物链、本底物种支撑、维持生物多样性、提供景观异质性、提供通往水体环境的渠道、天然水文变化情况、维持水质、支持土壤过程等 9 项功能，每项功能按照从 0 到 1 的分值进行打分，0 表示无此功能（最小值），1 表示能够完整地提供该项功能（最大值）；最后，计算湿地功能容量指数，即上述 9 项湿地功能评分的平均值，最后的湿地信用数量为湿地面积与湿地功能容量指数的乘积。

2. 德国生态点评估

生态账户体系（Eco-account System）是德国生态补偿的一种方式，是一个自然保护措施的"账户"，以可交易的生态积分（Eco-Points）来衡量，主要用于补偿建设项目对自然生态和景观造成的负面影响。

德国每个州都有具体的生态积分评估标准，但评估原则、技术方法都大同小异。其中，巴伐利亚州的评估方法和技术标准具有代表性，针对物种和生存空间的不同，将生态积分的评估分为两类：第一类，对于能够清楚界定评估面积和生态系统类型的，由景观规划师根据自然生态系统的面积和《巴伐利亚州生态补偿条例群落生境名录划归细则》给出的生态积分来计算，这是主要的评估方式；第二类，无法清楚确定评估边界或面积的，如某些物种的生存空间与其他生物存在重叠的，则由景观规划师通过定性方式来记录和评估。

专栏3-4　巴伐利亚州生态积分核算与交易

（1）基本情况

某农户准备将其所拥有的2000平方米牧草地改为果树林，并向当地主管部门提出了申请，拟建立生态账户并进行记录。当地政府部门与该农户协商后，要求其种植本地原生果树树苗，不得使用农药化肥，且果树下的草地一年只割两次。该农户同意后，委托景观规划师进行生态价值评估。

（2）价值评估

经现场评估，景观规划师作出评估结论：一是原有草地属于集中密集使用的草地，经常收割，生物种类较少、生态价值较低，评估值为每平方米3分；二是栽种当地原生树种，并采取树下草地保持基本原生状态、不使用化肥农药等措施，该群落生境可为多种动植物提供生存空间，其生态价值评估值为每平方米10分。该农户的生态措施可以获得生态积分为：$2\,000\ m^2 \times (10-3) = 14\,000$ 分。

（3）账户使用

8年后，该农户账户中生态积分为17360分，其中3360分为利息（年度单利为3%）。该农户计划建设仓库，生态补偿需求为9000生态积分，可直接从生态账户中进行扣除，则生态账户剩余8360分。

第四节　全民所有自然资源资产平衡表编制初探

全民所有自然资源资产平衡表编制以全民所有自然资源资产核算为基础，综合反映全民所有自然资源资产管理和权益落实情况，是全民所有自然资源资产核算的一种具体表现形式和应用方向，避免国有自然资源资产所有者、监管者与受托者信息不对称带来的逆向选择和道德风险。

一、编制背景

2013年11月，《中共中央关于全面深化改革若干重大问题的决定》首次提出"自然资源资产负债表"的概念，明确指出"探索编制自然资源资产负债表，对领导干部实行自然资源资产离任审计"，强化了自然资源资产保护修复、合理利用的主体责任。之后，中共中央、国务院印发《关于加快推进生态文明建设的意见》《生态文明体制改革总体方案》《编制自然资源资产负债表试点方案》，从基本概念、技术方法、试点实践、制度建设等方面提出了编制自然资源资产负债表的明确要求。

与此同时，理论界开展了大量理论研究工作，提出了有负债和无负债报表体系设计理念。实践层面也开展了广泛的探索，国家统计局在内蒙古自治区呼伦贝尔市、浙江省湖州市、湖南省娄底市、贵州省赤水市、陕西省延安市以国家资产负债表编制方法开展了自然资源资产负债表编制试点，初步实现了通过实物量存量和变动反映自然资源总体情况。

2018年，党中央赋予自然资源部编制全民所有自然资源资产负债表职责。围绕报表编制目的，分析报表使用者需求，学习借鉴国际国内相关理论方法、研究已有实践，循序渐进开展实物量核算、探索价值量核算，在自然资源负债还未形成广泛共识的前提下，先探索编制"全民所有自然资源资产平衡表"，积极稳妥开展试点，在实践中探索路径，是建立编制制度较为可行的方案。

二、编制方法

（一）报表需求分析

信息使用者的需求就是全民所有自然资源资产平衡表的基础，体系框架设计应首先从报表需求分析开始，通过分析报表需求确定编制内容、编制范围及核算方法等，在此基础上构建全民所有自然资源资产平衡表编制的体系框架。

1. 所有者的需求

从所有者角度看，全民所有自然资源资产平衡表需提供全民所有自然资源资产有什么，是多少，谁在管，配置方式，实现了多少收益，收益是否用于公共支出，是否支持保护修复义务履行，是否有助于全民监督。

2. 监管者的需求

监管者和所有者对自然资源资产的管理范围和内容不同，监管者的管理范围包括国家所有和集体所有，监管内容更侧重于优化国土空间开发保护格局和生态保护修复等职责，相应地，监管者需要涵盖所有自然资源资产的管理信息，报表信息应能反映监管者职责履行情况。

3. 社会公众的需求

社会公众要求报表内容更直观易懂，内容更加贴近老百姓生活，如自然资源资产"家底"有多少，生态保护修复的投入有多少，资产收益有多少用于民生福祉，投入的效果如何，管理者和监管者履职是否到位。

（二）编制方法借鉴

企业资产负债表、国家资产负债表和国际上逐步开展的资源环境核算实践，为自然资源资产平衡表编制工作提供了宝贵经验。

1. 企业资产负债表方法及借鉴

资产负债表的本质是反映企业财务状况的平衡表（Balance Sheet），意译为资产负债表。2008年国际会计准则委员会为体现资产负债表的内涵，将此表名称改为财务状况表（Statement of Financial Position）。20世纪80年代，中国也有类似报表,但并不称为资产负债表,而称为资金平衡表,强调的是"资金来源=资金占用",其中资金来源为投入资金(所有者权益)和借入资金(负债),资金占用为资金形成的各类资产。随着资本市场的建立和报表体系的丰富,资产负债表逐渐成为债权人、政府部门和社会公众进行决策的重要依据,会计的目标就扩展成为提供决策有用和反映受托责任履行会计信息的工具。

现代企业存在典型的委托代理关系,受托者(代理人)向委托者(所有者)提供包括资产负债表在内的财务报表,以及在此基础上拓展出来的财务报告,成为产权契约的核心条款,也是契约有效履行的重要保障机制。因此,资产负债表的相关性和可靠性是使用者最为关心的。资产负债表正表的格式一般有报告式和账户式(图4–4)两种。账户式资产负债表是左右结构,左边列示资产,右边列示负债和所有者权益,中国现行资产负债表在报表结构上通常采用账户式,根据"资产等于负债加所有者权益"这一会计等式编制,每个项目又分为"期末余额"和"期初余额"两栏分别填列。目的是方便会计信息使用者根据不同时间的数据进行比较,并归纳出企业财务状况发展变化及趋势。

企业资产负债表框架(报告式)

资产
流动资产
长期资产
固定资产
无形资产
负债
流动负债
长期负债
所有者权益
实收资本
资本公积
盈余公积
未分配利润

企业资产负债表框架(账户式)

资产	负债
流动资产	流动负债
长期资产	长期负债
固定资产	
无形资产	所有者权益
	实收资本
	资本公积
	盈余公积
	未分配利润
资产合计	负债与所有者权益合计

图4–4 企业资产负债表框架体系

启示借鉴:企业资产负债表设置了资产部类等于权益部类的平衡关系,采用了货币计量的经济价值,形成了报表体系,并反映期初期末的存量情况。全民所有自然资源资产平衡表与企业资产负债表编制目标在实质上是趋同的，因此可以借鉴企业资产负债表的方法来编制全民所有自然资源资产平衡表：一是包括经济价值核算的内容；二是构建平衡关系；三是通过期初期末存量反映管理情况；四是形成报表体系。

2. 国家资产负债表方法及借鉴

国家资产负债表（National Balance Sheet，也称国民资产负债表）是将企业资产负债表的经验运用于国家，将某国某一时点所有经济部门的资产（生产性和非生产性、有形和无形、金融和非金融等）与负债分类加总列示，得到反映该经济体总量的报表，完整的国家资产负债表由国家、部门和子部门的报表构成，并保留部门间和子部门间的金融借贷关系。

"国家资产负债表"并非一个全新的经济概念，实质是国民经济核算体系或国民账户体系（System of National Accounts，简称 SNA）中的存量账户，反映了国家期初和期末的资产、负债及净资产存量。中国国家资产负债表也参照 SNA–2008 相关要求编制，其基本表式和核算方法与国际标准基本一致。国家资产负债表的主要功能是表列整个国家在某一时点上的"家底"，通过提供一整套基础数据，与 GDP 等国民账户中其他数据一起，揭示各经济主体主要经济活动之间的对应关系。国家资产负债表中的资产包括金融和非金融资产，非金融资产主要包括固定资产存货和其他非金融资产（资源资产、无形资产等），但负债仅包括金融负债，无实物对应项。核算重点是直接作用于 GDP 的生产资产，未进入生产环节的自然资源被排除在外。

国家资产负债表将自然资源列入非金融非生产资产，包括土地、矿产和能源储备、非培育性生物资源、水资源和其他自然资源，并明确了各类自然资源的核算范围以及估价方法。同时，国家资产负债表建立"资产=负债+净资产"恒等关系，其中负债仅包括金融负债，没有自然资源负债。

启示借鉴：在《党的十八届三中全会决定辅导读本》中明确提出自然资源资产负债表应采用国家资产负债表的方法。国家资产负债表核算的重点是资产的经济价值，反映的也是存量情况，明确了金融资产、非金融资产以及自然资源资产的范围，但不反映自然资源负债。全民所有自然资源资产平衡表可以借鉴国家资产负债表编制思路：一是包括存量情况，重点是经济价值存量情况；

二是可以不考虑自然资源负债。

3. 国际上逐步开展的资源环境核算实践方法及借鉴

国际上逐步开展的资源环境核算体系（SEEA）为自然资源资产平衡表提供了良好的借鉴经验，在 SEEA 体系中自然资源包括自然生物资源（包括木材和水生资源）、矿产和能源资源、土地资源、土壤资源和水资源等。SEEA2012 相关核算要求中，不仅核算自然资源资产的实物量，也核算价值量；不仅核算资产存量，也核算流量，更强调流量对经济的影响；在考虑资产要素的同时并不考虑负债因素。因此，全民所有自然资源资产平衡表可以借鉴 SEEA2012 的做法，采用实物量与价值量综合计量，存量与流量并重，暂不考虑自然资源负债的方式，但同时要反映在自然资源保护和生态修复等方面履行的责任和义务情况。

三、工作展望

（一）总体思路

首先，坚持问题导向和目标导向。推动解决底数不清，围绕提供有用的自然资源资产管理信息的编制目的以及具有可操作性，作为设计报表体系框架的出发点。其次，依托现有工作基础，充分利用已有成果。全民所有自然资源资产平衡表体系框架的设计要与现有的自然资源调查监测、价值（价格）评估、全民所有自然资源资产清查统计以及委托代理机制等工作基础相结合，实现"示家底、明权责、核收支、显履职、助决策"的目标。最后，坚持在实践中探索路径。全民所有自然资源资产平衡表的编制是一项跨学科、跨部门的集成创新工作，研究探索将是一个长期的过程，需要按照循序渐进的原则，以实物量为重点兼顾经济价值，开展全民所有自然资源资产核算。

（二）设计原则

一是强调平衡，反映责任义务。考虑到自然资源资产的特性，报表不拘泥于传统会计领域中的"资产=负债+所有者权益"的恒等式，而是更注重各类自然资源资产之间的转化，以及自然资源资产与所有者权益的平衡关系，采用国家资产负债表的方法，先不计量自然资源负债，但通过设置反映责任（义务）情况的报表，反映受托责任履职情况，体现各级政府承担责任、履行义务的情况，以此来激发增值自然资源资产价值的生态保护修复的内生动力。

二是综合计量，兼顾多种效益。各类自然资源资产差异较大，仅核算实物量或价值量均不能全面反映情况。采用"实物量+价值量"相结合的综合计量方法，尽可能全面地体现自然资源资产的特点。同时，自然资源资产兼具经济、生态和社会等多重价值，对于经济属性强、有完善价格体系的自然资源资产，利用现有的价格成果，重点核算它们的经济价值量；对于生态和社会属性强的自然资源资产，不仅要核算其经济价值，还应通过核算相关实物量来反映生态和社会效益，比如通过湿地、耕地、种植园用地、林地和草地等产生的水源涵养、土壤保持、防风固沙和固碳释氧等生态系统服务的实物量反映生态效益，通过耕地的粮食产能来体现耕地的社会效益。

三是形成体系，注重整体设计。系统性是自然资源重要特点。必须坚持用山水林田湖草沙是一个生命共同体的理念，来指导全民所有自然资源资产平衡表体系设计。充分考虑各类自然资源资产之间的相互作用和有机联系，将性质相同或相近的自然资源资产作为一个整体进行设计，把土地（含湿地、林地、草地）、海洋（海域和无居民海岛）整合为国土空间资源；把矿产资源、林木资源、干草资源和水资源归为物质资源。同时，通过主表、附表、分析表和基础账户的层次，形成一个紧密衔接的报表体系，整体反映自然资源资产管理情况。

四是坚持有用可行，服务多方需要。一方面，依托现有自然资源调查监测、确权登记、资产清查和统计核算等成果来编制报表，尽可能少用需要重新布点监测或推算的数据，减轻各级政府财政负担，并保证数据可靠。另一方面，在对所有者、监管者和社会公众等各类报表使用者的信息需求进行全面分析的基础上，有针对性提出报表体系框架，使报表编制成果能在反映管理情况的同时，在推动保障国家粮食安全、自然资源保护和节约集约利用、生态保护修复等多方面得到应用。

（三）体系框架

全民所有自然资源资产平衡表体系框架由"报表体系+账户体系"两个层次组成。报表体系采用"2+3"结构，由 2 张主表和 3 张附表组成。报表体系整体反映"主张所有、行使权利、承担责任、履行义务、落实权益"情况，账户体系提供数据支撑，即七类自然资源构成的账户共同提供报表编制所需数据，如图 4–5 所示，为可拓展的开放体系。

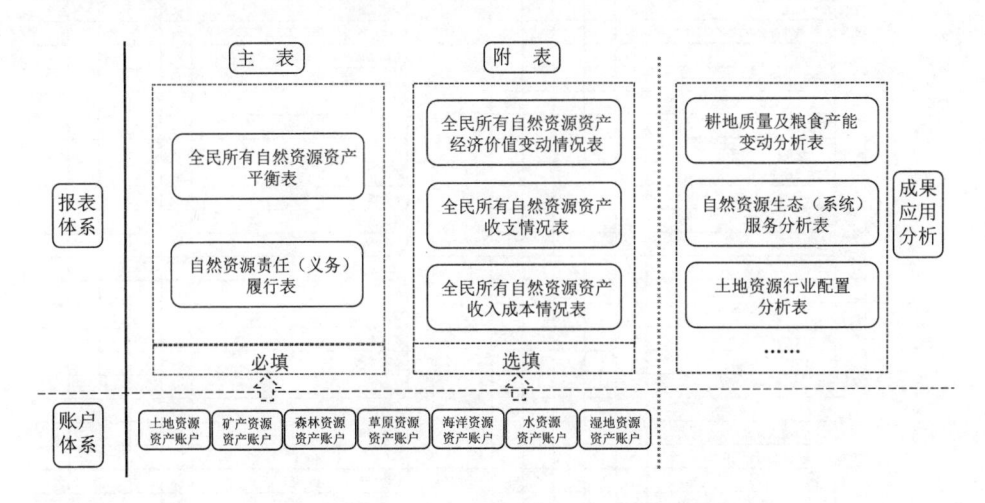

图 4–5　全民所有自然资源资产平衡表体系框架

"全民所有自然资源资产平衡表"（主表 01）旨在反映国有自然资源资产的实物量、经济价值量（左栏）以及全民所有自然资源资产委托代理、所有者权益情况（右栏），即资产"有什么、是多少、谁在管"，所有者权益"有多少"，起"示家底、明权责"作用。"自然资源责任（义务）履行表"（主表 02）旨在反映保护、修复责任义务"履行多少"，起"显履职"作用。

"全民所有自然资源资产经济价值变动情况表"（附表 01）反映经济价值"怎么变"；"全民所有自然资源资产收支情况表"（附表 02）反映国有自然资源资产配置收益"收了多少"、用于自然资源保护修复"投了多少"、资产配置收益用于保护修复之外的公共支出"提供了多少钱"，起"核收支"作用；"全民所有自然资源资产收入成本情况表"（附表 03）反映资产收入和成本之间"配比得怎样"。

表4-3 全民所有自然资源资产平衡表

资产平衡01表

（20　　年）单位：公顷，万元

资产			行次	期初		期末		所有者权益		行次	期初		期末	
				数量	金额	数量	金额				数量	金额	数量	金额
栏次			—	1	2	3	4	栏次		—	5	6	7	8
国土空间资源	土地资源	湿地	01					中央直接行使所有权	土地资源（不含林地、草地、湿地）	53				
		耕地	02						其中：储备土地	54				
		种植园用地	03						海洋资源	55				
		林地	04						森林资源	56	—			
		草地	05						草原资源	57				
		商业服务业用地	06						矿产资源	58				
		工矿用地	07						水资源（万立方米）	59		—		
		住宅用地	08						湿地资源	60				
		公共管理与公共服务用地	09						小计	61				
		特殊用地	10					委托或法律授权省级政府代理行使所有权	土地资源（不含林地、草地、湿地）	62				
		交通运输用地	11						其中：储备土地	63				
		水域及水利设施用地	12						海洋资源	64				
		其他土地	13						森林资源	65				
		小计	14						草原资源	66				
		土地收储的价值变动	15						矿产资源	67				
		土地资源合计	16						水资源（万立方米）	68				
	海洋资源	海域	17						湿地资源	69				
		无居民海岛	18						小计	70				
		小计	19					委托或法律授权市（地）级政府代理行使所有权	土地资源（不含林地、草地、湿地）	71				
	国土空间资源合计		20						其中：储备土地	72				
物质资源	林木资源	乔木林（万立方米）	21						海洋资源	73				
		竹林（万株）	22						森林资源	74	—			
		小计	23						草原资源	75				
	干草资源（万吨）		24		—				矿产资源	76				
	矿产资源		25	—					水资源（万立方米）	77				
		其中：煤（原煤）（亿吨）	26						湿地资源	78				
		石油（原油）（万吨）	27						小计	79				
		天然气（气量）（亿立方米）	28					法律授权县级政府代理行使所有权	土地资源（不含林地、草地、湿地）	80				
		页岩气（气量）（万立方米）	29						其中：储备土地	81				
		铁矿（矿石）（万吨）	30						海洋资源	82				
		铬铁矿（矿石）（万吨）	31						森林资源	83	—			
		铜矿（金属铜）（万吨）	32						草原资源	84				
		铝土矿（矿石）（万吨）	33						矿产资源	85				
		镍矿（金属镍）（万吨）	34						水资源（万立方米）	86				
		钴矿（金属钴）（万吨）	35						湿地资源	87				
		钨矿（WO₃）（万吨）	36						小计	88				
		锡矿（金属锡）（万吨）	37					合计	土地资源（不含林地、草地、湿地）	89				
		钼矿（金属钼）（万吨）	38						其中：储备土地	90				
		锑矿（金属锑）（万吨）	39						海洋资源	91				
		金矿（金属）（吨）	40						森林资源	92				
		锂矿（折氧化锂）（万吨）	41						草原资源	93				
		锆矿（折氧化锆）（万吨）	42						矿产资源	94				
		普通萤石（折氟化钙）（万吨）	43						水资源（万立方米）	95				
		磷矿（矿石）（万吨）	44						湿地资源	96				
		钾盐（KCl）（万吨）	45											
		晶质石墨（矿物）（万吨）	46											
	水资源	地表水（万立方米）	47											
		地下水（万立方米）	48											
		总量（万立方米）	49											
	物质资源合计		50	—		—								
资产总计			51					所有者权益总计		97				

草原资源当年理论载畜量_____万羊单位，实际载畜量_____万羊单位。

账户体系由土地、矿产、森林、草原、海洋、水、湿地等七类自然资源资产账户构成，从数量、质量、分布、权属、用途、价格、使用权、收益等方面揭示各类自然资源资产状况，为报表体系核算提供基础数据，全民所有自然资源资产统计指标与账户体系可以实现有效对接。

全民所有自然资源资产平衡表成果应用分析旨在整体反映自然资源生态和社会等效益，作为分析评价自然资源管理情况的报表，作为辅助分析部分，"耕地质量及粮食产能变动分析表"（分析01表）主要反映"耕地有多少、质量怎么样、能产多少粮食、产了多少粮食"；"自然资源生态（系统）服务分析表"（分析02表）主要通过陆地空间的地表覆盖反映自然资源资产能够提供的生态系统服务"是什么、有多少"；"土地资源行业配置分析表"（分析03表）主要反映土地资源"配置到哪些行业以及这些行业的产出情况"。

（四）核算范围和内容

将全民所有自然资源资产平衡表核算范围界定为土地、矿产、森林、草原、湿地、水、海洋等七类自然资源资产，每类自然资源资产均需进行实物量核算和经济价值量核算。其中，土地资源资产按照"国土三调"工作分类，共13个地类，湿地作为一级地类单独核算。考虑到用途与管理不同，森林和草原分别核算林地与林木、草地与干草。海洋资源资产暂核算海域和无居民海岛。

全民所有自然资源资产平衡表主表、附表和分析表有实物量数据和价值量数据两种呈现方式。核算内容分为实物量核算和价值量核算。关于实物量核算，全民所有自然资源资产清查可为平衡表的编制提供各类土地资源面积、矿产资源储量数据、林木资源蓄积量数据、干草实物量数据、水资源实物量数据、海域和无居民海岛资源面积数据。关于价值量核算，仅核算经济价值，暂仅通过实物产出量反映部分生态和社会效益情况。农用地、建设用地、矿产、森林、草原、海域和无居民海岛等资源资产的经济价值依据资产清查价格体系开展核算。

第五章　全民所有自然资源资产储备管护

第一节　全民所有自然资源资产储备管护概述

一、概念内涵

全民所有自然资源资产储备管护是指所有者职责履行主体、代理履行主体及法律授权的主体依据全民所有自然资源资产储备管护规划，通过前期开发、保护修复、临时利用等方式储备和运营管护自然资源资产，落实和维护所有者权益，促进全民所有自然资源资产保值增值的管理行为。

全民所有自然资源资产储备管护是所有者权益管理工作的重要环节，关系着资产的配置效率、效益和安全完整。全民所有自然资源资产储备管护应以调查和资产清查统计为基础，明确资产实物量和价值量，掌握全民所有自然资源资产的"家底"。

二、工作内容

全民所有自然资源资产储备管护要紧紧围绕"履行所有者职责，落实所有者权益"的工作主线，按照"编制规划—实施储备—运营管护—高效配置"的工作逻辑，依法行使所有者权利，坚持统筹兼顾、因地制宜，分级分类实施资产管理，促进资源有效合理利用，保护全民所有自然资源资产安全和不受侵害，实现自然资源资产保值增值。

一是编制全民所有自然资源资产储备管护规划。全民所有自然资源资产储备管护规划是根据国民经济与社会发展需要，对全民所有自然资源资产储备、管护、配置等作出的统筹协调和有序安排。全民所有自然资源资产储备管护规划应提出资产储备、运营管护和可持续利用的目标、路线、政策及时序安排，优化资源资产布局、结构和配置。

二是探索拓展全民所有自然资源资产储备工作。在总结完善土地储备实践经验的基础上，结合全民所有自然资源资产所有权委托代理机制试点，积极探索开展矿产地战略储备、国家储备林建设以及其他资源资产储备等实践，进一步拓展储备管护的资源领域，创新储备管护的实现路径，发挥不同类型储备资产在市场调节、经济发展、生态保护、国防安全中的作用。

三是对储备的自然资源资产实施有效运营管护。通过委托、购买服务等方式明确管护实施主体，并对不同种类的全民所有自然资源资产，结合资源特点和功能定位，采取不同性质的运营管护措施，积极预防、及时制止破坏自然资源资产行为，探索建立自然资源资产损害赔偿工作机制，保护国有自然资源资产不受非法侵害。对经营性特征明显的自然资源资产，进行必要的前期开发和临时利用，充分适应市场主体后续开发利用的需求，增强市场竞争力，以提升其经济价值为主；对公益性明显、生态功能重要的自然资源资产，实施日常管护和保护修复，以提升其生态功能和生态效益为主。

四是促进全民所有自然资源资产高效配置。全民所有自然资源资产实施储备管护后，最终需要通过资产配置来实现保值增值。因此，所有者职责履行主体、代理履行主体及法律授权的主体应根据储备管护资源资产的实际情况，做好供应计划与储备管护规划的有序衔接，对全民所有自然资源资产供应的数量、时序、布局、结构和用途作出合理安排，使全民所有自然资源资产有序有效地投入市场，为服务经济社会高质量发展提供要素支撑。

第二节　全民所有自然资源资产储备管护实践

国有土地资产是全民所有自然资源资产的重要组成部分，与其他资源资产种类相比，国有土地资产储备管护具有起步较早、理论和实践较为成熟、制度建设比较完善的特点。故本节以土地储备为例，重点介绍国有土地资产储备与管护实践，为推动其他资源资产种类的储备管护工作提供经验借鉴。

一、土地储备概述

自20世纪90年代开始，各地陆续开展土地储备探索和实践，已形成以"土地取得—前期开发—储备管护"为主要内容，与土地供应计划紧密衔接、配合使用的土地储备制度。

（一）土地储备的概念和内涵

土地储备是指县级（含）以上人民政府为调控土地市场、厘清土地产权关系、促进土地资源合理利用、落实和维护所有者权益，依法取得土地、实施资产管护、组织前期开发、储存以备供应的行为。储备土地是尚未设立使用权或使用权消灭的国有建设用地，具体包括政府依法收回且原使用权已注销的、政府通过收购和优先购买等方式取得的、已办理农用地转用和征收批准手续并完成征收的、其他无明确使用权人且无权属争议的国有建设用地等。在国土空间规划（土地利用总体规划）确定的城市和村庄、集镇建设用地规模范围外，按项目报批用地的国有建设用地，可不纳入储备管理。

县级（含）以上自然资源主管部门履行土地储备管理职责，可委托土地储备机构等承担土地储备的具体实施工作。土地储备大致可以分为"土地取得"、"前期开发"和"储备管护"三个环节。"土地取得"主要指通过依法征收、收回、收购、行使优先购买权等方式取得土地的过程。"前期开发"主要指在储备地块内进行道路、供水、供电、供气、排水、通信、围挡等基础设施建设，并进行土地平整，满足相应规划和土地用途的"通平"要求。"储备管护"是指对尚未供应的储备土地进行管护和临时利用，发挥储备土地的最大效益，发现、制止、处理侵害储备土地权利的行为。

（二）土地储备的性质和法理依据

按照《民法典》设计的物权体系以及《土地管理法》等法律法规规定，储备土地是以国家所有权形态存在的土地实物资产，其权利性质具有占有、使用、收益和处分的完整权能，是政府真正可以处置的国有土地资产，充分体现了国家所有者权益。由于进入储备环节的部分土地尚不完全满足按照规划用途使用的基础条件，还需通过必要的整理和前期开发提升配置效率。储备土地具有产权清晰、即时可供、供即能用的特性，是保障政府以"净地"供应建设用地能力的最重要来源，也是促进土地资产高效配置和保值增值的重要途径。

储备土地取得方式包括依法征收、收回、收购、优先购买等，其各自的法理依据如下：征收取得的土地，是指按照《土地管理法》相关规定，在土地利用总体规划确定的城镇建设用地范围内，已通过办理农用地转用、征收批准手续并完成征收取得的土地。依法收回土地，是指政府依据《土地管理法》《城市房地产管理法》《城镇国有土地使用权出让和转让暂行条例》等法律法规，对符合"为实施城市规划进行旧城区改建以及其他公共利益需要""土地出让等有偿使用合同约定的使用期限届满，土地使用者未申请续期或者申请续期未获批准的""因单位撤销、迁移等原因，停止使用原划拨的国有土地的""公路、铁路、机场、矿场等经核准报废的"等情形的，可以收回国有土地使用权。收购土地，是指政府在城镇低效用地再开发或城市更新等工作中，依据相关法律，作为平等民事主体与原土地使用权人进行协商，签订收购合同和补偿协议，取得国有土地使用权。行使优先购买权取得土地，是指依据《城镇国有土地使用权出让和转让暂行条例》第二十六条相关规定，土地使用权转让价格明显低于市场价格的，市、县人民政府可通过行使优先购买权，取得国有土地使用权。

（三）土地储备发展历程

土地储备制度是土地市场建设的重要基础性制度，与有偿使用制度的建立健全、土地市场的培育完善密不可分，其发展历程充分展现了土地资源配置方式由计划配置向市场配置转变、土地利用方式由粗放型向集约型转变、土地管理由资源管理向资源资产管理转变的过程。

20世纪90年代中后期，中国城市的存量土地由一些单位占用，不少地方形成了政府部门、企事业单位擅自转让划拨土地、"多头"供地的局面，导致城市规划混乱，土地市场调控失序，政府没有获得合理的收益，更有甚者成为滋生腐败的温床；容易开发利用的土地都被转让了，地块零碎、建筑老旧、公共设施匮乏的地区却无人问津，城市功能缺失严重，城市政府也没有足够资金对其进行改造升级。同时，地方财政紧张的情况下，如何将困难企业和破产企业拥有的大量土地资产变现，破解国有企业改革中"钱从哪里来，人向哪里去"的难题，也是地方政府亟须解决的问题。在上述背景下，上海、杭州、青岛等地借鉴国外相关经验，开始探索建立土地储备制度，政府通过收购企业土地，再以土地作为抵押物向银行贷款，解决资金困难的问题，从而有力地支持了国有企业改革和老旧城区改造，这是当时地方政府建立土地储备制度最重要的动机。土地储备制度的建立，促进了土地供应和管理方式的重大变革，从多头供地变为集中统一供地，从"毛地""生地"供应变为"净地""熟地"供应，从以协议出让为主变为以招标、拍卖、挂牌出让为主。

1996年上海率先建立土地储备机构，各地也陆续开展土地储备工作，经过二十多年的发展和实践探索，土地储备制度逐步完善，构建了包括业务管理、资金管理、监管与分析等在内的制度体系，形成政府主导、专业机构实施的比较成熟的运行模式。根据不同时期土地储备发展状况和特点，大致可分为"探索阶段—建立阶段—发展阶段—创新阶段"等四个阶段。

1. 探索阶段（1996~2001年）

1996年，上海市为合理控制建设用地总量，有序引导存量土地入市，促进房地产市场平稳发展，成立中国第一家土地储备机构——上海市土地发展中心，探索建立"市场导向型"土地储备制度。1997年，为解决国企改革过程中的土地资产变现问题，杭州市成立土地储备中心。随后，青岛等地相继建立土地储备制度。1997年，中央文件明确冻结新增建设用地一年。1998年修订的《土地管理法》提出对新增建设用地实行批次和总量控制。相关政策的调整，使得多数地方政府面临手中无地可用的境地，迫切需要盘活存量土地。1999年6月，国土资源部向全国转发《杭州市土地储备实施办法》《青岛市人民政府关于建立土地储备制度的通知》，推广杭州和青岛经验。随后，许多大、中、小城市相继开展土地储备工作。2001年4月，国务院印发《关于加强国有土地资产管理的通知》（国发〔2001〕15号），首次明确提出："为增强政府对土地市场的调控能力，有条件的地方政府要对建设用地试行收购储备制度。市、县人民政府可划出部分土地收益用于收购土地，金融部门要依法提供信贷支持。"此后，各地普遍成立专门机构承担土地储备业务工作，形成"一个口子进水，一个池子蓄水，一个龙头放水"的土地储备和供应机制。

2. 建立阶段（2002～2007年）

《关于加强国有土地资产管理的通知》（国发〔2001〕15号）下发后，土地储备工作迅速开展，到2007年，全国已有2000多个市、县相继成立了土地储备机构。从全国来看，各地开展土地储备工作的动因主要集中在以下方面：集中土地供应、调控土地市场、保障净地供应、解决国企改革中的土地盘活问题、优化城市用地结构、推进城市更新等。

为进一步规范土地储备工作，2006年《国务院办公厅关于规范国有土地使用权出让收支管理的通知》（国办发〔2006〕100号）（以下简称100号文）明确要求"为加强土地调控，由财政部门从缴入地方国库的土地出让收入中，划出一定比例资金，用于建立国有土地收益基金……国有土地收益基金主要用于土地收购储备""加强国有土地储备管理，建立土地储备资金财务会计核算制度""国土资源部、财政部要抓紧研究制订土地储备管理办法，对土地储备的目标、原则、范围、方式和期限等作出统一规定，防止各地盲目储备土地。要合理控制土地储备规模，降低土地储备成本"。按照100号文的要求，2007年11月，国土资源部、财政部、中国人民银行联合印发《土地储备管理办法》，确立土地储备制度运行的基本框架。同年，财政部、国土资源部印发《土地储备资金财务管理暂行办法》，2008年，财政部印发《土地储备资金会计核算办法（试行）》。上述文件的出台，标志着土地储备制度框架体系已基本建立。

3. 发展阶段（2008～2017年）

2008年，国务院印发《关于促进节约集约用地的通知》（国发〔2008〕3号），提出"完善建设用地储备制度，储备必须符合规划计划，并将现有未利用的建设用地优先纳入储备。储备土地出让前，应该处理好土地的产权、安置补偿等法律经济关系。完成必要的前期开发……经过前期开发的土地，依法由市、县人民政府国土资源部门统一组织出让"。2012年11月，为进一步规范土地储备管理，国土资源部、财政部、中国人民银行和银监会联合印发《关于加强土地储备与融资管理的通知》（国土资发〔2012〕162号），提出建立土地储备机构名录制度和融资规模控制卡制度，进一步规范了机构设置，加强了融资风险的防控。

2013年，《国土资源部办公厅关于开展土地储备信息监测与监管工作的通知》（国土资厅函〔2013〕1092号）印发，开始研发运行土地储备监测监管系统，对土地储备机构、业务及资金情况实施全程全面监测监管。2014年9月，国务院印发《关于加强地方政府性债务管理的意见》（国发〔2014〕43号），规定地方政府举债只能通过发行债券，不得再进行贷款。该文的出台对土地储备融资方式产生了重大而深远的影响。

2016年4月，财政部、国土资源部、中国人民银行、银监会联合印发《关于规范土地储备和资金管理等相关问题的通知》（财预〔2016〕4号），明确土地储备机构职能调整和筹融资方式调整的要求，从2016年1月1日起，各地土地储备机构不得再从事新增土地储备贷款业务，其目的是规范土地储备，防范债务风险。

2017年5月，财政部与国土资源部联合印发《地方政府土地储备专项债券管理办法》（财预〔2017〕62号），明确提出设立和发行地方政府土地储备专项债券，在地方政府专项债券中额度单列，以合法规范的方式保障土地储备项目的合理融资需求，这是土地储备制度建设的又一项创新举措。2018年1月，国土资源部、财政部、中国人民银行、银监会联合修订印发《土地储备管理办法》。同期，财政部、国土资源部修订印发《土地储备资金财务管理办法》。这一阶段相关制度的建立和完善，使土地储备总体业务和资金管理更加系统规范。

4. 创新阶段（2018年至今）

2018年3月，自然资源部正式组建。同年8月，《自然资源部职能配置、内设机构和人员编制规定》印发，明确提出自然资源部"负责自然资源资产有偿使用工作。……制定全民所有自然资源资产划拨、出让、租赁、作价出资和土地储备政策，合理配置全民所有自然资源资产"。《自然资源部机关各司局职能配置、内设机构和人员编制规定》明确，自然资源所有者权益司负责拟定全民所有自然资源资产管理和收益管理的政策，组织编制全民所有自然资源资产保护、使用规划；拟定国有土地收购储备政策，指导地方实施。从此，土地储备迎来了新的发展阶段。

2019年5月，财政部、自然资源部联合印发《土地储备项目预算管理办法（试行）》，试行土地储备项目预算管理，着力健全土地储备专项债券项目控制机制，强化土地储备项目全生命周期预算管理，有效防控专项债务风险。2019年8月，《自然资源部办公厅关于开展土地储备资产负债表试点工作的函》（自然资办函〔2019〕1316号）印发，组织在石家庄、杭州、宁波等八个城市开展土地储备资产负债表试点。同年，《自然资源部办公厅关于运用土地储备监测监管系统进一步规范土地储备监管工作的通知》（自然资办函〔2019〕2226号）要求全面运行土地储备监测监管系统，切实加强土地储备信息化管理。

2021年6月，中共中央办公厅、国务院办公厅印发《全民所有自然资源资产所有权委托代理机制试点方案》，要求将所有未确定使用权人的国有建设用地纳入储备管理，实施统一管护、开发、利用和监管。

回顾土地储备制度二十多年来的发展历程，顶层设计和地方实践相辅相成，制度体系逐步健全完善，土地储备工作已成为中国自然资源资产管理中不可或缺的重要组成部分。

（四）土地储备主要作用

一是通过土地储备打造"净地""熟地"（即产权清晰，已完成前期开发、具备基本建设条件的土地），对优化营商环境具有重要意义。土地储备通过厘清土地权属关系、明晰土地产权、实施前期开发，形成"净地"，既保护了土地原权利人的合法权益，又避免了"毛地"出让、土地闲置。二是土地储备为重大基础设施项目、民生项目落地提供土地要素支撑。储备土地具有"即时可供、供即能用"的特点，特殊时期还可以保障应急需要。新冠肺炎疫情发生后，武汉雷神山医院选址时就是直接从储备库中选取的土地。三是落实国土空间规划，促进节约集约用地，优化城市土地利用结构和布局。通过土地储备进行集中统一的前期开发，将国土空间规划的控制指标落实到土地要素上，实现城市经济布局和产业结构的优化，支撑城市更新工作的开展。四是增强政府调控土地市场的能力，使政府能够根据城市发展和市场需求，有计划地适时适量供应土地。

土地储备是土地市场调控的压舱石、稳定器。当房地产市场过热，需要市、县政府加大供应量、稳定预期、平抑地价时，最直接的手段就是从储备库中调出土地投入市场，防止土地价格非理性波动。

二、土地储备制度建设

目前中国土地储备主要分为"土地取得""前期开发"和"储备管护"三个阶段，将土地变为权属清晰的"净地"或具备基本建设条件的"熟地"，最终投入市场，从而形成土地有效供给。同时，对已入库且暂未供应的国有土地，进行必要的管护和临时利用。其中，前期开发是土地储备实施最为重要的组成部分，这一阶段相当于独立产品的生产加工，使土地具备经济价值、生态价值等，具有潜在的市场价格或租金。前期开发的实施时间，根据各地实践，从项目启动、依法取得土地、七通一平、成本审计等，到具备供地条件，平均需要2至5年。

土地储备管理主要包括业务管理、资金管理、监管与分析等，土地储备工作范围示意图见图5-1，土地储备运作模式见图5-2。

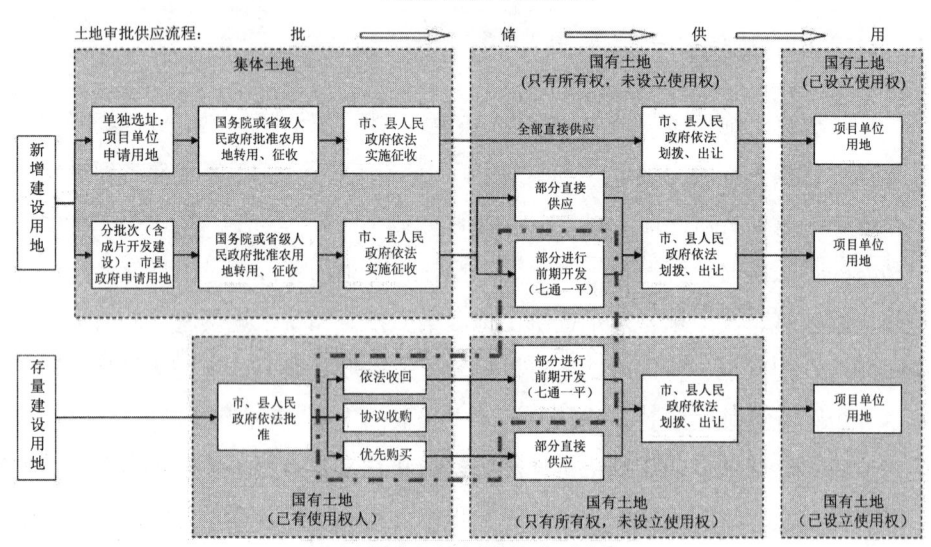

土地储备工作范围示意图

图 5-1 土地储备工作范围示意

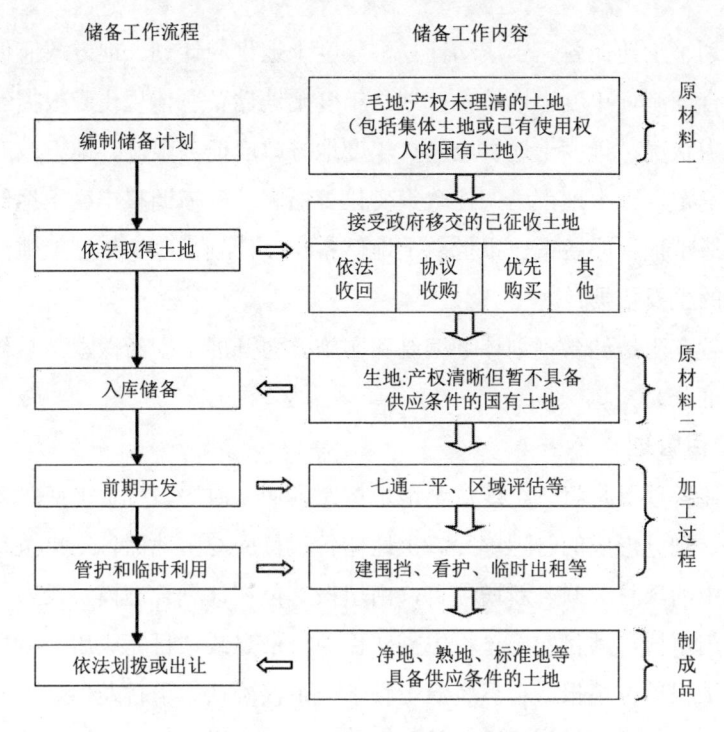

图 5-2 土地储备运作模式示意

储备工作流程： 编制储备计划 → 依法取得土地 → 入库储备 → 前期开发 → 管护和临时利用 → 依法划拨或出让

储备工作内容：
- 毛地：产权未理清的土地（包括集体土地或已有使用权人的国有土地）——原材料一
- 接受政府移交的已征收土地（依法收回、协议收购、优先购买、其他）
- 生地：产权清晰但暂不具备供应条件的国有土地——原材料二
- 七通一平、区域评估等——加工过程
- 建围挡、看护、临时出租等
- 净地、熟地、标准地等具备供应条件的土地——制成品

（一）土地储备业务管理

土地储备业务管理包含计划管理、项目管理和地块管理等内容。

1. 计划管理

国家层面制定规范和相关标准，指导地方编制土地储备三年滚动计划和年度计划。

（1）三年滚动计划

各地根据国民经济和社会发展规划、国土空间规划等，编制土地储备三年滚动计划，合理确定未来三年土地储备规模，对三年内可收储的土地资源，在总量、结构、布局、时序等方面做出统筹安排，优先储备空闲、低效利用等存量建设用地。

（2）年度计划

各地根据城市建设发展和土地市场调控的需要，结合当地的国民经济和社会发展规划、土地储备三年滚动计划、年度土地供应计划、地方政府债务限额等因素，合理制订年度土地储备计划。年度土地储备总体规模应根据经济发展水平、财力状况、年度土地供应量、年度地方政府债务限额、地方政府还款能力等因素确定。因土地市场调控政策变化等原因，确需调整年度土地储备计划的，须按原审批程序备案、报批。土地储备年度计划是制定年度土地储备资金收支预算的主要依据。

江苏省在土地储备规划计划编制和实施方面开展了创新探索（具体内容见本节第四部分）。

2. 项目管理

土地储备项目是将一个或多个地块按照区域、时序、资金平衡等条件进行适当组合、划分形成的管理单元。土地储备项目应与土地储备三年滚动计划和年度计划中的项目关联。新增项目，由填报单位在计划管理模块录入，自然资源主管部门审核。项目实施过程中需变更项目信息或项目完成后需填报完成信息的，由填报单位填报，自然资源主管部门审核确认。项目发生重大变化（如项目内的地块调整、规划用途调整、项目因故终止撤销等）由填报单位填报相关信息，自然资源主管部门按管理权限逐级审查，省级自然资源主管部门备案。

3. 地块管理

地块是土地储备资产管理的基本单元，空间上一个闭合区间为一个地块。各单位要将拟收储、已入库地块及时录入监测监管系统。拟收储地块应有关键点位坐标，已入库地块应有详细界址点坐标。界址点坐标只可通过自然资源业务网传输，无自然资源业务网的填报单位，界址点坐标录入工作由自然资源主管部门负责。

在拟收储阶段，地块已启动收回、收购、征收流程的，填报单位应及时填报相应拟收储信息，拟收储地块须与已批准的土地储备年度计划中的地块关联，一个拟收储地块对应一个依法收回批文、农用地转用征收批文或收购合同等，地块来源唯一。

在入库阶段，土地储备项目中的部分地块或全部地块已完成收回、收购、征收流程，取得完整产权，办理地块移交手续后（以签订移交协议或注销原产权证书等为时间节点），填报单位应于10个工作日内在监测监管系统填报入库信息，自然资源主管部门应于 10 个工作日内审核确认，审核通过后监测监管系统自动配发储备地块标识码。当地块管护、利用状态发生变化，或前期开发工程竣工验收后，填报单位应于 10 个工作日内在监测监管系统更新入库地块信息。储备土地出库供应时应填报预出库单，并完成储备地块成本填报。预出库单自动生成预出库单号，供地方案和出让公告、划拨公示应关联预出库单号，未关联不得出库供应。已取得预出库单号，但流标、流拍的未成交地块，退回土地储备库，再次供应时需重新取得预出库单号。边角地、市政配套等公共用地，应及时办理出库和土地供应手续，交由相关部门管理。

（二）资金管理

土地储备资金是指按照国家有关规定依法征收、收回、收购、优先购买土地以及对其进行前期开发、管护等所需的资金。土地储备资金实行专款专用、分账核算。

1. 土地储备资金来源

目前，按照《土地储备资金财务管理办法》规定，土地储备资金来源渠道主要有四类：一是财政部门从已供应储备土地产生的土地出让收入中安排用于土地储备的"土地取得"和"前期开发"阶段发生的相关费用；二是财政部门从国有土地收益基金中安排用于土地储备的资金；三是发行地方政府债券筹集的土地储备资金；四是经财政部门批准可用于土地储备的其他财政资金。

（1）土地出让收入返还资金

土地储备机构对出让的储备土地进行成本核算，包括储备土地收储前的勘测、评估等费用，取得的成本、前期开发费用，管护费用等，经市、县自然资源主管部门审核后，报市、县财政主管部门。市、县财政主管部门应将该储备土地相应的储备成本归还给土地储备机构，用于补偿储备土地成本。

（2）国有土地收益基金计提

国有土地收益基金主要用于土地储备。按照 100 号文，为加强土地调控，由财政部门从缴入地方国库的土地出让收入中，划出一定比例资金，用于建立国有土地收益基金，实行分账核算，具体比例由省、自治区、直辖市及计划单列市人民政府确定，并报送财政部和自然资源部备案。目前，各地国有土地收益基金的计提比例一般为 3%～10%。国有土地收益基金作为土地储备的重要资金来源之一，各地按照有关规定，健全和完善国有土地收益基金制度，明确国有土地收益基金计提比例，并足额计提、按时拨付、专款专用，年底未使用完的按规定结转使用，形成良性循环。

（3）土地储备专项债券

土地储备专项债券是指地方政府为土地储备发行，以项目对应并纳入政府性基金预算管理的国有土地使用权出让收入或国有土地收益基金收入偿还的地方政府专项债券，其本质是基于地方政府信誉发行的地方政府专项债券，而并不是以储备土地或土地储备项目作为抵押物发行的债券，土地储备专项债券与储备土地抵押融资有本质区别。

土地储备专项债券的发行和使用应当严格对应到项目。省、自治区、直辖市政府为土地储备专项债券的发行主体，土地储备专项债券纳入地方政府专项债务限额管理。发行土地储备专项债券的土地储备项目应当有稳定的预期偿债资金来源，对应的政府性基金收入应当能够保障偿还债券本金和利息，实现项目收益和融资自求平衡。

2. 土地储备资金使用

土地储备资金使用范围具体包括：一是征收、收购、优先购买或收回土地需要支付的土地价款或征地和拆迁补偿费用。包括土地补偿费和安置补助费、地上附着物和青苗补偿费、拆迁补偿费，以及依法需要支付的与征收、收购、优先购买或收回土地有关的其他费用；二是征收、收购、优先购买或收回土地后进行必要的前期土地开发费用。储备土地的前期开发，仅限于与储备宗地相关的道路、供水、供电、供气、排水、通信、照明、绿化、土地平整等基础设施建设支出；三是需要偿还的土地储备存量贷款本金和利息支出；四是经同级财政部门批准的与土地储备有关的其他费用，包括土地储备工作中发生的地籍调查、土地登记、地价评估以及管护中围栏、围墙等建设支出。土地储备资金实行专款专用，只可用于土地储备工作。土地储备机构所需的日常经费，应当与土地储备资金实行分账核算，不得相互混用。

（三）监管与分析

1. 监测与监管

严格监管是保障土地储备工作健康规范运行的关键。自然资源部和有关部门在土地储备业务、资金、机构管理等方面建立了严格的监管制度体系。

在资金监管方面，国家层面先后出台了资金财务管理办法、会计核算、专项债券使用管理、审计监督等一系列管理规定，资金实行专款专用、收支两条线，并全部实行预决算管理。从地方实践看，各地在收购价格确定、前期开发工程招投标、土地储备成本核算等易出现风险点的工作环节普遍制定了标准、程序和规则。如北京市建立了土地储备项目跟踪审计制度，聘请会计师事务所等第三方机构对项目实施过程和资金使用情况跟踪审计，核算土地开发成本，确保费用据实支付、专款专用。

在业务监管方面，主要依托土地储备监测监管系统实施全链条管理。土地储备监测监管系统是各级自然资源主管部门监测土地储备有关信息，并对土地储备工作进行动态监管的重要平台，主要内容包括计划、项目、地块、资金监测、机构名录、其他填报单位管理等，主要内容如下。

（1）计划监测管理

各地组织开展土地储备三年滚动计划与年度计划编制。土地储备机构按有关规范在监测监管系统中填报计划实施地块包含关键点位坐标在内的基础信息，选取相关联的地块形成土地储备项目。

（2）项目监测管理

土地储备项目实行项目库管理，由市、县自然资源主管部门负责审核，按项目统一监管。未在监测监管系统填报相关信息的项目，不得纳入项目库，有关主管部门不予安排预算资金，不予发行土地储备专项债券。新增项目填报，由土地储备机构在计划管理模块新增，市、县自然资源主管部门按土地储备计划管理相关要求审核。项目实施过程中需要变更项目信息或项目完成后需要填报完成信息的，由填报单位填报，市、县自然资源主管部门审核确认。项目发生重大变化（如项目内的地块调整、规划用途调整、项目因故终止撤销等）由填报单位填报相关信息，市、县自然资源主管部门复核，省级自然资源主管部门确认。

(3) 地块监测管理

各单位将计划实施、拟收储、已入库地块及时录入监测监管系统。拟收储地块应有关键点坐标，已入库地块应有详细界址点坐标。界址点坐标只可通过自然资源业务网进行传输，无自然资源业务权限的填报单位，界址点坐标录入工作由自然资源主管部门负责。

在拟收储阶段，由填报单位填报拟收储信息，拟收储地块应与已批准的当年度土地储备年度计划关联。土地储备项目中的部分地块或全部地块已完成征收、收回、收购流程，办理地块移交手续后（以签订移交协议或收回原不动产权证书为时间节点），填报单位应及时在土地储备监测监管系统填报相关信息。

在入库阶段，由填报单位填报入库信息，市、县自然资源主管部门应及时审核确认，审核通过后土地储备监测监管系统自动配发储备地块标识码。当地块管护、利用状态发生变化，或前期开发工程竣工验收后，填报单位应在土地储备监管系统更新入库地块信息。储备土地出库供应时应填报出库单，并完成储备地块成本填报。出库单编码与农转用批文、供地方案和出让公告、划拨公示关联，未关联不得出库供应。边角地、市政配套等公共用地，应及时办理清库手续，移出土地储备库，交由相关部门管理。

(4) 专项债券资金监测管理

土地储备专项债券对应的土地储备项目中的储备地块必须在监测监管系统中有储备地块标识码。一只债券可以对应单个土地储备项目，也可以对应多个土地储备项目。

债券项目设立前，市、县自然资源主管部门应当组织土地储备机构开展前期研究，合理评估项目预期土地出让收入、土地储备成本，作为编制项目收支平衡方案的依据。土地储备机构应当根据项目收支评估结果，编制总体收支平衡方案和分年度收支平衡方案，并在土地储备监测监管系统填报有关信息。市、县自然资源主管部门会同财政部门组织审核论证土地储备项目收支平衡方案以及资金安排建议，通过审核论证的土地储备项目纳入债券项目库管理，土地储备监测监管系统自动生成债券项目电子编码。电子编码是申请专项债券的凭证，无编码的，各级自然资源主管部门不得转报同级财政部门。

2. 分析与研判

通过对土地储备业务、资金、资产、负债、所有者权益等相关数据指标进行分析，了解业务活动的开展与相关数据指标之间的关系。在数据分析基础上，对土地储备业务发展趋势作出正确的判断，从而提出储备土地资产保值增值、调控土地市场、加强风险预期管理的意见建议。

（1）土地储备资金保障情况分析

当年土地储备资金金额、来源及使用情况。国有土地收益基金计提的比例、额度、使用情况。保障下一年度计划执行所需的总资金，项目成本测算情况、预期出让收入等。

（2）储备土地资产情况分析

重点对储备土地资产相关数据指标及其变化原因进行分析。一是储备土地实物量、价值量情况，包括年初、年末储备土地实物量、价值量情况；待施、在施、待供等不同状态储备土地实物量、价值量情况；商业、住宅、工业等不同用途储备土地实物量、价值量情况。二是年度储备土地变化情况，包括年度储备土地新增情况，可按不同状态、不同用途进行分析；年度储备土地供应情况，可按不同用途进行分析。三是历年储备土地实物量、价值量对比情况，可与上一年度，或更长年份储备土地实物量、价值量情况进行对比分析。

（3）储备土地项目负债情况分析

重点对储备土地负债相关数据指标及其变化原因进行分析。一是储备土地负债情况，包括年初、年末负债情况；土地储备专项债券、存量贷款、应付账款、其他负债等不同负债情况。二是年度负债变化情况，包括年度负债新增情况、年度负债减少情况。三是历年负债规模对比情况，可与上一年度，或更长年份储备土地负债情况进行对比分析。

（4）储备土地所有者权益情况分析

重点对储备土地所有者权益相关数据指标及其变化原因进行分析。

（5）储备土地资金收支情况分析

重点对储备土地资金收入和支出相关数据指标及其变化原因进行分析。一是分析土地储备资金收入情况及构成；二是分析土地储备资金支出情况及构成；三是分析土地储备资金结余、结转情况。

（6）成本收益变动分析

具体分析土地储备成本和收益情况。一是储备土地成本管控情况。分析储备土地成本构成（列举清单）及核算标准；不同模式（如新增建设用地模式、存量收储模式、旧城改造模式等）成本核算情况；成本全过程（如预算阶段、审批阶段、投资阶段、决算阶段）管控情况；运用信息化手段进行成本简算、精算情况；可有效降低成本的建议或实践探索等。二是储备土地预计收益情况。分析储备土地预计供应收入情况、各项计提情况等。计算储备土地净收益。三是储备土地成本收益变动情况。通过对储备土地成本和预计收益进行对比，分析储备土地收支状态，如收支盈余、收支平衡，或收不抵支等。

三、工作展望

（一）土地储备创新发展方向定位

围绕落实"统一行使全民所有自然资源资产所有者职责"，创新储备土地资产管理新模式，搭建统一规划、统一管理、分类实施、运行规范、监管有力的储备土地资产管理新框架，着力实现土地储备由侧重服务供地向综合型资产管理转型、由侧重实现土地资产经济价值向统筹实现经济价值、社会价值、生态价值并重转型，保护国有土地资产安全和不受侵害，促进土地资产高效配置和保值增值，为稳定经济社会发展提供土地要素支撑。

（二）推进土地储备创新发展主要内容

1. 落实"两统一"职责，加强国有储备土地资产统筹管理

按照《全民所有自然资源资产所有权委托代理机制试点方案》要求，将所有未确定使用权人的国有建设用地纳入储备管理，实施统一管护、开发、利用和监管，进一步加强储备土地资产统筹管理。摸清政府能处置的国有土地资产家底，探索将土地储备机构以及各类开发区（园区）管委会、国有平台公司、乡镇人民政府（街道办事处）或相关单位承担具体实施工作的储备土地纳入统计范围，进行全口径统计。

2. 探索运营管护新模式

一是摸清管护资产家底。将各类主体承担具体实施工作的国有土地归口自然资源主管部门整体运营管护，对整体管护的土地开展调查，摸清底数并依托土地储备监测监管系统上图入库。二是明确运营管护内容。对国有土地资产进行日常管护、必要的建设用地整理、临时利用等，并对侵害国有土地资产所有者权利的行为进行核实和追偿。对短期内暂不供应或无法供应的土地，重点做好管护和临时利用，积极探索实现其社会价值、经济价值、生态价值的有效途径。土地及其地上建筑物、构筑物可以出租等方式进行临时利用，临时利用方式包括不限于重大项目的配套临时用房和临时配套场地，园林绿化、文化体育、物流仓储、停车设施等临时性公共服务和经营用房和场地等。临时利用应报属地自然资源主管部门同意，不得影响土地供应，不得修建永久性建筑物。要加强运营管护和土地配置工作的有效衔接，及时将具备供应条件的土地推向市场，优先满足重大产业项目、民生项目等的用地需求。三是创新运营管护模式。探索将国有土地资产运营管护具体工作委托实施主体承担，并完善前期合理投入的成本支出补偿机制。运营管护实施主体可以是列入名录的土地储备机构，也可以是从事自然资源资产运营业务的相关专业公司。

3. 探索建立土地储备前期开发新机制

当前许多城市已由增量发展为主过渡到存量发展为主的新阶段，如何落实节约优先战略，促进城镇低效用地再开发，更好地发挥土地储备在盘活存量土地方面的作用，可以从以下方面开展探索实践。

一是积极引导市场主体参与存量土地盘活和前期开发。鼓励国有存量建设用地原使用权人自行开发或各类市场主体依法取得相邻多宗土地进行归宗后开发。原使用权人没有改造开发意愿或没有改造开发能力的，由土地储备机构按照有关规划、计划有序推进储备和开发。

二是推广片区收储和综合开发模式。对需要以政府储备为主进行改造开发的，结合国土空间规划的编制和实施以及成片开发、城镇低效用地再开发等工作划定储备片区，实施统一规划、统一收储、统一开发、统一配套、统一供应。合理确定片区主导功能，科学配置经营性用地、民生用地、公共服务等用地比例。对生产导向的片区，重点整合资源，提高配置效率，强化要素支撑，促进产业集聚；对生活导向的片区，重点解决老旧小区等居住区的功能缺陷问题，增加养老、文化、体育、休憩等空间，激发社区活力，提高人居环境质量；对生态导向的片区，重点开展生态修复和环境治理，提供更多优质生态产品，探索生态产品价值外溢的实现途径。

三是积极探索符合城乡统一建设用地市场要求的土地储备机制。土地储备机构可接受农村集体经济组织委托，在不改变集体所有权性质的前提下组织对拟入市的集体经营性建设用地进行前期开发，为集体土地"净地"入市提供支撑。

4. 完善国有土地收益基金制度，拓宽土地储备资金来源渠道

当前土地储备面临资金瓶颈问题。无论是取得土地，还是进行前期开发，都需要大量的资金。从地方实践看，资金瓶颈问题比较突出。一方面，前期缺少启动资金；另一方面，土地出让后，在未扣除成本的情况下计提资金用于其他方面支出，未考虑成本足额补偿问题。为解决资金来源和成本足额返还问题，要在"开源"与"节流"两方面同时下功夫。一是要开源，从目前制度现状看，关键是做大做强国有土地收益基金，建立流动用款机制。进一步健全和完善国有土地收益基金制度，由各省制定相关制度文件，明确国有土地收益基金的计提比例，并足额计提、按时拨付，专项用于土地储备工作，年底未使用完的可按规定结转使用，形成良性循环。同时，要加大对发行土地储备专项债券的支持力度。二是要节流，建立健全土地储备成本足额补偿的可持续发展机制，如探索"生地"与"熟地"出让的范围和边界；"熟地"出让的，可在土地出让合同中明确区分一级开发成本和土地出让收益，通过签订"两个合同"（《国有建设用地使用权出让合同》及《土地开发建设补偿合同》）将土地取得、开发成本与土地收益分开，确保开发成本足额收回。另外，在片区收储中，可通过合理安排开发时序，做好资金平衡，合理安排片区内的土地出让收入使用范围，统筹保障土地收储，实现滚动开发、良性循环。

四、江苏省土地储备规划计划编制探索与实践

江苏省将土地储备规划与国土空间规划（包括总体规划和详细规划）、地方

经济发展规划、产业规划等有效衔接，在全国率先开展土地储备规划编制实施的探索和实践，在土地储备规划、三年滚动计划、年度计划方面构建了完备的编制思路、方法和实施路径。

（一）构建思路

1. 功能定位

为能够及时、全面、准确掌握储备土地资产信息，强化储备土地资产管理，江苏省充分发挥土地储备规划发现、捕获、提升和重塑土地资产价值的作用，通过编制和实施土地储备规划，将政府征收、收回、收购、优先购买获得的国有建设用地，按照国土空间规划，配置到各行各业，并以土地出让收益来反映土地资产的配置效益和效率。

2. 重点探索方向

土地储备规划计划在土地储备范围、收支平衡分析、资金分类、实施监管等方面进行了重点探索。

一是适度拓宽纳入规划计划的对象范围。在城乡统一建设用地市场和土地征收成片开发的新格局下，土地储备机构可以在其职能范围内，接受集体经济组织委托，代理开展集体建设用地的前期开发和管护等工作，实现集体经营性建设用地入市达到与国有建设用地相同的"净地"标准。由此，在充分征询集体经济组织委托意愿的基础上，可以将集体建设用地纳入土地储备规划和计划编制范围内，并按照土地所有权最终归属，将土地储备潜力划分为国有土地储备潜力和集体委托开发潜力，进一步增强土地储备调控土地市场、促进土地资源合理利用的能力。

二是客观预判土地储备资金保障能力。江苏省规定应从缴入地方国库的土地出让收入中足额划出 5%的国有土地收益基金，专项用于土地储备。此外，土地储备机构接受集体经济组织或相关单位委托，代理开展基础设施建设、土地平整、土壤污染治理、文物和矿产勘察、地质灾害评估、管护等的资金应由委托方筹集并拨付土地储备机构使用，并在规划计划成果中予以单独统计测算。

三是开展以"土地储备项目"为单元的收支平衡分析。对拟纳入三年滚动计划中的土地储备项目，逐一开展土地出让收入和土地储备成本预期评估。分析项目全生命周期的预期土地出让收入、土地储备成本和资金保障渠道，对项目年度资金来源能否覆盖年度资金支出进行测算，对项目全生命周期内预期土地出让收入能否覆盖债务本息等成本进行预判。对于已启动但确又无法实现资金平衡的土地储备项目，可通过三年滚动计划及时调整，确保下一步纳入年度计划中的土地储备地块真正具备可实施性。

四是探索研发实施监管信息化平台。明确成果审批和备案程序，制定矢量数据库建设标准。以土地储备规划、计划编制为抓手，充分使用区块链技术，将土地储备机构信息、储备项目、储备地块、储备资金收支、土地储备专项债券、储备债务及偿还等相关信息录入土地储备监测监管系统，实现实时动态监管和在线即时监督监测。在提高土地储备规划、计划实施监督管理水平的同时，促进来源可溯、去向可查、监督留痕、责任可究的土地储备全生命周期信息化管理。

（二）体系架构

1. 总体框架

将土地储备规划计划体系总体框架界定为：在成果类型上，包括土地储备规划、三年滚动计划、年度计划三项；在空间尺度上，分别对应区域、土地储备项目、地块三类；在管控层级上，呈现"宏观-中观-微观"三级指引的总体架构（图5-3）。

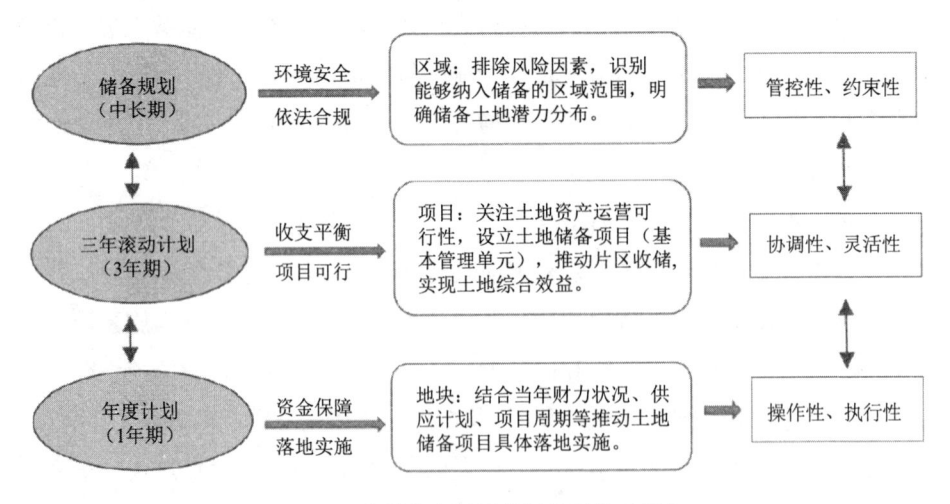

图5-3 土地储备规划计划编制体系框架

土地储备规划。土地储备规划是一项实施性规划。其应衔接的上位规划主要包括国土空间规划、国民经济和社会发展规划、资产保护使用规划、低效用地再开发规划及其他发展规划等。其主要任务是，按照城乡发展需求和战略目标，对规划期内可实施储备的土地规模、布局、结构、时序、资金等做出统筹安排。与其他规划相比，土地储备规划具有独特的经济特性，强调以土地资产运营为手段，将国土空间总体规划的控制指标和空间布局具体落实到土地要素上。

三年滚动计划。三年滚动计划是对土地储备规划近期目标的进一步落实，以建立"未来三年土地储备项目库"为核心，将国土空间规划条件与土地储备项目进行匹配，从而对未来三年土地储备规模、结构、时序、预算等做出指引性安排。三年滚动计划具有协调性，强调在项目资金平衡分析的基础上，对经营性、民生、公共服务和基础设施等各类用途土地进行统筹配置，切实推进土地成片综合开发。

年度计划。年度计划是当年开展各项土地储备活动的执行方案。年度计划应与年度财政预算、地方政府债务限额、低效用地再开发实施方案、土地利用年度计划、年度土地供应计划等紧密衔接，对一年内实施储备的土地规模、地块位置、实施进度、供应用途、资金投入等做出详细安排。年度计划具有操作性、执行性，是编制年度土地储备资金收支项目预算、开展土地储备机构综合绩效评价、统计和监测土地储备信息、申请及核发土地储备专项债券等的重要依据。

2. 关联和区别

土地储备规划、三年滚动计划、年度计划三者各有侧重、相辅相成。

土地储备规划体现"区域"尺度，重点关注"安全性"。土地储备规划具有管控性和约束性，是设立土地储备项目（库）、优化土地利用结构、调控储备地块投放节奏的基本遵循。其核心目标在于，排除各类风险性因素，识别能够纳入储备的区域范围，为土地储备项目选址提供空间指引。

三年滚动计划体现"项目"尺度，重点关注"资金平衡性"。三年滚动计划发挥承上启下作用，具有灵活性，以逐年滚动更新的方式适时对土地储备项目进行优化、调整，能够增强规划弹性和可行性。其核心目标在于，对"收大于支""收不抵支""无收入"项目分类提出储备资金安排建议,为各年度实施进度安排和资金需求规模指明方向。

年度计划体现"地块"尺度,重点关注"执行性"。年度计划是实施土地储备规划、三年滚动计划的具体手段,对各个土地储备项目最终落地实施发挥支撑保障作用。其核心目标在于,按照当年资金实际保障能力,合理制定土地储备活动执行方案。

(三)编制方法

1. 规划编制方法

对应国民经济和社会发展规划、国土空间规划的期限,结合实际需要编制5至15年的中长期土地储备规划。土地储备规划的内容主要包括区域经济社会发展状况和土地储备形势分析,土地储备适宜性评价和潜力分析,土地储备需求预测,成本与收益分析,规划方案制定等。

(1)形势分析

主要包括上轮规划实施评价、现状分析和形势研判三部分内容。其中,上轮规划实施评价内容包括评价上轮土地储备规划目标执行情况,总结上轮规划编制、实施、管理过程中的经验和问题;现状分析主要是对区域经济社会发展概况、土地市场供需状况、土地储备现状开展分析;土地储备形势研判是结合社会经济发展水平、区域发展战略、土地市场运行情况和产业发展政策等,分析土地储备在调控土地市场、推动节约集约用地、落实国土空间规划、保障民生和重大项目用地等方面的优势作用。同时,结合建设用地减量化趋势、土地储备运行机制、土地取得和前期开发成本、地方政府债务状况、储备资金保障能力等,客观分析未来土地储备在保持"蓄水"能力、安排筹措资金、确保"净地"供应、扩大土地有效供给等方面所面临的挑战。在上述分析上,制定土地储备转型发展方针,明确未来土地储备在落实"两统一"职责、深化供给侧结构性改革、服务经济高质量发展等新时代背景下的功能定位,结合土地储备发展的优势和挑战,确定土地储备发展战略和土地储备规划编制指导方针。

(2)适宜性评价与潜力分析

一是开展适宜性评价。土地储备适宜性评价的目的是通过排除各类限制性因素，识别筛选出在规划、地理、安全、权属等方面同时具备储备可行性的空间。影响土地储备适宜性的因素主要包括规划符合性、地理条件、土壤污染、文物遗存、矿产压覆、地质灾害、权属争议、权利人意愿、成本收益和区位条件等。需结合地方实际，建立土地储备适宜性评价指标体系，运用科学的分区方法，合理划分土地储备适宜性空间。

土地收储适宜性空间可划分为适宜收储区、潜在收储区、不宜收储区等。不同分区的收储时序、资金保障、土地供应等规划安排不同。其中，适宜收储区是指符合规划管控和产业政策要求，在环境安全和产权明晰等底线标准方面不存在风险制约，可以由自然资源主管部门委托土地储备机构纳入收储管理的区域。潜在收储区是指存在土壤污染、文物遗存、矿产压覆、地质灾害、权属争议等制约因素，待采取治理、修复、开采、确权等改良治理手段将相关制约因素消除后，方可由土地储备机构纳入收储管理的区域。不宜收储区是指不符合规划管控要求、无改造必要性、环境安全无法达标、权属纠纷无法解决以及自然地理条件不适宜收储的区域。

二是开展潜力规模测算。土地储备潜力分析是根据土地储备适宜性评价和分区结果，结合本轮规划期限内地方政府实施土地储备的现实能力，合理确定土地储备现实潜力规模、类型、分布等。土地储备潜力区应位于适宜性评价的适宜收储区和潜在收储区内。土地储备潜力分析应充分考虑区域经济社会发展水平、发展阶段、规划约束、工程技术措施和资金投入能力，潜力土地在规划期内需在产权取得、前期开发等方面具备可行性。

（3）需求预测

土地储备需求预测以经济社会发展预期目标为前提，对规划期内各类建设用地需求规模进行测算和分析。从影响储备土地需求量的经济、社会、政策、实施时序等驱动因素入手，以各类建设用地与经济总量、人口规模、地方财政收入、人口变化、重点项目用地需求等要素为依据，运用多种方法合理预测储备土地需求量。可采用多因素综合预测法、分类预测法、趋势分析法等方法对储备土地需求进行预测。最终确定土地储备需求规模应以稳定土地市场和防止盲目储备为前提，综合多种预测方法的预测结果，结合近年土地储备供应情况和变化趋势，兼顾增强土地储备蓄水能力的需要，对规划期内"在库土地"规模的区间范围作出合理预判。可适度设置修正调整系数,对需求量预测结果进行合理修正,最终确定近远期储备土地需求量测算方案。

(4) 成本与收益分析

一是储备成本测算。成本主要包括土地取得成本、前期开发成本、融资成本和其他成本。

二是土地出让收入测算。根据储备土地需求量、规划用途、开发利用强度、地价水平,按照相关土地估价原则和技术方法合理测算预期土地出让收入。明确土地出让收入测算内容。

三是储备收益测算。在上述储备成本和土地出让收入测算的基础上,对近远期土地储备收支平衡进行分析,测算土地储备收益率(年度总收益与当年储备资金总支出的比值)。

(5) 编制规划方案

在土地储备潜力、需求、成本及收益测算的基础上,开展土地储备供需平衡分析,合理界定土地储备空间范围,对规划期内增量、存量储备土地布局进行安排。将国土空间规划中明确实施城市有机更新的区域、已确定的城市更新单元、重点产业和重大项目区域划定为重点储备空间。根据近远期发展目标、用地需求、资金保障和国土空间规划实施情况,综合考虑建设时序、地块规模、区位条件、土地资产价值、土地权属状况、储备实施的难易程度等因素,确定近远期实施储备的土地规模。按照近远期储备安排和预期成本,确定土地储备资金和筹集方式。

2. 计划编制方法

土地储备计划每年编制一次,内容主要包括两个部分:一是建立近三年土地储备项目库,制订三年滚动计划;二是根据储备项目落地实施进度,制订当年实施计划。其中,三年滚动计划的期限为3年(第一年的1月1日至第三年的12月31日),年度计划的期限为1年(每年1月1日至12月31日)。每年土地储备计划编制时,应依据土地储备规划首先对未来三年土地储备项目库和三年滚动计划进行滚动式、延续性更新。

(1) 三年滚动计划编制

一是建立土地储备项目库。根据土地储备规划近期安排、国土空间规划实施情况、未来三年重点工程用地保障需求、未来三年城市更新（片区改造）实施进度等，分区域、分用途、分时序安排土地储备项目。对正在实施的土地储备项目情况进行梳理，对计划新启动项目、计划终止项目、计划调整项目作出安排，拟定未来三年拟开展的土地储备项目清单（包括正在实施项目和计划新启动项目）。单个土地储备项目可以包含一个或多个储备地块，用地范围不得突破土地储备规划管控范围。

二是进行土地储备项目收支平衡分析。分析土地储备项目全生命周期的预期土地出让收入、土地储备成本、土地储备资金来源等，开展项目总体收支平衡分析和分年度收支平衡分析。其中，项目总体收支平衡分析主要分析项目全生命周期内，项目预期土地出让收入能否覆盖债务本息等成本。项目年度收支平衡分析主要分析项目年度资金来源能否覆盖年度资金支出。

三是合理划分储备项目与资金安排指引。在项目收支平衡分析的基础上，将土地储备项目划分为 A、B、C 三类。其中，A 类项目指预期土地出让收入大于或等于土地储备成本，能够"收大于支"或"盈亏平衡"的项目；B 类项目指预期土地出让收入小于土地储备成本、"收不抵支"的项目；C 类项目指没有预期土地出让收入的项目。在此基础上，分类提出各储备项目资金保障措施。

（2）年度计划编制

一是合理确定当年实施的土地储备项目。综合考虑当年城乡建设用地需求、土地利用计划指标、国土空间规划详细规划实施情况、当年供地计划、财政资金预算等因素，客观评估项目效益情况，在三年土地储备项目库中确定当年实施的储备项目。按照当年实施的储备项目区位、规划条件等，确定储备地块位置、范围，支撑项目落地实施。

二是科学安排各类储备活动。对当年计划开展土地取得、前期开发、管护、土地供应等各类储备行为和实施进度做出具体安排。测算当年实施储备的土地总规模，并按照至年度末的预期状态，将地块划分为拟收储地块、在库地块、出库（供应）地块三类，对当年储备工作实施进度做出安排。

三是做好当年储备资金筹集安排。按照三年滚动计划中提出的该项目资金安排指引，统筹协调各类资金保障渠道，对当年实施储备的项目安排年度储备资金。其中，需要申请使用土地储备专项债券的地块，其所属的土地储备项目需有稳定的预期偿债资金来源，项目预期土地出让收入或国有土地收益金收入必须能够保障偿还债券本金和利息，实现项目收益和融资自求平衡。

四是进行成本收益与融资安全分析。以土地储备机构为单位，对当年储备土地收益和成本支出平衡情况进行分析。分析指标包括年度总收益和年度收益率。其中，年度总收益是当年预期储备土地出让总收入扣除当年预期储备资金总支出和刚性计提等的余额；年度收益率是年度总收益与当年储备资金总支出的比值。同时对以下三类地块开展融资安全性分析：一是存量贷款尚未处置完毕的地块。处置方式包括：偿还贷款、通过发行地方政府债券予以置换；二是已举借土地储备专项债券，且债务尚未偿还完毕的地块；三是计划新发行土地储备专项债券的地块。

（四）成果管理与应用

1. 规划成果审批与应用

土地储备规划编报程序主要包括工作准备、调查评价、土地储备供需与效益分析、制定规划方案及征求地方相关部门意见、规划成果论证、报同级人民政府批准实施及报省级自然资源主管部门备案等。自然资源主管部门不得擅自调整、修改已经批准的土地储备规划，因国土空间规划调整、市场供需发生重大变化、市场调控政策变化等原因，确需调整土地储备规划的，应经省自然资源主管部门同意后开展土地储备规划调整或修编工作，并按原审批程序报批、备案。经批准的土地储备规划是各地编制土地储备计划、落实国土空间详细规划、实施土地征收成片开发、推动城市更新等的重要依据。

2. 计划成果审批与应用

土地储备计划经所隶属的自然资源主管部门会同财政部门审查后，于每年第三季度上报省级自然资源主管部门审核，由地方人民政府批准并报省自然资源主管部门备案后实施。涉及申请使用土地储备专项债券的，土地储备计划成果应根据土地储备专项债券实际下达额度完善后报省自然资源主管部门备案。经批准备案的土地储备计划，是审定批复土地储备资金收支项目预算、实施土地储备、发行土地储备专项债券、储备土地供应前申请规划设计要点、开展土地储备信息监管的依据。

第三节　全民所有自然资源资产损害赔偿研究

《关于统筹推进自然资源资产产权制度改革的指导意见》提出"积极预防、及时制止破坏自然资源资产行为，强化自然资源资产损害赔偿责任"，将强化自然资源资产损害赔偿责任作为推进自然资源资产产权制度改革、加强自然资源整体保护的重要手段。《全民所有自然资源资产所有权委托代理机制试点方案》也对全民所有自然资源资产损害赔偿工作提出了具体要求。为落实好党中央、国务院赋予的统一行使全民所有自然资源资产所有者职责，全民所有自然资源资产所有者职责履行主体、代理履行主体、法律授权的主体应当积极预防、及时制止破坏自然资源资产行为，在自然资源资产储备管护等过程中加强对资产损害的发现、核实和追偿力度，探索建立自然资源资产损害赔偿工作机制，维护好所有者合法权益。

一、概念内涵及特征

（一）概念内涵

全民所有自然资源资产损害赔偿，是由所有者职责履行主体、代理履行主体、法律授权的主体及其指定的部门或机构作为赔偿权利人，针对因违法侵占或破坏造成全民所有自然资源资产数量减少、质量下降、功能退化、价值降低等行为，通过磋商或诉讼等方式要求其承担修复或恢复原状、赔偿损失等责任，维护所有者合法权益的工作。

根据全民所有自然资源资产的配置处置情况，可以采取不同的损害赔偿方式：一是对于所有者未让渡权利的情形，如果所有者将自然资源资产运营管护、损害赔偿等工作委托给受托主体，或者通过购买服务等方式与相关主体签订了合同，可以由受托主体承担具体的损害赔偿工作，对侵权人提起索赔或诉讼；如果所有者未签订相关管护合同，可以由所有者职责行使主体及其指定的部门或机构,承担具体的损害赔偿工作。二是对于所有者已经让渡部分权利的情形,可以按照合同约定,追究使用权人或用益物权人造成国有资产损害的侵权责任。

(二)特征

1. 损害行为具有人为性

自然资源资产损害是由于人类的生产、生活行为引起的自然资源损害和生态系统破坏,既可能是由于人类长期不合理利用某种或某个区域的自然资源所造成的损害,也可能是人类短期行为引发资源环境事故而造成的损害。

2. 损害过程具有复杂性

自然资源资产损害的致害过程比较复杂,可以分为积累型资产损害与突发型资产损害两种。比如,因违反相关规划,造成江河湖泊等水域使用功能逐渐降低,因地下水长期超采造成地面逐渐沉降等属于积累性损害;而像滥伐、盗伐森林等短时行为造成突发型资产损害。二者在损害的认定与评估、应急处理以及启动索赔程序等方面存在差异,需要开展有针对性的研究。

3. 损害后果具有复合性

自然资源是生态环境的重要组成要素,大多数生态环境损害会同时导致自然资源资产的破坏,部分自然资源资产损害也可能加剧生态环境损害。污染物进入水体或土壤,导致水资源和土壤资源生态价值受损,乱砍滥伐、毁林造田等生态破坏行为引起的自然资源资产损害,会导致生态系统服务功能受损。当严重的破坏行为导致自然修复能力减弱、无法完成自我修复时,就可能会伴随生态环境损坏的发生。

4. 赔偿方式以恢复原状为主

自然资源资产损害赔偿分为可以修复、不可以修复两种情形,按照"谁损害,谁修复,谁赔偿"的原则和次序,对于可以修复的自然资源资产损害,应以恢复原状和确保自然生态系统质量不降低作为主要原则;对于不可以修复的损害,可以采取经济赔偿或替代修复的方式,对受损的资产进行鉴定和价值评估后进行赔偿。自然资源资产损害导致生态环境受损的,对于其中涉及生态价值修复或恢复的内容,可与生态环境损害赔偿相衔接,并参照其赔偿范围、鉴定方式和相关规定。

二、损害的表现形式

（一）土地资源资产损害

土地资源资产损害主要分为国有农用地和国有建设用地资产损害。国有农用地资产损害主要表现为非法占用耕地、破坏盗卖土壤资源或者违法改变农用地用途等不当行为，造成耕地污染、农用地数量减少或质量降低以及相关联的生态功能的减损等。如耕地未按照国土空间规划和国土空间用途管制要求，用于"非农化""非粮化"用途，造成农用地数量减少或质量降低等。对国有建设用地资产的损害行为主要表现为侵害国有土地资产所有者权利、土地使用权人未按照合同约定的规划条件和土地用途开发建设，导致建设用地资产价值降低等。

（二）矿产资源资产损害

矿产资源资产损害主要表现为因非法采矿和破坏性开采等不当行为，造成矿产资源储量减少、矿产资源勘查开发条件破坏和生态环境受损。

（三）海洋资源资产损害

海洋资源资产损害主要表现为非法占用海岛和海洋景观资源、破坏海洋生物栖息环境、污染和破坏海洋生态系统等不当行为，造成人类可利用海洋资源的数量减少和海洋的生态价值受损等。

（四）森林资源资产损害

森林资源资产损害主要表现为因滥伐、盗伐森林或者其他林木，造成林地质量和林木蓄积量降低、野生动植物资源损失以及生态系统服务减少等。

（五）草原资源资产损害

草原资源资产损害主要表现为因非法开垦、采挖植物、非法堆放排放废弃物等占用草原，造成草原资源覆盖度降低、草原面积减少、物种及优良牧草减少、草原景观破碎化等。

（六）湿地资源资产损害

湿地资源资产损害主要表现为因违法排污、非法开（围）垦填埋、过度利用等行为，破坏湿地资源及其生态功能，造成湿地生态特征退化甚至消失、生物多样性减少以及相关联的生态功能的减损等。

（七）水资源资产损害

水资源资产损害主要表现为因违反国家规定造成地表水与地下水的可利用水资源量、水环境质量或其开发利用经济价值的重大损害以及相关联的生态功能的减损等。

（八）国家公园内自然资源资产损害

国家公园内自然资源资产损害主要表现为因违反各类自然保护地法律法规等规定，造成自然保护地生态系统和资源环境受到损害，导致自然资源资产价值或生态系统整体功能下降。

三、自然资源资产损害赔偿与生态环境损害赔偿比较

（一）赔偿权利人不同

生态环境损害赔偿制度改革明确生态环境损害赔偿的权利人为省级、市（地）级人民政府及其指定的相关部门或机构，相关赔偿权利人主要作为公共利益的代表行使损害赔偿权利。自然资源资产损害赔偿主要从所有权人的角度，主张赔偿权利，提起损害赔偿磋商或诉讼，维护所有者权益。

（二）赔偿内容不同

生态环境损害赔偿侧重对环境要素和生态系统及其生态服务功能损害的赔

偿。自然资源资产损害赔偿主要针对违法违规占用、破坏自然资源而造成自然资源资产数量减少、质量下降、功能退化、价值降低的赔偿。

（三）价值类型不同

生态环境损害赔偿侧重生态价值，根据有关规定，修复环境和赔偿损失在生态环境损害赔偿范围中主要表现为清除污染费用、生态环境修复费用、生态环境受到损害至修复完成期间服务功能丧失导致的损失、生态环境功能永久性损害造成的损失。自然资源资产损害赔偿侧重经济价值，主要体现在自然资源资产服务于人类经济活动所产生的成本和收益上，是自然资源资产提供的所有服务的价值。

（四）线索来源不同

生态环境损害赔偿主要通过突发环境事件、挂牌督办案件、环境执法专项行动发现的案件、环境行政处罚案件、破坏环境资源保护犯罪案件等发现线索。除了上述渠道，自然资源资产损害赔偿还可以通过全国国土调查和年度变更调查、土地卫片执法、耕地卫片监督、耕地保护督察等发现线索。

（五）鉴定评估技术体系不同

生态环境损害赔偿的鉴定评估以环境污染损害鉴定评估技术规范为准。自然资源资产损害的鉴定评估以各资源门类遭受破坏的资源价值为主，目前自然资源资产损害赔偿鉴定评估标准亟待研究制定。其中涉及生态价值修复或恢复的内容可与生态环境损害赔偿相衔接，综合性考虑其赔偿范围、鉴定标准、赔偿金额、索赔方式等。

四、损害赔偿的实践探索

（一）制度探索

在制度建设方面，重庆市、江苏省加强对案例的跟踪总结，对自然资源资产损害赔偿的线索发现、调查认定、鉴定评估、磋商诉讼和执行机制等方面进行了研究，并指导具体工作实践。山东省、河北省建立跨部门工作机制，督促各市县加强自然资源资产损害赔偿日常监管。湖南省由自然资源主管部门会同法院、检察院推动建立磋商、公益诉讼和监督机制，监督各级主管部门依法履职。广西壮族自治区根据地方实际，强化在钟乳石、化石等具有科研价值的地质遗迹内发生的污染和破坏事件的损害赔偿工作。

在技术体系方面，福建省出台了损害鉴定评估通用规范和大气、地表水、土壤、森林等五项鉴定评估地方标准。湖南省探索建立自然资源领域生态环境损害调查评估鉴定机制和生态修复标准，作为损害赔偿责任量化和索赔依据。

（二）实践案例——广西北海市合浦县红树林损害赔偿案件

2016年8月至2020年5月，广西北海市合浦县铁山港东港区因项目施工，大量含高岭土的污水进入红树林区域，导致周边红树林大面积受损。截至2020年4月，榄根村红树林共受损（含死亡和严重退化）257.67亩。经司法鉴定和价格认定，死亡红树林面积为102.6亩，死亡株树37988株，总价值258.3万元。

2020年6月，北海市自然资源局向东岸码头公司送达磋商告知书，正式启动合浦县榄根村红树林损害赔偿磋商工作。通过两轮磋商，双方正式签订损害赔偿协议书，商定由东岸码头公司支付赔偿资金2051.13万元。北海市中级人民法院受理司法确认申请，完成协议公告，召开听证会，于11月底下达民事裁定书，全面完成司法确认。

北海市利用损害赔偿金于2020年6月在合浦县白沙镇榄根村原地补植红树林257.67亩，在西场镇异地补植红树林505.2亩，确保北海市红树林面积只增不减。

在本案例中，自然资源资产权利人作为损害赔偿的利益主体，在对损害进行评估后，通过磋商的方式对赔偿义务人提出索赔。自然资源资产损害赔偿除了对污染企业判处罚金外，损害赔偿金的用途也需要明确，确保其用于修复受损资源环境，促进资源得到有效保护。

图 5-4　广西北海市合浦县榄根红树林损害补偿案件卫星长时序举证跟踪图示

五、工作展望

自然资源资产损害赔偿的改革尚处于起步阶段，目前主要存在自然资源资产损害的内涵与表现形式不清晰、损害程度鉴定评估技术不完善、赔偿认定标准缺乏统一规范等问题。建立自然资源资产损害赔偿机制，需要从履行所有者职责出发，厘清资产所有者、资产使用权人等不同权利主体之间的权责关系，在基础理论、工作机制、工作程序、技术体系等方面推进研究和实践探索。

（一）搭建制度体系

深入研究全民所有自然资源资产损害的内涵和表现形式，厘清自然资源资产损害赔偿与生态环境损害赔偿、行政处罚等工作的边界，逐步建立基于所有者职责履行的全民所有自然资源资产损害赔偿制度体系。按照自然资源资产是否已经完成配置，分别研究设计损害赔偿的工作机制。对于所有者未让渡权利的情形，如已经纳入储备管护的全民所有自然资源资产，可以由所有者职责行使主体落实损害赔偿责任并承担具体工作，也可以通过委托或购买服务等方式，与相关机构签订管护协议或合同，将自然资源资产运营管护、发现和核实侵权行为、依法请求赔偿直至提起诉讼等工作，交由其承担并明确相关权利、义务及责任；对于所有者已经让渡部分权利的情形，可以在合同中约定用益物权人造成国有资产损害需要承担相应责任的条款，如造成国有建设用地污染或资产受损、改变规划条件和土地用途而造成的国有资产流失等，所有者可以根据合同约定追究其责任。坚持"修复优先"的理念和"谁损害，谁修复，谁赔偿"的原则，对于可以修复的自然资源资产损害情形，按照"修复优先"的要求推进损害的调查、评估和索赔，由损害者自行或委托第三方，将受损的自然资源资产修复至受损前的水平，避免"一赔了之"；对于无法修复的损害情形，由损害者赔偿损失或者在符合有关政策和规划的前提下开展替代修复。

（二）探索研究关键环节和程序

自然资源资产损害赔偿从线索发现到完成赔偿、修复效果评估，是一个复杂而系统的工作过程。在理论研究和总结实践经验基础上，针对发现启动—调查核实—磋商诉讼—修复验收—结果报告等关键环节和程序进行研究。前期环节，重点研究损害线索发现的渠道，索赔程序启动的标准；中期环节，重点研究损害调查的依据，鉴定评估的技术标准，以及编制赔偿方案、组织磋商、提起诉讼的程序；后期环节，重点研究各种类型损害赔偿的修复验收标准，确保达到赔偿协议或者生效判决要求。

（三）加快建立标准体系

针对各类自然资源禀赋特点和管理实践情况，探索各资源门类启动自然资源资产损害赔偿的具体情形和受理标准，制定具体操作流程和技术方法。在建立全民所有自然资源资产核算标准的基础上，制定完善土地、矿产、森林、草原、湿地等自然资源的损害鉴定、损害赔偿评估等技术规范。同时，从制度层面确定鉴定评估范围、主体、责任分担、管理机构、资金来源、鉴定评估机构资质等内容。此外，对于资产损害需要修复或赔偿的，统筹考虑修复方案技术可行性、成本效益最优化、赔偿义务人赔偿能力、第三方治理可行性等情况，研究确定损害事实和程度、修复启动时间和期限、赔偿的责任承担方式与期限等磋商内容和规范，为建立资产损害赔偿制度提供技术支持。

（四）健全工作机制

坚持依法履职，建立健全全民所有自然资源资产所有者职责履行主体、代理履行主体与执法部门协调联动的多元共治机制，聚焦强化沟通协调、线索移送、诉讼衔接、修复时效等环节，建立对口联系、联席会议、信息通报、执法监管等机制，将自然资源行政处罚与自然资源资产损害赔偿有机衔接，实现多方位信息共享、多部门协调联动、多角度共同治理。借助卫星遥感、无人机等科技手段，判定重点自然资源监管目标，并将自然资源损害案件与遥感卫星监测案件相结合，建立自然资源资产损害案件数据库，对资源资产损害做到"早发现早制止"。探索制定办理自然资源资产损害赔偿的简易磋商程序，规范小额案件的简易鉴定和磋商工作。

第六章 全民所有自然资源资产配置

全民所有自然资源资产配置是实现所有者权益的重要路径。本章重点梳理了全民所有自然资源资产配置工作的基本理论、历史沿承和各门类政策的比较分析，以国有建设用地使用权为重点介绍了国有土地资产配置和处置的实务，并结合新形势、新要求，提出完善全民所有自然资源资产配置的基本思路和政策框架。

第一节 全民所有自然资源资产配置概述

一、概念内涵

全民所有自然资源资产配置，是指国家以所有者的身份，通过实行全民所有自然资源资产所有权与使用权等用益物权的分离，让渡占有、使用、收益和部分处分权，使得自然资源资产在各行各业得以优化配置，为社会经济发展提供要素支撑，实现自然资源资产保值增值和高效利用的行为。

二、相关基础理论

（一）资源稀缺理论

稀缺性指相对于人类多种多样且无限的需求而言，满足需求的资源是有限的。人类可以使用的自然资源因数量有限、位置固定等原因处在一个稀缺的状态之中，而随着人类社会的发展与进步，人们对自然资源的需求不断增加。因此，人们必须考虑如何使用有限的、相对稀缺的资源，以满足人类无限增加的欲望与需求。资源的稀缺性包括两类：第一类是一定时期内资源本身是有限的；第二类是利用资源进行生产的技术是受限的。资源的稀缺性可以进一步分为绝对稀缺和相对稀缺，绝对稀缺是指资源总的需求量超过了资源总的供给量，从而造成资源绝对性稀缺；而相对稀缺是指自然资源的总供给能满足总需求，但由于分布不均衡，造成局部稀缺。

在人类发展进程中，自然资源经历一个从"相对丰富"到"日益匮乏"的阶段，稀缺性日益凸显，其对经济增长的约束作用逐渐增强，需要将自然资源的成本设定为约束条件，合理配置有限的资源。一方面，要通过企业选择和市场竞争去约束人们对有限资源的需求。发挥市场机制对资源节约集约利用的内生机制作用，对于想要获得更多自然资源资产的人，就要付出更多的经济代价，这在一定程度上可以缓解资源稀缺与可持续发展的矛盾。另一方面，要强化国家政策引导，加强宏观调控，运用数量、结构、价格、技术更新等手段调控和优化资源配置，提升自然资源资产供给效率。

（二）供求理论[①]

供求理论是经济学的重要理论，指的是在通常情况下，产品的价格会随着供给和需求的变化而不断变化，并在供给与需求相当时，达到均衡。按照西方经济学观点，需求有两个条件：第一，消费者有意愿购买；第二，消费者有支

---

① 毕宝德：《土地经济学（第6版）》，中国人民大学出版社，2010年。

付能力。仅有第一个条件，只能被看成是欲望或需要，而不是需求；而仅有第二个条件，对商品价格不能产生实际影响，因为购买行为没有发生。一般商品的需求曲线见图 6-1。如图所示，一般商品的需求量，随商品价格的上升而下降，随商品价格的下降而上升。

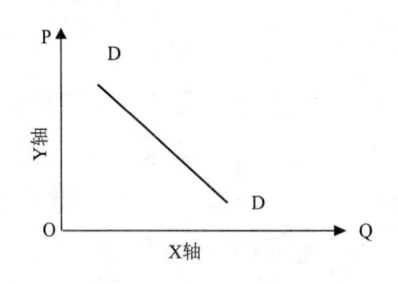

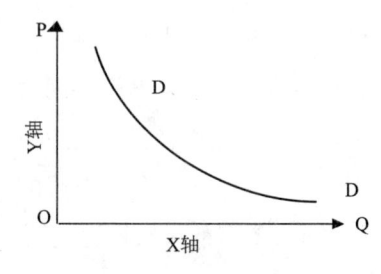

图 6-1　一般商品的需求曲线

供给是指一定时间内，生产者所提供的商品数量，它也必须具备两个条件：一是生产者能接受的价格；二是在此价格条件下有可供出售的商品数量，包括新提供的商品和已有的存货。一般情况下，价格越高，生产者愿意提供的商品就越多；相反，价格越低，提供的商品就越少。一般商品的供给曲线见图 6-2。

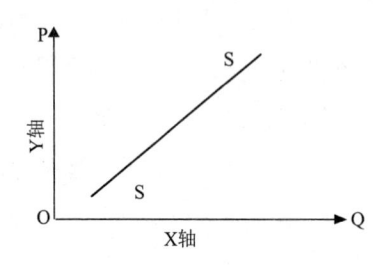

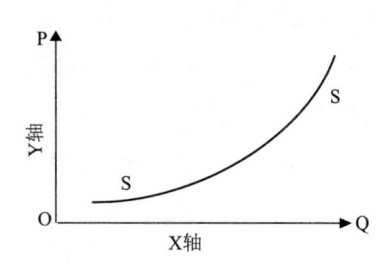

图 6-2　一般商品的供给曲线

当商品的需求价格与供给价格一致时，也就是需求曲线与市场供给曲线相交时，就会形成均衡价格，见图 6-3。图中 SS 是供给曲线，DD 是需求曲线，E 点是供需均衡点。OP 表示商品价格，OQ 表示商品数量。EF=OG 表示价格均衡，EG=OF 表示数量均衡。数量小于 OF 如达到 OF′ 时，则表示供不应求，这时，商品价格上升，供给增加，数量向 OF 靠拢；数量大于 OF 如达到 OF″

时，则表示供过于求，这时，商品价格下跌，供给量减少，也会向 *OF* 移动。商品的供求就是这样围绕着均衡点左右摇摆的。

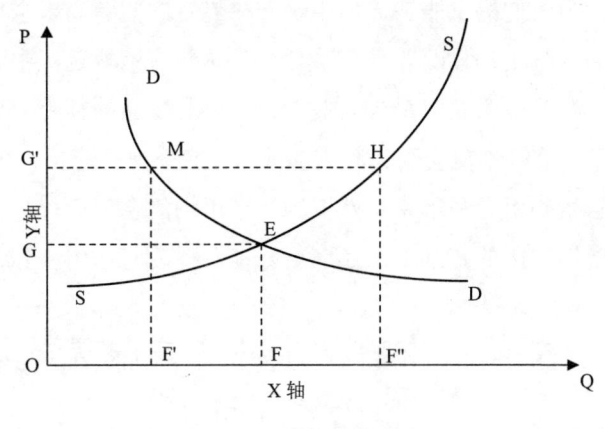

图 6-3 市场均衡曲线

自然资源资产作为一种特殊商品，既受一般商品供求规律的影响，也具有一定的特殊性。从一般规律看，市场机制配置资源的作用是通过价格与供求的互动过程实现的，供求关系决定其价格，而价格又影响供求关系，价格是反映市场供求状态的信号，引导需求和供给的变动。从其特殊性看，自然资源资产供不应求是绝对的、普遍的，经济供给弹性有限，其价格总的趋势是上涨的。自然资源资产（生产要素）从价格下降的部门或区域流向价格上升的部门或区域，从而能够有效引导自然资源资产的优化配置。

（三）市场失灵理论

市场失灵是指市场发挥作用的条件不具备或不完全具备造成市场机制不能发挥作用的情形。按照古典经济学理论，市场价格这只"看不见的手"成为反映资源稀缺性的标志，而市场机制是资源配置的决定性力量。在市场机制正常运行的过程中，市场价格的引导使得资源自动流向经济效益高的位置，并且可使市场中追逐私利的个体行为产生促进社会公益的有利结果，在资源的价值量化者——价格的引导之下，资源实现合理配置。

然而，由于市场机制不完全、价格形成机制不健全、信息不对称和外部性问题的存在，就容易造成市场失灵。特别是自然资源对于人类而言具有公共物品的特征，在一定程度内具有非排他、非竞争性。例如，土地资源、森林资源、草原资源等都可为人们提供服务，但由于产权界定的问题尚未全部得到解决，传统经济学中的"理性人假设"，尤其是"经济人"在消费过程中总会出现为支付最小成本占有资源或为获取最大效益而破坏公共物品的行为，如果仅仅利用市场价格来调节，最终难免会沦为私人品或造成"公地的悲剧"。因此，仅仅依靠市场价格无法正确引导和维系自然资源资产市场的合理运行，在充分发挥市场配置资源决定性作用的基础上，还应更好地发挥政府作用，弥补市场失灵。

第二节　全民所有自然资源资产配置政策演进和比较分析

一、政策演进

中国全民所有自然资源资产配置政策的发展，始于对自然资源资产价值规律认知的变化。随着传统计划经济体制向社会主义市场经济体制的转变，配置方式也由传统的行政划拨、计划使用的方式转向有偿使用、市场配置的方式。特别是党的十八大以来，党中央提出了生态文明建设的重大战略举措，明确提出坚持节约资源和保护环境的基本国策。全民所有自然资源资产配置是中国生态文明建设的重要内容，在新形势下，其配置政策也应该是基于经济、社会、生态等多目标平衡下的最优选择。总体来看，中国全民所有自然资源资产配置政策[①]可划分为三个阶段：

（一）行政划拨阶段

1949～1953年，中国实行过渡时期经济体制，社会主义经济体制还没有确

[①] 考虑中国全民所有自然资源资产分类体系的发展变化，在政策演变分析时主要分析国有土地、矿产、海域海岛政策的变化，兼顾国有森林资源、全民所有草原资源政策的演变。

立。1954年《宪法》第十五条规定:"国家用经济计划指导国民经济的发展和改造,使生产力不断提高,以改进人民的物质生活和文化生活,巩固国家的独立和安全。"这表明,中国已从法律上确立了社会主义计划经济体制,在这种体制下,自然资源资产的商品属性被忽视,服从于计划经济的安排,自然资源资产作为生产要素或生产资料,大多实行行政划拨方式配置。

1. 国有建设用地

在新中国成立后30多年的时间里,土地资源一直实行计划配置制度,并一直持续到1988年《宪法》的修改。1954年财政司字15号文件和内务部有关文件规定[①]:"国营企业、国家机关、部队、学校、团体及公私合营企业使用国有土地时,应一律由政府无偿拨给使用,均不再缴纳租金。"自此,中国确立了城市土地行政划拨政策,具有无偿、无期限、无流动的特征。实施土地划拨后,用地者取得划拨土地使用权,实现了土地所有权与使用权的分离,但这种所有权在经济上未得到任何体现,土地不是商品,也不存在土地市场。因此,国有土地资源的行政划拨制度,其实质就是土地资源的计划配置制度。在这种制度设计下,土地仅仅是生产和生活的载体,而不具有商品和资产属性。

2. 矿产资源

改革开放前,国家对矿产资源勘查、开采实行严格的计划管理制度,矿产资源勘查、开采由国家投资,国有地勘单位按照国家计划从事矿产资源勘查工作,找矿成果上交国家,国家将矿产资源查明储量以无偿划拨方式,交由国有矿山企业开采,实行国有国营。

改革开放初期,随着矿产资源勘查、开采工作迅速发展,矿业管理中产权不明晰、权能不完善等问题逐渐暴露出来,为此,1986年国家颁布实施《矿产资源法》,提出探矿权、采矿权的概念,建立了探矿权、采矿权审批登记管理制度,明确规定:"勘查矿产资源,必须依法登记。开采矿产资源,必须依法申请取得采矿权。"1987年颁布实施的配套法规《矿产资源勘查登记管理暂行办法》和《全民所有制矿山企业采矿登记管理暂行办法》,对探矿权、采矿权申请主体、

[①] 冷宏志、朱道林:《土地资产管理的理论和实务》,中国财政经济出版社,2008年。

申请审批程序等作出了具体规定。国家对探矿权、采矿权配置实行以申请批准方式无偿授予,即使申请登记的勘查、开采范围是国家出资形成的矿产地,也不用向探矿权人、采矿权人收取价款或出让收益。

3. 海域海岛资源

新中国成立后相当长的一段时间内,受当时国际环境的影响,中国的经济发展聚焦于大陆,部署在海域海岛上的建设项目比较少,海洋发展意识薄弱,海洋法律制度建设的主要任务是维护国家主权和海防安全、保障港口和近岸水域秩序。因此,这一时期,对海域海岛的开发利用具有国家主导特点,无论是海防、交通、近海养殖等,都受到国家经济计划和军事国防需求的约束。

4. 国有森林资源

1954年《宪法》第九条明确提到"矿藏、水流、由法律规定的国有森林、荒地和其他资源,都属于全民所有"。国家在东北、西北、西南建立了一批全民所有制的大林场和森工企业,在中原和南方组建了一大批国有林场,国家拥有森林、林木和林地所有权,与计划经济体制相适应,逐步形成了以木材生产为主的国有森林资源管理体制,林场和森工企业按照木材生产计划进行采伐和利用。

5. 国有草原资源

1953年政务院批准《中央人民政府民族事务委员会第三次会议关于内蒙古自治区及绥远、青海、新疆等地若干牧业区畜牧业生产的基本总结》,明确规定自治区实行草原公有制和自由放牧。1954年《宪法》第九条并没有单独规定草地是一种资源,只是涵盖在其他资源之中,草原没有明确的权利体系,也缺乏全国性的草原管理政策。1975年,农林部批转内蒙古《草原管理条例》,规定自治区全民所有的草原可以固定给国有企业、事业单位和人民公社的生产队使用。1975年与1978年的两部《宪法》仍然没有具体规定草地的所有权。直到1982年的《宪法》,草原首次被单独列为一种自然资源,并明确了草地所有权。

(二)有偿使用阶段

随着改革开放的推进,中国逐步由社会主义计划经济体制向市场经济体制转变,自然资源资产价值显化的要求越来越迫切。以国有土地和矿产资源为重点,各地纷纷开展了自然资源资产化的探索,并通过试点探索积累实践经验,通过实践经验推动法律体系完善，自然资源资产的配置逐步走向有偿使用，特别是 1992 年党的十四大明确中国经济体制改革的目标是建立社会主义市场经济体制。从国有建设用地开始，矿产资源、海域海岛资源等各类自然资源资产开始探索实行有偿使用。2007 年《物权法》第一百一十九条明确规定"国家实行自然资源有偿使用制度，但法律另有规定的除外"，在法律层面确立了自然资源有偿使用制度。但在这一时期，国有森林资源和草原资源等自然资源相应的单行法并没有对各项权能包括使用、收益以及转让等作出专门规定，因此国有森林资源和草原资源有偿使用进展不明显。

1. 国有建设用地

与改革开放进程相对应，国有建设用地有偿使用开始提上议事日程，从 1982 年开始，在北京、上海、辽宁抚顺、四川成都等城市，相继开展了土地商品属性的探索，开始对工业、商业等用地收取土地使用费。1987 年 11 月，国务院批准在深圳、上海、天津等城市进行土地使用制度改革试点。1987 年深圳市率先以协议、招标和拍卖的形式分别出让国有土地使用权，突破了国有土地使用权不允许转让的法律规定，直接推动了中国土地使用制度的改革发展。

1988 年，中国先后修改《宪法》和《土地管理法》，明确"土地使用权可以依照法律的规定转让"。自此，国有建设用地使用权与所有权相分离，可以作为商品在土地市场中交易，原来无偿、无限期、无流动的土地使用制度被有偿、有限期、有流动的新型土地使用制度所替代。1990 年国务院颁布《城镇国有土地使用权出让和转让暂行条例》（国务院令第 55 号），以行政法规的形式确立了城镇国有建设用地使用权出让、转让制度。之后，1995 年制订《城市房地产管理法》，1998 年修订了《土地管理法》，特别是 1998 年制订的《土地管理法实施条例》首次明确了土地有偿使用可以采取出让、租赁、作价出资（入股）方式，为国有土地有偿使用制度的确立奠定了法律基础。1999 年修订的《公司法》第二十四条规定："股东可以用货币出资，也可以用实物、工业产权、非专利技术、土地使用权作价出资。"之后，国有建设用地使用权作价出资（入股）方式在国有企业改革中得到广泛使用。

《国务院关于加强土地资产管理的通知》（国发〔2001〕15 号）第一次明确提出国有土地使用权招标拍卖的范围和界限，第一次为经营性用地协议出让亮起了"红灯"。为推进国有建设用地使用权公开交易，国土资源部先后颁布了一系列部门规章，包括2001年《划拨用地目录》（国土资源部令第9号），2002年《招标拍卖挂牌出让国有土地使用权规定》（国土资源部令第11号）和2003年《协议出让国有土地使用权规定》（国土资源部令第21号）。2002年起，国土资源部会同监察部，在全国范围内连续开展经营性土地使用权招标拍卖挂牌出让情况执法监察，为推进国有建设用地有偿使用和市场配置创造了良好氛围。《国土资源部 监察部关于继续开展经营性土地使用权招标拍卖挂牌出让情况执法监察工作的通知》（国土资发〔2004〕71号），进一步明确了经营性用地协议出让历史遗留问题的界定和处理时限，从2004年8月31日开始，经营性土地使用权已基本实现招标拍卖挂牌出让。

《国务院关于深化改革严格土地管理的决定》（国发〔2004〕28号）明确提出："推进土地资源的市场化配置。严格控制划拨用地范围，经营性基础设施用地要逐步实行有偿使用……除现行规定必须实行招标、拍卖、挂牌出让的用地外，工业用地也要创造条件逐步实行招标、拍卖、挂牌出让。"《国务院关于加强土地调控有关问题的通知》（国发〔2006〕31号）明确提出，工业用地必须采用招标拍卖挂牌方式出让。2007年《物权法》第一百三十七条规定："工业、商业、旅游、娱乐和商品住宅等经营性用地以及同一土地上有两个以上意向用地者的，应当采取招标、拍卖等公开竞价方式。"《国务院关于促进节约集约用地的通知》（国发〔2008〕3号）提出，要充分发挥市场配置土地资源基础性作用，健全节约集约用地长效机制。明确将节约集约用地的要求落实在政府决策中，落实到各项建设中。2004—2011年，全国土地出让面积占建设用地供应总面积的比例为65%[①]，国有建设用地有偿使用的范围不断拓展，已经逐渐成为城镇国有建设用地配置的主要方式之一。

2. 矿产资源

随着中国改革开放不断向纵深推进，矿产资源勘查、开采投资主体逐步多元化发展，除了国有地勘单位和国有矿山企业外，还出现了私营、个体、外商等多种主体，传统计划经济体制下建立的矿业权无偿取得制度，已越来越不适

---

① 资源来源：土地市场动态监测与监管系统。

应社会主义市场经济体制。国家出资开展勘查探明的矿产被非国有单位无偿占有，严重侵害了国家所有者权益，造成国有资产流失。为此，1996 年修订的《矿产资源法》，建立了探矿权、采矿权有偿取得制度，但在配置上仍以申请批准方式出让为主。1998 年颁布实施的配套法规《矿产资源勘查区块登记管理办法》和《矿产资源开采登记管理办法》，扩展了矿业权出让方式，增加了招标出让方式，对出让国家出资勘查并已探明矿产地的探矿权、采矿权，分别收取探矿权和采矿权价款。

《矿业权出让转让管理暂行规定》（国土资发〔2000〕309 号），进一步扩展了矿业权出让方式，增加了拍卖出让方式。《探矿权采矿权招标拍卖挂牌管理办法（试行）》（国土资发〔2003〕197 号），在已有出让方式基础上，增加了挂牌出让方式，并明确了招标、拍卖、挂牌出让方式的适用范围，建立并完善了矿业权分类出让制度。《关于全面整顿和规范矿产资源开发秩序的通知》（国发〔2005〕28 号），要求全面实行探矿权、采矿权有偿取得制度，采取市场竞争方式出让探矿权、采矿权。按照国务院工作部署，国土资源部印发《关于进一步规范矿业权出让管理的通知》（国土资发〔2006〕12 号），要求根据矿产资源自然赋存特点和以往地质工作程度，将矿产资源勘查分为高风险、低风险、无风险三类，实行不同的出让方式：对高风险类勘查以申请批准方式出让探矿权；对低风险类勘查以招标、拍卖、挂牌等市场竞争方式出让探矿权；对无风险类勘查，不再设探矿权，以招标拍卖挂牌等市场竞争方式直接出让采矿权。同时，增设了矿业权协议出让方式，对符合规定情形的，经批准可以不实行招标拍卖挂牌，以协议方式定向出让给投资主体。

3. 海域海岛资源

在海域使用方面，1986 年《渔业法》和 1987 年《渔业法实施细则》，明确全民所有制单位使用的水面、滩涂，可以由集体或个人承包，从事养殖生产；对于使用海域海岛用于开发建设的，也在探索中逐步展开。2001 年《海域使用管理法》，对海洋功能区划、海域使用的申请与审批、海域使用权、海域使用金等问题作出了规定。在海岛使用方面，2003 年，国家海洋局会同民政部和原军委总参谋部下发《无居民海岛保护与利用管理规定》，对规范无居民海岛开发利用起到了有效的促进作用。2010 年《海岛保护法》第三十一条规定："经批准开发利用无居民海岛的，应当依法缴纳使用金。但是，因国防、公务、教学、防灾减灾、非经营性公用基础设施建设和基础测绘、气象观测等公益事业使用无居民海岛的除外。"中国无居民海岛有偿使用制度首次以法律的形式确立。为贯彻落实无居民海岛的有偿使用，增强法律的操作性，国家海洋局依据《海岛保护法》制定了一系列较为具体的规范性文件，例如《无居民海岛开发利用审批办法》《无居民海岛使用金征收使用管理办法》等。

（三）生态文明建设阶段

党的十八大明确提出，建设生态文明是关系人民福祉、关乎民族未来的长远大计。2013年，党的十八届三中全会审议通过《中共中央关于全面深化改革若干重大问题的决定》，明确提出必须积极稳妥从广度和深度上推进市场化改革，大幅度减少政府对资源的直接配置，推动资源配置依据市场规则、市场价格、市场竞争实现效益最大化和效率最优化。2015年，中共中央、国务院批复的《生态文明体制改革总体方案》，进一步提出要"构建反映市场供求和资源稀缺程度、体现自然价值和代际补偿的资源有偿使用和生态补偿制度，着力解决自然资源及其产品价格偏低、生产开发成本低于社会成本、保护生态得不到合理回报等问题"。2016年，国务院下发《关于全民所有自然资源资产有偿使用制度改革的指导意见》（国发〔2016〕82号），对各类自然资源资产市场配置提出了明确的方向。2020年《民法典》延续了《物权法》规定的国家实行自然资源有偿使用制度，并强化了对权利人的产权保护。分资源类型看：

1. 国有建设用地

全面落实国土空间规划，优化土地利用布局，规范经营性土地有偿使用。一是坚持保护优先，对生态功能重要的国有土地中依照法律规定和规划允许进行经营性开发利用的，应设立更加严格的审批条件和程序，并全面实行有偿使用，切实防止无偿或过度占用。二是坚持市场配置。扩大国有建设用地有偿使用范围，加快修订《划拨用地目录》，完善国有建设用地使用权权能和有偿使用方式。鼓励可以使用划拨用地的公共服务项目有偿使用国有建设用地。三是推进存量盘活。事业单位等改制为企业的，可以参照国有企业改制土地资产处置政策，推进存量土地资产的处置和盘活利用。此外，还要求探索建立国有农用地有偿使用制度，明晰国有农用地使用权，明确国有农用地的使用方式、供应方式、范围、期限、条件和程序。

2. 矿产资源

按照中央关于生态文明建设的总体部署，《国务院关于印发矿产资源权益金制度改革方案的通知》（国发〔2017〕29号），决定建立符合中国特点的新型矿产资源权益金制度，明确提出：一是将现行探矿权、采矿权价款调整为适用于所有国家出让矿业权，体现国家所有者权益的矿业权出让收益，中央与地方分享比例确定为4∶6。二是将探矿权、采矿权使用费整合为根据矿产品价格变动情况和经济发展需要实行动态调整的矿业权占用费，中央与地方分享比例确定为2∶8。三是在矿产开采环节，做好资源税改革组织实施工作。四是将现行矿山环境治理恢复保证金调整为管理规范、责权统一、使用便利的矿山环境治理恢复基金。随后，财政部、国土资源部制定了《矿业权出让收益征收管理暂行办法》。《自然资源部关于推进矿产资源管理改革若干事项的意见（试行）》进一步完善矿业权竞争出让和分级管理制度，改革完善矿产资源有偿使用制度，明确矿产资源国家所有者权益的具体实现形式。一是进一步扩大矿业权竞争性出让范围，除必须协议出让的特殊情形外，对所有矿业权一律以招标、拍卖、挂牌方式出让。严格协议出让的具体情形和范围，进一步规范协议出让。二是完善矿业权分级出让制度，合理划分各级自然资源部门的矿业权出让登记权限。三是完善矿业权有偿出让制度，在矿业权出让环节，取消探矿权价款、采矿权价款，征收矿业权出让收益。

3. 海域海岛资源

一是坚持生态优先，严格落实海洋国土空间的生态保护红线，提高用海生态门槛。严格实行围填海总量控制制度，确保大陆自然岸线保有率不低于35%。二是完善海域有偿使用分级、分类管理制度，适应经济社会发展多元化需求，坚持多种有偿方式并举，逐步提高经营性用海市场化出让比例，明确市场化出让范围、方式和程序，完善海域使用权出让价格评估制度和技术标准，将生态环境损害成本纳入价格形成机制。

4. 国有森林资源

一是严格执行森林资源保护政策，充分发挥森林资源在生态建设中的主体作用。国有天然林和公益林、国家公园、自然保护区、风景名胜区、森林公园、国家湿地公园、国家沙漠公园的国有林地和林木资源资产不得出让。二是对确需经营利用的森林资源资产，确定有偿使用的范围、期限、条件、程序和方式。对国有森林经营单位的国有林地使用权，原则上按照划拨用地方式管理。

5. 国有草原资源

依法依规严格保护草原生态，健全基本草原保护制度，任何单位和个人不得擅自征用或改变其用途，严控建设占用和非牧使用。对已确定给农村集体经济组织使用的国有草原，继续依照现有土地承包经营方式落实国有草原承包经营权。

二、比较分析

随着社会主义市场经济体制的不断完善，全民所有自然资源资产配置政策不断发展演进，形成了各具特点的管理制度，具有一些共同的特征，也表现出一定的差异性。

（一）共同特征

1. 坚持社会主义公有制前提下从所有权中分离出用益物权

《民法典》物权编第二分编第五章对各类自然资源的所有权进行了明确。在坚持社会主义公有制的前提下，建立满足社会主义基本经济制度的自然资源资产配置制度，发挥市场配置资源的决定性作用。在改革开放进程中，在坚持全民所有自然资源国有的前提下，坚持实行自然资源资产的所有权与用益物权相分离，形成了国有建设用地使用权、地役权等用益物权；从矿产资源所有权派生出探矿权、采矿权等用益物权；从海域海岛所有权中分离出使用权；从国有森林资源所有权中分离出国有林地和林地上的森林、林木的使用权；从国有草原资源所有权中分离出草原使用权。这些用益物权，通过登记予以确认，为相关权利人提供了法律保护。

2. 坚持不断发挥市场配置资源的作用

按照社会主义市场经济体制的要求，不断发挥市场在资源配置中的决定性作用，国有建设用地、矿产资源、海域海岛资源等全民所有自然资源资产有偿使用范围逐步拓展。土地有偿使用制度改革以来，国有土地资源的配置实现由无偿划拨逐步转向划拨和出让并重，由协议出让为主逐步转向以招拍挂出让为主，竞争性政策的基础性作用不断发挥（图6-4）。

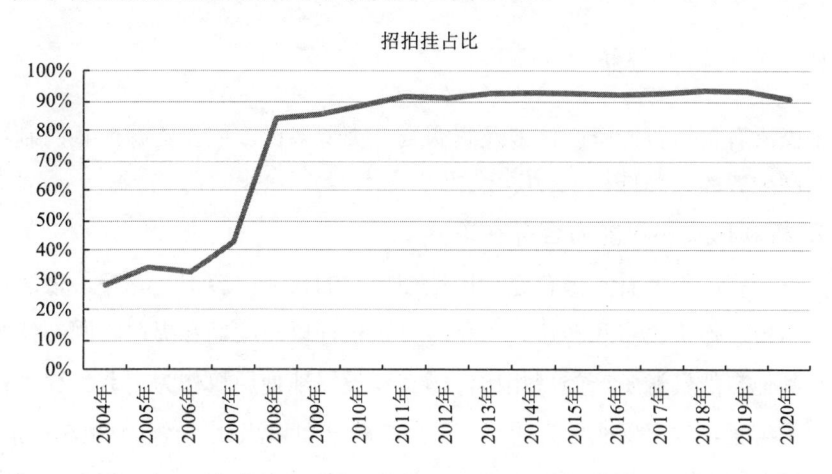

图6-4 2004～2020年中国"招拍挂"出让面积占国有建设用地出让面积比例情况

矿业权配置制度在实践中不断完善，逐步由不分类出让向分类出让转变，从无偿取得向有偿使用转变，从竞争性出让的选择性向强制性规定转变，从以勘查风险分类允许非市场竞争出让向全面竞争出让转变，全面推进竞争性出让，严格限制协议出让，矿产资源全面有偿出让制度基本确立，招标、拍卖、挂牌等竞争出让方式日趋完善。

近年来，制定海域、无居民海岛招标拍卖挂牌出让管理办法，明确出让范围、方式、程序、投标人资格条件审查等，鼓励沿海各地区依法审批，结合实际推进旅游、娱乐、工业等经营性项目用岛采取招标拍卖挂牌等市场化方式出让，不断完善用海的市场化出让配套措施。

3. 坚持落实资源管理的基本国策

节约资源和保护环境是中国的基本国策，全民所有自然资源资产配置政策是落实资源管理基本国策的重要工具。在节约集约利用资源方面，各类自然资源资产配置政策体系，有利于发挥经济手段和价格机制，提高自然资源占用、损耗成本，实现自然资源的全面节约和高效利用。在生态环境保护方面，保护生态环境就是保护自然价值和增值自然资本①。通过保护生态环境，能够保障自然资源资产的保值增值，而自然资源的保值增值又会通过市场机制，充分反映市场供求和资源稀缺程度、体现自然价值和代际补偿，进一步强化生态环境制度的约束和促进作用，进一步推进生态环境保护。

（二）差异性分析

全民所有自然资源资产，涉及资源资产类型多样，但受资源禀赋的制约，资源资产配置的差异性也十分突出。

1. 权利形式和权能内容存在差异

分资源资产类型看，国有建设用地使用权的权能内容丰富完整，依法可以出让、租赁、作价出资和转让、出租、设定抵押以及续期和提前收回补偿等权能。与其他自然资源资产类型相比，国有建设用地使用权作为用益物权，权利类型更为丰富，对应权能更为明确。矿业权依法可以出让、转让、出租、抵押，明确了矿业权的用益物权和担保物权，制度体系是完善的。但在实际操作中，由于矿业权出租极易带来开发秩序混乱、管理责任不清和安全生产隐患，在管理实践中已经事实上被禁止。海域、无居民海岛使用权的权能仍在探索完善。2017年，中共中央办公厅、国务院办公厅印发的《关于海域、无居民海岛有偿使用的意见》提出，探索赋予海域、无居民海岛使用权依法转让、抵押、出租、作价出资（入股）等权能，各地正在按照有关要求积极探索。

2. 配置方式上存在差异

国有建设用地使用权和矿业权确立了有偿使用制度，完善了市场竞争机制。目前，依法需要以有偿方式配置的国有建设用地使用权已基本实现有偿使用，其中工业、商业、旅游、娱乐和商品住宅等经营性用地以及同一土地上有两个以上意向用地者的，应当采取招标、拍卖等公开竞价的方式，市场竞价机制已初步建立。《关于严格控制和规范矿业权协议出让管理有关问题的通知》（国土资规〔2015〕3号），进一步缩小了协议出让范围，推进了"招拍挂"出让进程，并结合实践探索印发了《矿产资源交易规则》，规范了交易流程和程序。海域、

---

① 习近平：《论坚持人与自然和谐共生》，中央文献出版社，2022年。

海岛实行有偿使用制度，主要采取行政审批和有偿使用两种取得方式。国有森林、草原资源的使用权未明确以有偿方式取得。

3. 市场发育程度不一

国有建设用地市场、矿业权市场发育较为成熟，其他资源的市场发育程度不高。有偿使用制度实施以来，形成了由出让、租赁、作价出资（入股）等方式构成的土地一级市场，由转让、出租、抵押等方式构成的土地二级市场，市场发育较为成熟，市场化程度相对较高。仅从一级市场看，2004~2020年，全国国有建设用地供应中，以出让方式供应的比例超过50%，在出让的国有建设用地中，通过招标、拍卖、挂牌等市场竞争方式供应的比例超过80%。随着社会主义市场经济体制的不断完善，矿业经济利益逐渐主体多元化，相继建立的矿产资源有偿使用制度和矿业权有偿取得、依法流转制度，发挥了市场配置矿产资源的作用。用海用岛市场尚在探索阶段。国有林地、草地资源由于主体缺位、产权不清，其市场交易仅限于承包经营权再次交易和林草产品交易，国有森林、草原资源市场尚未形成。

4. 政策体系完备度不一

国有建设用地使用权配置形成了由法律、行政法规、部门规章和规范性文件组成的完善的法律政策体系，从原则、条件、程序、权能、监管等环节作了详尽的规定，既有实体性规定，也有程序性规定，既有政策要求，也有标准、规程和技术规范，具有较强的操作性。矿产资源配置形成了由法律、行政法规和规范性文件组成的较为完善的政策体系，对矿业权出让和转让的方式、范围、条件、程序、权能等作了明确规定，有偿使用的政策内容丰富。海域海岛、国有森林资源、草原资源有偿使用法律政策体系还不够系统，现行的法律、法规和规范性文件中，对海域海岛、国有森林资源、草原资源实行有偿使用和市场配置的法律条款不多，操作层面的政策、标准、程序规范也有待完善。

综上，与其他全民所有自然资源资产相比，国有土地资产配置政策体系最为丰富和完善，本章以国有建设用地使用权的配置为重点，介绍相关的政策体系和操作实务。

第三节 全民所有自然资源资产配置实践——以国有土地资产配置为例

一、概念内涵

(一) 国有土地资产概念内涵

国有土地资产，是指国有土地产权人（所有者、使用者、他项权利人）通过行使土地权利而能够实现相应土地收益的土地实物和土地权利。国有土地特别是国有建设用地具有资源、资产、资本三位一体的属性。随着土地有偿使用制度改革的推进，土地市场发展迅速，土地的资产、资本属性不断显化，充分实现了资产价值，促进了国有建设用地集约、高效、合理配置，实现了经济、社会、生态的综合效益。

国有土地资产具有以下特点：首先，土地资产的所有权主体具有唯一性。中国实行的是社会主义公有制，国家是国有土地的唯一所有者，由国务院代表国家行使国有土地所有权，由国务院自然资源主管部门履行所有者职责。其次，国有土地资产的收益主要在市、县。《国务院关于实行分税制财政管理体制的决定》（国发〔1993〕85号）明确，国有土地有偿使用收入是地方财政的经常性收入。《土地管理法》第五十五条明确，新增建设用地的土地有偿使用费30%上交中央财政，70%留地方。再次，土地资产价值量大，在全民所有自然资源资产中占据主导地位。2001—2020年，国有建设用地使用权出让收入高达45.46万亿元[①]，远远超过其他全民所有自然资源资产。

(二) 国有土地使用权配置概念内涵

国有土地使用权配置，是指国家以国有土地所有者的身份，从所有权中分离出使用权，对使用权进行设立、调整、续期、收回等行为，从而实现土地科

---

① 资源来源：土地市场动态监测与监管系统。

学合理配置和保值增值。使用权从所有权中分离，是国有土地由资源变为资产的重要前提和基础。

按照现行法律规定，国有土地主要包括国有建设用地、国有农用地和国有未利用地。从资源向资产转化情况看，国有农用地和国有未利用地还存在所有权行使主体不明、使用权设立于法无据、权利体系不健全等问题，土地资产化进程受限。因此，中国国有土地资产主要为国有建设用地，国有土地资产配置也主要以国有建设用地使用权的配置为主。

二、国有建设用地使用权的配置方式和权能

（一）配置方式

《民法典》第三百四十七条规定，设立建设用地使用权，可以采用出让或划拨等方式。《土地管理法》规定国家依法实行国有土地有偿使用制度。《城市房地产管理法》规定了土地使用权出让和划拨的实施主体。《城乡规划法》明确了国有建设用地使用权的土地用途和规划条件等。《土地管理法实施条例》进一步明确了国有建设用地有偿使用的方式，具体包括出让、租赁、作价出资或者入股。《城镇国有土地使用权出让和转让暂行条例》明确了土地使用权出让最高年限等。一系列法律法规，奠定了国有土地使用权划拨、国有土地使用权出让、国有土地租赁和国有土地使用权作价出资（入股）等四种方式配置的制度基础。

1. 划拨

国有土地使用权划拨，是指县级以上人民政府依法批准，在土地使用者缴纳补偿、安置等费用后将该幅土地交付其使用，或者将土地使用权无偿交付给土地使用者使用的行为。因历史原因，单位和个人以各种方式依照法律和有关政策取得国有建设用地使用权，未缴纳土地有偿使用价款的，视为国有划拨土地使用权。

《土地管理法》第五十四条规定："建设单位使用国有土地，应当以出让等有偿使用方式取得；但是，下列建设用地，经县级以上人民政府依法批准，可以以划拨方式取得：（一）国家机关用地和军事用地；（二）城市基础设施用地

和公益事业用地；（三）国家重点扶持的能源、交通、水利等基础设施用地；（四）法律、行政法规规定的其他用地。"划拨土地使用权没有期限的限制。

2. 出让

国有土地使用权出让，是指国家将国有土地使用权在一定年限内出让给土地使用者，由土地使用者向国家支付土地使用权出让金的行为，具体可以采用招标、拍卖、挂牌或双方协议的方式。

招标、拍卖、挂牌方式和协议出让方式都是土地出让的法定方式，各有不同的适用范围：根据相关法律法规规定，在政府供地中，工业、商业、旅游、娱乐和商品住宅等各类经营性用地，必须以招标、拍卖或者挂牌方式出让；工业、商业、旅游、娱乐和商品住宅等经营性用地以外的其他用途的土地的供地计划公布后，同一宗地有两个以上意向用地者的，也应当采用招标、拍卖或者挂牌方式出让。

为了强化市场竞争，相关法规和政策规定明确供应工业、商业、旅游、娱乐和商品住宅等各类经营性用地以外用途的土地，供地计划公布后同一宗地只有一个意向用地者的，可以采取协议方式。同时对其他可协议出让的范围进行了明确：一是原划拨、承租国有建设用地使用权人申请办理协议出让，经依法批准，可以采取协议方式；二是原划拨国有建设用地使用权申请改变用途，且改变后土地用途不符合划拨用地目录，经依法批准，可以采用协议出让方式；三是划拨国有建设用地使用权转让申请办理协议出让，经依法批准，可以采取协议方式，但《国有建设用地划拨决定书》、法律、法规、行政规定等明确应当收回土地使用权重新公开出让的除外；四是出让土地使用权人申请续期，经审查准予续期的，可以采用协议方式；五是法律、法规、行政规定明确可以协议出让的其他情形。在具体操作过程中，法律法规以及国有建设用地划拨批准文件和国有建设用地使用权有偿使用合同另有规定、约定的，从其约定。

3. 租赁

国有土地租赁是指国家将国有土地租赁给土地使用者使用，由土地使用者与市、县人民政府自然资源主管部门签订一定年期的租赁合同，并按约定支付年租金的行为。

国有土地租赁的最高年限不得超过法律规定同类土地用途土地出让的最高

年期。对于工业用地等,鼓励采用租赁或先租后让方式供应。

4. 作价出资或者入股

国有土地使用权作价出资(入股)是指国家将一定年限的国有土地使用权作价,出资(入股)投入到企业,其使用权由企业持有的行为。相应的土地使用权转化为价值形态的资本金或股本金,国家将以出资人或股东的身份参与企业经营管理,并根据股权比例和经营情况分享经营收益。对这种特殊的土地配置方式应当严格限定其适用范围。一般而言,对于涉及国民经济命脉的领域、重要基础性和公益性产业领域,国有经济应当占支配地位或垄断地位,这些行业所使用的土地经批准,方可采用国有土地使用权作价出资(入股)方式配置。竞争性、开放性的行业,其用地不适宜采用作价出资(入股)方式配置。《国务院办公厅关于印发中央企业公司制改制工作实施方案的通知》(国办发〔2017〕69号)规定:"经省级以上人民政府批准实行授权经营或具有国家授权投资机构资格的企业,其原有划拨土地可采取国家作价出资(入股)或授权经营方式处置。"因此,国有企业土地资产处置方式上,还存在授权经营的方式,但目前只有《节约集约利用土地规定》(国土资源部令第61号)第二十一条第二款规定:"国家根据需要,可以一定年期的国有土地使用权作价后授权给经国务院批准设立的国家控股公司、作为国家授权投资机构的国有独资公司和集团公司经营管理。"该供地方式尚未上升到国家法规层面。

国有农用地和未利用地配置未形成完善的政策体系和操作规范,实践中大都按照《民法典》和《土地管理法》的相关规定,采用承包经营的方式进行配置。《民法典》第三百四十三条规定:"国家所有的农用地实行承包经营的,参照适用本编的有关规定。"《土地管理法》第十三条规定:"国家所有依法由农民集体使用的耕地、林地、草地,以及其他依法用于农业的土地,采取农村集体经济组织内部的家庭承包方式承包,不宜采取家庭承包方式的荒山、荒沟、荒丘、荒滩等,可以采取招标、拍卖、公开协商等方式承包,从事种植业、林业、畜牧业、渔业生产。""国家所有依法用于农业的土地可以由单位或者个人承包经营,从事种植业、林业、畜牧业、渔业生产。""发包方和承包方应当依法订立承包合同,约定双方的权利和义务。承包经营土地的单位和个人,有保护和按照承包合同约定的用途合理利用土地的义务。"对于未利用地,也仅仅规定了申请审批的有关要求。《土地管理法实施条例》第九条第二款规定:"按照国土空间规划,开发未确定土地使用权的国有荒山、荒地、荒滩从事种植业、林业、畜牧业、渔业生产的,应当向土地所在地的县级以上地方人民政府自然资源主管部门提出申请,按照省、自治区、直辖市规定的权限,由县级以上地方人民政府批准。"

(二)权利体系

《民法典》第三百四十四条规定:"建设用地使用权人依法对国家所有的土地享有占有、使用和收益的权利,有权利用该土地建造建筑物、构筑物及其附属设施。"明确了土地使用权人的基本权利,但也应当按照相关法律法规的规定,履行相应的责任和义务。

1. 合理开发利用土地

国有建设用地使用权人应当按照国有建设用地使用权有偿使用合同或国有建设用地划拨批准文件中约定的土地面积、土地用途、规划条件等使用土地,不得擅自变更。因此,国有建设用地使用权人开发利用土地,是一种受限的权利。

一是遵从规划和用途管制要求。《民法典》和《城乡规划法》规定,建设用地的土地用途和规划条件根据控制性详细规划、专项规划和建设项目的具体情况确定。《城镇国有土地使用权出让和转让暂行条例》第十七条明确:"土地使用者应当按照土地使用权出让合同的规定和城市规划的要求,开发、利用、经营土地。"

二是符合节约集约用地要求。《民法典》第三百二十六条规定:"用益物权人行使权利,应当遵守法律有关保护和合理开发利用资源、保护生态环境的规定。所有权人不得干涉用益物权人行使权利。"土地使用权人应当按照政府提出的投资强度、亩均产值、生态环境保护等要求开发利用土地。

2. 可依法申请土地用途变更

土地使用权人确需改变土地用途的,应当经城市自然资源主管部门同意,报批准用地的人民政府批准。土地使用权人申请改变土地用途,经依法批准后,重新核发国有建设用地划拨批准文件、签订国有建设用地使用权有偿使用合同或合同补充协议，补缴相应价款或租金，办理变更登记。国有建设用地划拨决定书或有偿使用合同另有约定的，从其约定。

3. 可依法申请规划条件变更

改变土地规划条件，必须履行必要的审批程序。经批准变更土地规划条件的，应依法办理相应用地手续，办理变更登记。

4. 可依法转让、出租、抵押

《民法典》第三百五十三条规定："建设用地使用权人有权将建设用地使用权转让、互换、出资、赠予或者抵押，但是法律另有规定的除外。"针对不同取得方式，权利的限制程度存在差异。

对于划拨国有建设用地使用权，一是转让的，需经依法批准，土地用途符合《划拨用地目录》的，可不补缴土地出让价款，按转移登记办理；不符合《划拨用地目录》的，在符合规划的前提下，由受让方依法依规补缴土地出让价款。二是出租的，应按照有关规定上缴租金中所含土地收益，纳入土地出让收入管理。三是依法依规设定抵押的，抵押权实现时应优先缴纳土地出让收入。

对于出让国有建设用地使用权，《城市房地产管理法》第三十九条规定："以出让方式取得土地使用权的，转让房地产时，按照出让合同约定已经支付全部土地使用权出让金，并取得土地使用权证书；按照出让合同约定进行投资开发，属于房屋建设工程的，完成开发投资总额的25%以上，属于成片开发土地的，形成工业用地或者其他建设用地条件。转让房地产时房屋已经建成的，还应当持有房屋所有权证书。"

5. 续期

《民法典》《土地管理法》《城市房地产管理法》《城镇国有土地使用权出让和转让暂行条例》《土地管理法实施条例》等法律法规，对建设用地使用权到期续期进行了相关规定。《民法典》第三百五十九条规定："住宅建设用地使用权期间届满的，自动续期。续期费用的缴纳或者减免，依照法律、行政法规的规定办理。非住宅建设用地使用权期间届满后的续期，依照法律规定办理。该土地上的房屋及其他不动产的归属，有约定的，按照约定；没有约定或者约定不明确的，依照法律、行政法规的规定办理。"

6. 土地使用权的收回和补偿

《民法典》《土地管理法》《城市房地产管理法》《城镇国有土地使用权出让和转让暂行条例》《国有土地上房屋征收与补偿条例》等法律、行政法规对土地使用权的收回和补偿做出了原则规定。比如，《民法典》第三百五十八条规定："建设用地使用权期限届满前，因公共利益需要提前收回该土地的，应当依据本法第二百四十三条的规定对该土地上的房屋以及其他不动产给予补偿，并退还相应的出让金。"第二百四十三条规定："征收组织、个人的房屋以及其他不动产，应当依法给予征收补偿，维护被征收人的合法权益。"

三、国有土地资产配置实务

国有土地使用权配置，可以分为供前准备、供地实施和供后监管三个阶段。配置工作涉及面广、利益关系协调难度大，既涉及政府部门内部的决策程序，又涉及政府与投资者的互动过程。因此，不仅要在制度层面完善市场规则、市场竞争、市场价格的规制，更需要在操作层面推进流程、程序的规范化、标准化建设，维护市场公平、激发市场活力，推进土地要素市场的高质量发展。

（一）供前准备

1. 实施土地储备以备供应

《民法典》第三百四十六条规定："设立建设用地使用权，应当符合节约资源、保护生态环境的要求，遵守法律、行政法规关于土地用途的规定，不得损害已经设立的用益物权。"《国务院关于促进节约集约用地的通知》（国发〔2008〕3号）明确提出："储备土地出让前，应当处理好土地的产权、安置补偿等法律经济关系，完成必要的前期开发，缩短开发周期，防止形成新的闲置土地。"《土地储备管理办法》明确，存在污染、文物遗存、矿产压覆、洪涝隐患、地质灾害风险等情况的土地，在按照有关规定由相关单位完成核查、评估和治理前，不得入库储备。《闲置土地处置办法》（国土资源部令第53号）第二十一条规定："市、县国土资源主管部门供应土地应当符合下列要求，防止因政府、政府有关部门的行为造成土地闲置：土地权利清晰，安置补偿落实到位，没有法律经济纠纷，地块位置、使用性质、容积率等规划条件明确，具备动工开发所必需的其他基本条件。"县级（含）以上人民政府应当对依法取得的国有建设用地实施储备管护并组织前期开发，形成产权清晰、即时可供、供即能用的国有建设用地，为供应"净地"或"熟地"提供保障。

"净地"与"毛地"相对应，"净地"是指土地权利清晰、安置补偿落实到位、没有法律经济纠纷的国有建设用地；与之相反的则为"毛地"。"净地"供应是国有建设用地配置的基本条件，按照《民法典》的规定，民事主体的财产权利受法律保护，任何组织和个人不得侵犯，所有权人供应的土地，应符合物权法定的规定，产权状况及权利清晰。实施"净地"供应后，有利于加快形成有效供给，切实保护土地所有权人和使用权人的合法权益。土地权属清晰，表明土地所有权和使用权均已转为国有，无他项权利；安置补偿落实到位，表示土地权属的原所有者与政府或政府授权部门已自愿签订补偿协议；土地用途和规划条件明确，是《城乡规划法》规定的国有建设用地配置的前提条件。对于土地供后尚未清除的地块附着物，若已补偿到位（不涉及第三方权属），则不影响"净地"认定，应在合同或交地确认书中予以明确，并按合同或交地确认书的约定由责任方进行清除。

"熟地"与"生地"相对应，"熟地"供应是指供应的土地已完成土地前期开发等基础设施建设，可以直接用于建设的土地。"生地"虽然可以进行建设，但不具备成熟的开发建设条件。从法律意义上看，"熟地"与"生地"都是"净地"，但相比之下"熟地"更具备直接进行开发建设的条件。

鉴于供应涉及的法律关系复杂，特别是"毛地"供应还涉及与集体土地征收补偿，以及《国有土地上房屋征收与补偿条例》规定的房屋征收补偿程序等的衔接问题，供应后房屋征收补偿和开发活动往往容易出现纠纷。为此，为加快建设用地的有效供给，各级自然资源主管部门在具体组织供地过程中，要严格实行"净地"供应，鼓励"熟地"供应，对个别市县人民政府无能力对土地进行前期开发的，也可以"生地"供应，但必须禁止"毛地"供应。

2. 编制国有建设用地供应计划

为便于投资者充分了解市场供应状况，进行理性决策，市、县人民政府自然资源主管部门应当制订并及时公布国有建设用地供应计划。一方面，政府是国有建设用地的供应者，其土地供应总量、结构、区位、时序、节奏等，直接影响市场的供求关系和价格水平；另一方面，国有建设用地使用权资产价值高，开发建设周期长，土地需求者在竞投决策前必须了解政府的供地计划，及早把握市场走势。

市、县人民政府自然资源主管部门应当根据经济社会发展计划、国家产业政策、国土空间规划和土地市场状况，编制国有建设用地供应计划，拟定拟配置地块的用途、年限、方式、时间和其他条件等，报同级人民政府批准，在土地有形市场或者指定场所、媒体公开。国有建设用地供应计划至少应当是年度计划，最好是3～5年的滚动计划。供应计划内容应当包括今后一段时期政府国有建设用地供应总量、供应结构、供应区位、供地时序和供地方式等内容，引导形成合理的市场预期。

为进一步加强市场供求双方的精准对接，相关文件还明确了国有建设用地供应计划发布后的预申请制度，年度国有建设用地供应计划公布后，意向用地者可以向出让方提出用地预申请，了解拟出让地块的配置条件和要求，承诺愿意支付的土地价格。

3. 编制供地方案

对于拟供应的宗地，市、县人民政府自然资源主管部门应当按照国有建设用地供应计划，会同相关部门共同拟订拟供应地块的供地方案，包括具体位置、界址、面积、土地用途、规划条件、使用权年限、供应方式、出让金等费用及其支付方式、开发利用要求、拟供应时间、解决争议的方法和其他条件等，出让方可根据用地预申请意向优化宗地出让方案。方案报经市、县人民政府批准后，由市、县人民政府自然资源主管部门组织实施。

自然资源主管部门在编制国有建设用地供应方案时，主要需把握以下方面：

一是合理确定规划条件，明确土地用途。根据控制性详细规划，制定拟供应地块的土地用途和规划条件，有利于督促及时开发利用，形成有效供给，确保节约集约利用每宗土地。规划条件主要包括地块的位置、土地使用性质、容积率、建筑密度、建筑高度、绿地率等要求。

二是明确供地方式。合理确定供地方式是充分发挥市场配置资源决定性作用的重要前提，根据市场竞争强度的不同，在法定的供应方式框架内，应尽可

能采用市场化方式配置国有土地资源:

(1) 严格限定划拨供地范围。符合《划拨用地目录》(国土资源部令第9号)的,才能以划拨方式供地。

(2) 积极推进出让方式出让或租赁。全面推进招标拍卖挂牌方式配置,工业、商业、旅游、娱乐和商品住宅等经营性用地应当以招标、拍卖、挂牌方式出让或者租赁;经营性用途以外的其他用地同一地块有两个或者两个以上意向用地者的,也应当按照《招标拍卖挂牌出让国有土地使用权规定》(国土资源部令第39号),采取招标、拍卖或者挂牌方式出让或者租赁。严格限制协议方式配置范围,符合法律法规要求的,方可采用协议出让方式供应。

(3) 从严控制作价出资或入股方式供地。对于新供建设用地,相关文件规定,公益性农产品批发市场、标准厂房、科技孵化器用地可以作价出资入股方式供应。

三是合理设置竞买条件。按照中央有关文件的规定,出让方在招标拍卖挂牌出让公告、出让文件和投资监管协议等文件中,不得以所有制形式、经营者所在地、股权结构、商品和服务规模品牌以及竞买人在行业、地区影响的评级、排名等设定影响公开、公平、公正竞争原则的歧视性排他条件。竞买条件的设置,应当符合建设国内统一市场的要求。《招标拍卖挂牌出让国有建设用地使用权规定》(国土资源部令第39号)第十一条规定:"出让人在招标拍卖挂牌出让公告中不得设定影响公平、公正竞争的限制条件。"商品住宅、商业服务业等对开发建设没有特殊要求的项目用地,出让条件应当对所有市场主体一视同仁。对产业类型、技术条件、环境保护等有特殊要求的产业项目用地,可以合理提出产业准入和监管要求,纳入出让方案报批,并在出让公告中充分披露和公开相关信息。

四是统筹约定开发利用和监管要求。第一,应符合节约集约用地的要求。自然资源主管部门应按照《限制用地项目目录》《禁止用地项目目录》等产业政策导向的规定,以及《工业用地项目控制指标》等标准供应土地。第二,应符合产业发展监管的要求。产业管理部门可根据国家标准或行业标准提出开发利用要求,明确监管主体、监管方式、违规责任和救济渠道等,与出让公告同步发布,按照"谁提出、谁履职、谁监管"的要求实施监督监管。第三,明确转让出租条件要求。对于宗地能否转让出租、分割转让的最小分割单元、转让出租需满足的条件等，应在出让方案中明确，并与地价评估相衔接。

五是确定供应底价或起始价。市、县人民政府自然资源主管部门应当根据国家产业政策和拟供应地块的情况，按照《城镇土地估价规程》的规定和《划拨国有建设用地使用权地价评估指导意见（试行）》《国有建设用地使用权出让地价评估技术规范》的要求，对拟供应地块的土地价格进行评估，掌握拟供地块的正常市场价格。

市、县人民政府自然资源主管部门应当根据土地估价结果、产业政策和土地市场供求情况，集体决策，综合确定标底或者底价：

（1）划拨土地涉及的补偿安置等费用，可以根据区片统一的标准、评估结果或者实际支出成本等确定。

（2）协议出让底价不得低于协议出让最低价。根据《协议出让国有土地使用权规定》（国土资源部令第 21 号）规定，协议出让最低价不得低于新增建设用地的土地有偿使用费、征地（拆迁）补偿费用以及按照国家规定应当缴纳的有关税费之和；有基准地价的地区，协议出让最低价不得低于出让地块所在级别基准地价的 70%。协议出让的出让金低于最低价时国有建设用地使用权不得出让。

（3）采用招标、拍卖、挂牌方式出让的，还应当集体决定拍卖和挂牌的起叫价、起始价，投标、竞买保证金等。

（二）供地实施

在组织实施建设用地供应时，首先要通过公告公开拟供应地块情况，组织意向用地者提出竞买申请，按照供地程序履行供地手续，并及时将供地结果向社会公开。具体流程详见图 6-5、图 6-6、图 6-7。

1. 公告

无论采取何种配置方式，首要的是公开国有建设用地使用权配置的相关要求，确保市场供需双方信息对称。对于划拨、协议出让（租赁）或作价出资（入股）供应建设用地来说，需要在政府批准前，将申请人、项目名称、项目类型、申请用地面积、土地用途和规划条件等信息对社会公开，接受社会的监督。对于经营性用地，考虑标的涉及金额大，加之还要进行规划设计、开发建设和市

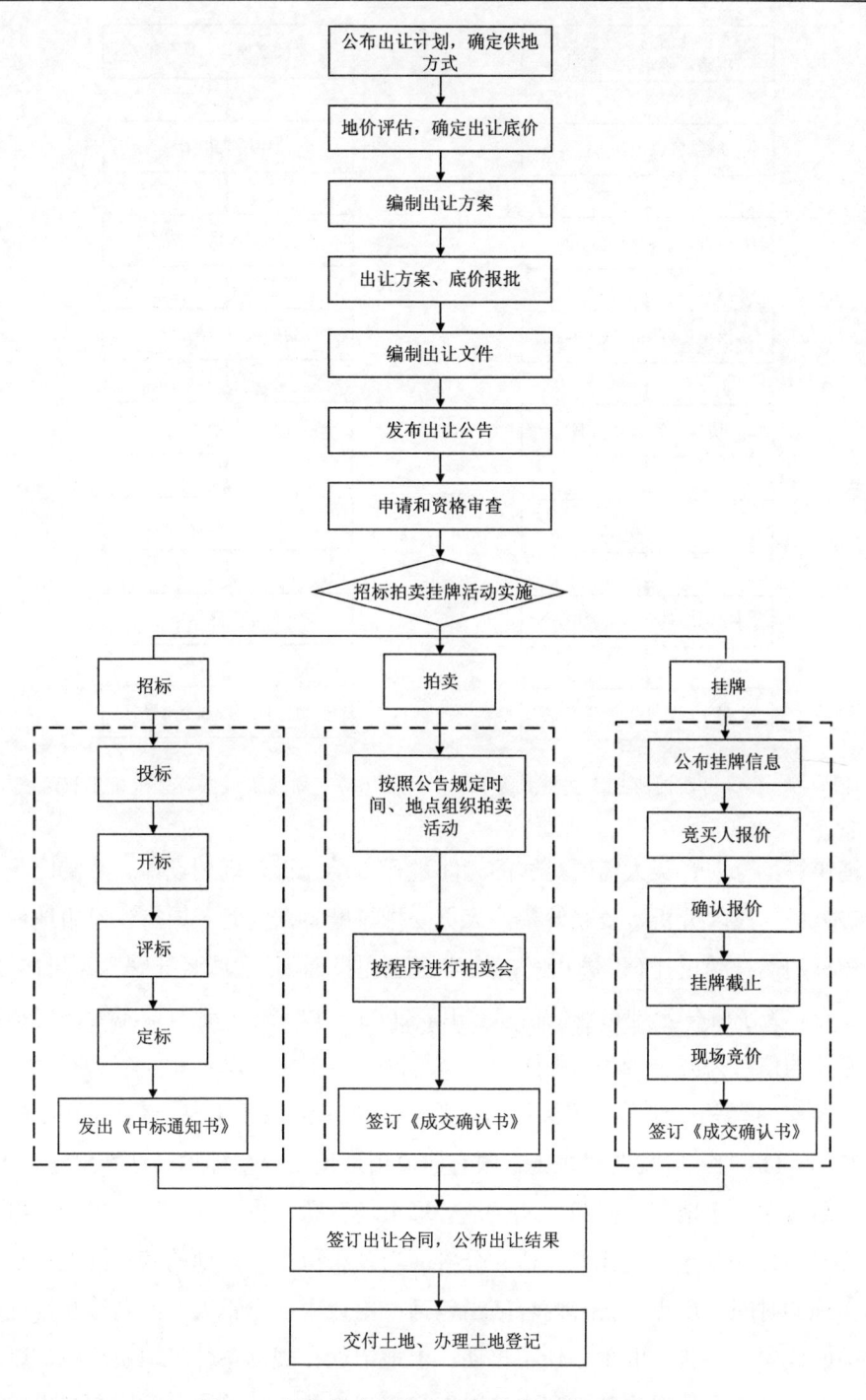

第六章　全民所有自然资源资产配置

```
公布出让计划，确定供地方式
         ↓
地价评估，确定出让底价
         ↓
    编制出让方案
         ↓
  出让方案、底价报批
         ↓
    编制出让文件
         ↓
    发布出让公告
         ↓
   申请和资格审查
         ↓
  ◇ 招标拍卖挂牌活动实施 ◇
    ↓        ↓        ↓
  招标      拍卖      挂牌

招标分支：                拍卖分支：              挂牌分支：
  投标                按照公告规定时间、         公布挂牌信息
   ↓                地点组织拍卖活动             ↓
  开标                      ↓                竞买人报价
   ↓                按程序进行拍卖会              ↓
  评标                      ↓                 确认报价
   ↓                签订《成交确认书》             ↓
  定标                                        挂牌截止
   ↓                                           ↓
发出《中标通知书》                              现场竞价
                                              ↓
                                        签订《成交确认书》

         ↓
  签订出让合同，公布出让结果
         ↓
   交付土地、办理土地登记
```

图 6–5　招标拍卖挂牌出让国有土地使用权流程

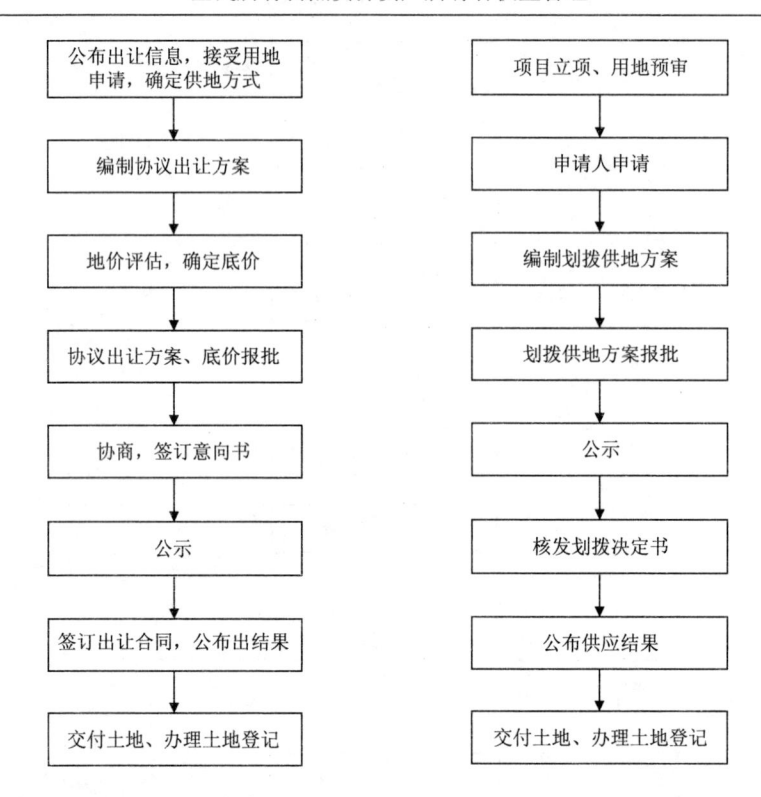

图 6-6 协议出让国有土地使用权流程

```
公布出让信息，接受用地申请，确定供地方式
        ↓
编制协议出让方案
        ↓
地价评估，确定底价
        ↓
协议出让方案、底价报批
        ↓
协商，签订意向书
        ↓
公示
        ↓
签订出让合同，公布出结果
        ↓
交付土地、办理土地登记
```

图 6-7 划拨供应国有土地使用权流程

```
项目立项、用地预审
        ↓
申请人申请
        ↓
编制划拨供地方案
        ↓
划拨供地方案报批
        ↓
公示
        ↓
核发划拨决定书
        ↓
公布供应结果
        ↓
交付土地、办理土地登记
```

场销售等，意向竞买人需要足够的时间进行市场分析、规划设计、方案比较、投资分析、风险分析、资金筹措、人员安排等准备，因此，国有建设用地使用权招标拍卖挂牌出让（租赁）公告，应当至少在投标、拍卖或者挂牌开始日前 20 日发布。为了强化土地市场的信息公开，2003 年以来，土地行政主管部门搭建了专业的信息公开平台——中国土地市场网，原国土资源部和监察部联合开展执法监察的有关文件和《招标拍卖挂牌出让国有土地使用权规范》（国土资发〔2006〕114 号）等均明确规定，国有建设用地使用权招标拍卖挂牌出让公告，应当通过中国土地市场网和当地土地有形市场发布，也可同时通过报刊、电视台等媒体公开发布。出让（租赁）公告应当公布拟供应宗地的基本情况和招拍挂实施的时间、地点，公告内容应当包括：出让人（出租人）的名称和地址，宗地的位置、现状、面积、使用年期、土地用途、规划条件等地块信息，以及竞买人、竞投人的资格要求和申请取得竞买资格的办法等内容。国有建设用地

使用权拍卖（招标、挂牌）出让公告示范文本格式如下：

国有建设用地使用权拍卖（招标、挂牌）出让公告

告字[　　]　号

经_____人民政府批准，_____自然资源局决定拍卖（招标、挂牌）出让_____（幅）地块的国有建设用地使用权。现将有关事项公告如下：

一、出让地块的基本情况和规划指标要求

编号	土地位置	土地面积	土地用途	规划条件		…	出让年限（年）	投资强度要求	投标保证金	…
				容积率	建筑密度	…				

[其他需要说明的宗地情况]

二、中华人民共和国境内外的法人、自然人和其他组织，符合下列条件的，均可申请参加，申请人应当[可以]单独申请[也可以联合申请]。

申请人应具备的条件：不得以所有制形式、经营者所在地、股权结构、商品和服务规模品牌以及竞买人在行业、地区影响的评级、排名等设定影响公平、公正竞争的限制条件。

三、本次国有建设用地使用权出让按照价高者得原则确定中标人[本次国有土地使用权出让按照能够最大限度地满足招标文件中规定的各项综合评价标准、综合评分最高的原则确定中标人]。

四、本次出让的详细资料和具体要求，见招标拍卖挂牌出让文件。申请人可于____年____月____日至____年____月____日，到____（地点）获取出让文件。

五、申请人可于____年____月____日至____年____月____日，到____（地点）向我局提交书面申请。交纳投标保证金的截止时间为____年____月____日____时。

经审查，申请人按规定交纳投标保证金，具备申请条件的，我局将在____年____月____日____时前确认其投标资格。

六、本次国有土地使用权招标出让活动定于____年____月____日____时至____年____月____日____时在____（地点）投标，____年____月____日____时在____（地点）开标。

七、其他需要公告的事项

（一）本次出让不允许[允许]邮寄竞标文件，但必须在投标截止时间前收到方为有效，

具体时间以我局收到投标文件的时间为准]。

……

八、联系方式与银行账户

联系地址：

联系电话：

联 系 人：

开户单位：

开 户 行：

账　　号：

_____自然资源局

年　　月　　日

2. 竞买申请

意向用地者应在招标拍卖挂牌公告发布后，及时提出竞买申请，竞买申请的受理时间一般自招标拍卖挂牌公告发布之日起至实施前五日。拍卖组织机构收到竞买申请后，应当对竞买申请人进行资格审查确认。国有建设用地使用权出让资格申请书和确认书示范文本格式如下：

投标[竞买]申请书

_____自然资源局：

经认真阅读编号为___地块的招标[拍卖][挂牌]出让文件，我方完全接受并愿意遵守你局国有建设用地使用权招标[拍卖][挂牌]出让文件中的规定和要求，对所有文件均无异议。

我方现正式申请参加你局于____年____月____日在____（地点）举行的____地块国有建设用地使用权招标[拍卖][挂牌]活动。

我方愿意按招标[拍卖][挂牌]出让文件规定，交纳投标[竞买]保证金人民币____万元（大写）（¥_____）。

若能中标[竞得]该地块，我方保证按照国有建设用地使用权招标[拍卖][挂牌]出让文件的规定和要求履行全部义务。

若我方在国有建设用地使用权招标[拍卖][挂牌]出让活动中，出现不能按期付款或有其他违约行为，我方愿意承担全部法律责任，并赔偿由此产生的损失。

特此申请和承诺。

附件：

1. _____；
2. _____；

……

申 请 人：　　　　　　　　　（加盖公章）

法定代表人（或授权委托代理人）签名：

联 系 人：

地　　址：

邮政编码：

电　　话：

申请日期：　　　年　　　月　　　日

投标[竞买]资格确认书

_____（名称）：

你方提交的对 ＿＿＿号地块的投标[竞买]申请书及相关文件资料收悉。经审查，你方已按规定交纳了投标[竞买]保证金，所提交文件资料符合我方本次招标[拍卖][挂牌]出让文件的规定和要求，现确认你方具备参加本次国有建设用地使用权投标[拍卖竞买][挂牌竞买]资格。请持此《投标[竞买]资格确认书》参加我局于＿＿＿年＿＿＿月＿＿＿日＿＿＿时在＿＿＿（地点）举行的国有建设用地使用权招标[拍卖][挂牌]活动。

_____自然资源局
年　　　月　　　日

对于多个申请人联合申请的，申请人需要提供以下材料：各方共同签署的申请书；联合申请各方的有效身份证明文件；联合竞买、竞投协议，协议要规定各方的权利、义务，包括联合各方的出资比例，并明确签订合同时的受让人；申请人委托他人办理的，应提交授权委托书及委托代理人的有效身份证明文件；保证金交纳凭证；招标拍卖挂牌文件规定需要提交的其他文件。

在实际工作中，因地方对税收等因素的考虑，申请人竞得土地后成立新公司开发建设的现象也十分普遍。申请人竞得土地后，拟成立新公司进行开发建设的，应在申请书中明确新公司的出资构成、成立时间等内容。出让人可以根据招标拍卖挂牌出让结果，先与竞得人签订《国有建设用地使用权出让合同》，在竞得人按约定办理完新公司注册登记手续后，再与新公司签订《国有建设用地使用权出让合同变更协议》；也可按约定直接与新公司签订《国有建设用地使用权出让合同》。

申请人取得竞买资格，还需缴纳竞买保证金。保证金制度是保障市场安全的基础之一，为防范引发交易道德风险和干扰土地市场正常秩序的行为，防止违约并确保合约的完整性，许多交易活动均设立保证金制度。保证金是一项履约担保金，证明买方或卖方的诚意，所有的买方或卖方均须交存保证金方能进入市场。在土地交易的不同阶段，保证金的性质也会随之发生改变：在拍卖（挂牌）成交或中标前，竞买保证金是意向用地者参加招标拍卖挂牌活动的资格条件，不是定金。申请人在公告规定期限内，将保证金汇入指定账户，并持相应文件向出让人提出竞买、竞投申请，是参加招标拍卖挂牌活动的必经程序。按规定交纳竞买保证金，是确认申请人投标或竞买资格的必要条件。未按规定交纳竞买保证金的申请为无效申请，申请人没有资格参加招标拍卖挂牌出让活动。在拍卖（挂牌）成交或中标后，中标人、竞得人支付的投标、竞买保证金，在中标或竞得后按规定或约定转作受让地块的定金。其他投标人、竞买人交纳的投标、竞买保证金，出让人应在招标拍卖挂牌活动结束后5个工作日内予以退还，不计利息。为进一步优化营商环境，一些地方探索增加了以银行保函作为参加土地竞买的履约保证方式。

3. 组织实施

考虑到标的物资源禀赋和供应方式的差异，对于划拨供地、协议出让（租赁）和作价出资（入股）来说，申请人与市、县人民政府就支付的费用（国家资本金、股本金等）、土地使用条件、土地交付的时间、权利义务关系等达成一致，报经市、县人民政府批准同意，并经公示无异议，就可以核发国有建设用地使用权划拨批准文件或签订国有建设用地有偿使用合同；对于招标拍卖挂牌来说，需要履行竞价的程序，由评标小组或公开竞价的方式，确定土地使用权人，实行招标方式的应以条件最优或价格最高的申请人为中标人，实行拍卖、挂牌方式竞价的，一般为价高者得。招标拍卖挂牌可以在线下进行，也可以在互联网上进行。

确定竞得人、中标人后，出让人应当与竞得人、中标人签订成交确认书。成交确认书应当包括出让人和竞得人的名称、地址，拍卖出让标的，成交时间、地点、价款，以及签订合同的时间、地点等内容。成交确认书对出让人和竞得人具有合同效力。签订成交确认书后，出让人改变竞得结果，或者竞得人放弃竞得宗地的，应当依法承担责任。国有建设用地使用权出让成交确认书示范文本格式如下：

成交确认书

_____自然资源局____年____月____日在____（地点）举办的国有建设用地使用权拍卖[招标、挂牌]出让活动中，_____（竞得人）竞得编号____地块的国有建设用地使用权。现将有关事项确认如下：

该地块成交单价为每平方米人民币_____元（¥_____），总价为人民币_____万元（¥_____）。其中，出让金单价为每平方米人民币_____元（¥_____），总价为人民币_____万元（¥_____）。

竞得人交纳的竞买保证金，自动转作受让地块的定金。_____（竞得人）应当于____年____月____日之前，持本《成交确认书》到____（地点）与____自然资源局签订《国有建设用地使用权出让合同》。不按期签订《国有建设用地使用权出让合同》的，视为竞得人放弃竞得资格，竞得人应承担相应法律责任。

本《成交确认书》一式____份，拍卖[挂牌]人执____份，出让人执____份，竞得人执____份。

特此确认。

出　　让　人：　　　_____自然资源局（加盖公章）

拍卖[挂牌]人：

竞　　得　人：

年　　月　　日

招标、拍卖、挂牌活动结束后,中标人、竞得人应当按照成交确认书约定的时间,与出让人签订《国有建设用地使用权出让合同》。出让人按《国有建设用地使用权出让合同》约定的时间向竞得人交付竞得宗地,并签订《交地确认书》。参考文本格式如下:

国有建设用地交地确认书
(适用于出让宗地)

甲方:_____自然资源局

乙方:_____

为真实记载交地的实际情况,进一步明确甲乙双方的权利义务,签订本确认书:

第一条 根据甲乙双方签订的《国有建设用地使用权出让合同》(合同编号/电子监管号:_____)第___条约定,甲方应于___年___月___日前将宗地编号为___的宗地交付给乙方,甲方于___年___月___日将该宗地实际交付给乙方。

第二条 经甲乙双方现场勘测、确认,实际交地情况如本条第___项所述:

(一)根据《国有建设用地使用权出让合同》第____条约定,甲方向乙方交付的宗地面积____平方米。乙方对该地块的四至范围、面积和土地条件没有异议,同意接收。

(二)根据《国有建设用地使用权出让合同》第____条约定,甲方应向乙方交付的宗地面积____平方米,实际交付宗地面积____平方米。土地条件是:

1. 场地平整达到_____;周围基础设施达到_____。

2. 现状土地条件:_____。

第三条 对于甲方交付的宗地与《国有建设用地使用权出让合同》第____条约定的面积和土地条件不一致的问题,甲乙双方同意按本条第_____项规定的办法处理:

(一)宗地面积少于或多出《国有建设用地使用权出让合同》约定的部分,按照多还少补的原则重新结算后,退还或补缴土地出让价款。

(二)乙方按照同意第二条第(二)项所述的土地条件接收土地,不再提出异议和新的权利主张。

(三)甲乙双方同意按实际交地面积办理不动产登记。

第四条 本确认书自签订之日起生效,生效后即视为完成交地。本确认书一式____份,双方各执____份。

甲方:_____ 乙方:_____

法定代表人（委托代理人）：　　　　法定代表人（委托代理人）：

签订日期：＿＿年＿＿月＿＿日

《民法典》第三百四十八条规定了国有建设用地使用权出让合同的一般条款，主要包括：（一）当事人的名称和住所；（二）土地界址、面积等；（三）建筑物、构筑物及其附属设施占用的空间；（四）土地用途、规划条件；（五）建设用地使用权期限；（六）出让金等费用及其支付方式；（七）解决争议的方法。

为进一步明确国有建设用地使用权人的土地权利，保护建设用地使用权人的土地物权，加强合同管理，通过出让合同的履行落实政府土地调控政策目标，促进节约集约用地，原国土资源部和国家工商行政管理总局发布《国有建设用地使用权出让合同》示范文本（GF-2008-2601）。未尽事宜可由双方约定后作为合同附件，与合同具有同等法律效力。

在签订合同的过程中，国有建设用地使用权出让人必须是市、县人民政府。根据《最高人民法院关于审理涉及国有土地使用权合同纠纷案件适用法律问题的解释》（法释〔2020〕17号），土地使用权出让合同，是指市、县人民政府自然资源管理部门作为出让方将国有建设用地使用权在一定年限内让与受让方，受让方支付土地使用权出让金的协议。开发区管理委员会作为出让方与受让方订立的土地使用权出让合同，应当认定无效。本解释实施前，开发区管理委员会作为出让方与受让方订立的土地使用权出让合同，起诉前经市、县人民政府土地管理部门追认的，可以认定合同有效。

4. 供应结果公示

为保证信息公开，便于社会监督，土地供应活动结束后，市、县人民政府自然资源主管部门应在规定时限内（招标拍卖挂牌活动结束后10个工作日，协议出让签订《国有建设用地使用权出让合同》后7个工作日内）将出让结果在土地有形市场或者指定的场所、媒介公布。

（三）供后监管

1. 监管主体

《土地管理法》第六十七条规定："县级以上人民政府自然资源主管部门对

违反土地管理法律、法规的行为进行监督检查。"因此，国有建设用地配置的监管主体为县级以上人民政府自然资源主管部门，有关单位和个人对监督检查应当支持与配合，并提供工作方便。

2. 监管重点

随着土地市场的不断发展，政府为达到特定的土地利用目的，在土地有偿使用合同中约定的有关开发建设要求越来越多，有的已经超出了合同的范畴。为此，各地在实践探索中形成了"合同+协议"的机制，相关监管要求与出让公告同步发布，并在合同之前签订。合同回归到土地经济关系的基本要求，在土地用途、规划条件等方面进行约定。同时签订产业发展监管协议，对产业准入条件、投产时间、投资强度、产出效率、节能环保、股权变更约束等进行约定，按照"谁提出，谁履职，谁监管"的要求实施监管。因此，从所有者职责角度看，批后监管应该以有偿使用合同的履行为重点。

一是关于出让价款等费用的缴纳。监督的重点主要是缴纳的时点和对应费用的缴纳情况。《关于规范国有土地使用权出让收支管理的通知》（国办发〔2006〕100号）明确提出："政府以出让等方式配置国有土地使用权取得的全部土地价款，包括受让人支付的征地和拆迁补偿费用、土地前期开发费用和土地出让收益等。土地出让合同、征地协议等应约定对土地使用者不按时足额缴纳土地出让收入的，按日加收违约金额 1‰的违约金。违约金随同土地出让收入一并缴入地方国库。"《关于进一步加强土地出让收支管理的通知》（财综〔2009〕74号）规定："分期缴纳全部土地出让价款的期限原则上不超过一年。经当地土地出让协调决策机构集体认定，特殊项目可以约定在两年内全部缴清。首次缴纳比例不得低于全部土地出让价款的50%。"

为贯彻落实党中央、国务院关于政府非税收入征管职责划转税务部门的有关部署和要求，财政部下发《关于将国有土地使用权出让收入、矿产资源专项收入、海域使用金、无居民海岛使用金四项政府非税收入划转税务部门征收有关问题的通知》（财综〔2021〕19号），国有土地使用权出让收入征收划转税务部门负责。在具体操作过程中，自然资源主管部门要加强与税务部门的信息共享和工作联动。

二是关于土地用途变更。《城市房地产管理法》第十八条规定："土地使用者需要改变土地使用权出让合同约定的土地用途的，必须取得出让方和市、县人民政府城市规划行政主管部门的同意，签订土地使用权出让合同变更协议或者重新签订土地使用权出让合同，相应调整土地使用权出让金。"国有建设用地划拨批准文件或有偿配置合同另有约定的，从其约定。《城市房地产管理法》第四十四条规定："以出让方式取得土地使用权的，转让房地产后，受让人改变原土地使用权出让合同约定的土地用途的，必须取得原出让方和市、县人民政府城市规划行政主管部门的同意，签订土地使用权出让合同变更协议或者重新签订土地使用权出让合同，相应调整土地使用权出让金。"因此，作为全民所有土地资产所有权人，监管的重点应放到土地用途的变化上。

三是关于规划条件的修改。《城乡规划法》第四十三条规定："建设单位应当按照规划条件进行建设；确需变更的，必须向城市、县人民政府城乡规划主管部门提出申请。变更内容不符合控制性详细规划的，城乡规划主管部门不得批准。"土地规划条件变更往往涉及控制性详细规划的修改，是规划许可，必须严格依法审批。经批准变更土地规划条件的，要重新履行土地供应手续，办理变更登记。

四是关于维护正常的市场秩序。针对损害国有土地所有者权益的行为，不仅要加大对使用权人的监督力度，更要加强对出让人行为的约束，确保市场公开、公平、公正。2008年，《违反土地管理规定行为处分办法》（监察部、人力资源和社会保障部、国土资源部令第15号）规定，在国有建设用地使用权出让中，对行政机关及其公务人员有关责任人员处分的情形包括：应当采取出让方式而采用划拨方式或者应当招标拍卖挂牌出让而协议出让国有建设用地使用权的；在国有建设用地使用权招标拍卖挂牌出让中，采取与投标人、竞买人恶意串通，故意设置不合理的条件限制或者排斥潜在的投标人、竞买人等方式，操纵中标人、竞得人的确定或者出让结果的；违反规定减免或者变相减免国有建设用地使用权出让金的；国有建设用地使用权出让合同签订后，擅自批准调整土地用途、容积率等土地使用条件的；其他违反规定出让国有建设用地使用权的行为。《国务院关于促进节约集约用地的通知》（国发〔2008〕3号）规定："未按合同约定缴清全部土地价款的，不得发放土地证书，也不得按土地价款缴纳比例分割发放土地证书。"

四、国有土地资产配置的创新实践

随着中国社会主义市场经济体制的不断完善和生态文明建设的深入推进,特别是《民法典》的颁布实施、高标准市场体系建设加速和产权保护进一步加强,土地供给制度的时代背景和实施环境发生了很大变化,现行政策规定已不能完全适应新形势发展需要。各地纷纷发挥基层首创精神,不断推进国有建设用地配置政策的改革创新,取得积极效果。

(一)改进工业用地供应方式

针对工业用地现有供应制度框架与产业发展规律不符、企业前期的投入成本高企、土地圈大用小炒买炒卖等突出问题,各地积极探索新型供地方式。北京、上海、深圳、苏州等城市产业发展已处于后工业化阶段,产业转型发展趋势显现,更是成为探索创新工业用地供应方式的活跃地区。江西、湖南、山东、四川、浙江等省的部分城市也相继对工业用地供应方式创新机制进行了探索。调研数据显示:2016年到2021年底,全国通过长期租赁、先租后让、弹性年期方式供应工业用地9 543宗、5.86万公顷。其中,长期租赁1 437宗、1.62万公顷,先租后让274宗、0.34万公顷,弹性年期7 832宗、3.89万公顷。

1. 弹性年期出让

各地根据企业用地特点,差别化设置出让年限,从通常以最高年期出让向10~30年弹性年期出让转变。一方面,在一定程度上降低了企业前期用地成本,减轻企业负担;另一方面,避免工业用地出让年限过长,增强了政府的调控能力。

★案例:苏州工业园区分段弹性年期(10+N)

2020年3月25日,苏州敏芯微电子技术股份有限公司经过网上竞买竞得苏州工业园1宗工业用地,该宗地采用的是产业用地分段弹性年期(10+N)挂牌出让模式。土地出让"10+N"就是先挂牌出让10年期的土地使用权(前段),10年期出让期满前,受让人需要按照《产业发展协议》履约考核,考核内容包括投资强度、达产时间、亩均税收等要求。经过政府监管方考核通过的，受让人可以受让 N 年期（后段）土地使用权，前后段总出让年期不超过 30 年。

新兴产业投入周期长、技术变革快，分段弹性年期出让对于有拓展空间需要的创新型企业来讲十分适用，既降低了初创类企业取得土地的成本，又实现了政府对土地出让后期监管，实现了企业和政府的"双赢"。

2. 长期租赁

为降低企业抵押融资和圈地牟利的冲动，避免土地闲置浪费，各地探索采用长期租赁的方式供应工业用地，使用权人由一次性支付出让价款转变为按年支付租金。该种方式能够有效降低企业用地成本，解决企业存续期与出让期限不一致的问题，加快土地循环利用周期。

★**案例：屯昌县原中建农场 2019–G–1 号地块**

屯昌县 2020 年 4 月 3 日通过租赁方式公开挂牌供应 2019–G–1 号地块，宗地面积为 20 762.31 平方米，土地用途为工业用地，租赁年限为 20 年，挂牌价为 667 万元。

通过"公开租赁"方式拿地，企业无须一次性全额支付土地价款，只是先缴纳一定年限的租金，有效降低企业前期土地取得成本。同时，政府更好地掌握土地调配的主导权，避免土地闲置低效利用。

3. 先租后让

各地探索先行以租赁方式向使用者供应土地，达到约定条件后转为出让土地。对于企业而言，能够有效降低土地要素的前期投入成本，节省资金用于项目生产性投入。对于政府而言，能够掌握供地的主动权，降低项目落地的不确定性，防止土地闲置浪费。

★**案例：福建省福州市仓山区 2020–60 号宗地**

为进一步降低企业用地成本，2020 年福建省福州市以先租后让方式，公开出让 2020–60 号宗地，面积 51 969 平方米，土地用途为工业用地。福建同春药业股份有限公司以 17 500 万元竞得（含 5 年租金 2 917 万元）。该地块在公开出让确定竞得人后，竞得人先取得该地块 5 年期的承租权，签订《国有建设用地使用权租赁合同》，同时与福州市仓山区政府签订《履约监管协议》，明确了年度达产要求，当年未完成达产任务的，可顺延至次年。5 年租期届满后，竞得人可按规定申请转协议出让，申请条件按照《履约监管协议》执行，通过监管协议约定的履约考核并经区政府审定同意的，竞得人提前 3 个月向自然资源和规划部门申请协议出让并签订《国有建设用地使用权协议出让合同》，出让年限与已租赁年限之和最高不超过 30 年。

实行工业用地先租后让供应，一方面降低了企业的用地成本，减轻了企业的资金压力，提高了企业资金的使用效率，有利于工业项目落地，快速建成投产，尽早产生经济效益；另一方面有利于属地政府加强项目建设监管，提高土地利用效率。

（二）探索推进标准地出让机制

2017 年 8 月，浙江省德清县在全国率先开展"标准地"试点改革，同年 9 月底公开出让了全国首宗"标准地"。2018 年，浙江省将"标准地"改革经验推向全省，随后其他各省积极跟进改革。截至 2022 年 6 月底，全国已有 27 个省（自治区、直辖市）实施了标准地出让，在降低企业成本、缩短供地时间、提高供地效率等方面成效明显。"标准地"出让的具体做法如下。

1. 事先作评价

由地方政府或园区管理机构统一开展地质灾害、压覆矿产、环境影响、水土保持、洪水影响、文物考古等区域性评估工作，变"单个项目评"为"区域整体评"，变"企业付费评"为"政府买单评"，成果共享应用于每宗土地，降低企业用地成本。

2. 事前定标准、做承诺

各地在完成区域评估基础上，制定工业项目"标准地"控制指标体系，设定容积率、建筑系数、固定资产投资强度、地均税收、地均产出率、能耗标准、环保标准等指标，在"标准地"地块公开出让前，与出让公告一同发布，便于企业提前了解具体要求。各地在设定指标体系时，在法定的出让指标的基础上，对相关指标进行了组合选择。企业书面承诺符合项目标准和条件并公示后，相关部门可以直接作出审批决定，实行审批事项公开、标准量化、承诺即办，落实企业投资项目自主权和主体责任，加快项目落地开工。

3. 事后强监管

用地单位取得"标准地"之后，与自然资源主管部门签订出让合同的同时，还要与当地政府或园区管委会签订履约监管协议，明确约定期限内满足开发建设条件，投产、达产要求以及达不到约定标准应承担的违约责任，直至项目退出等管理内容。

★案例：湖北宜化新材料科技有限公司"标准地"出让

2018年11月16日，湖北宜化新材料科技有限公司竞得宜昌市枝江市姚家港化工园区一宗工业"标准地"。该地块出让土地面积94.17亩，土地用途为工业用地，出让价款1 235万元。目前该项目已完成建设，即将投入生产。

主要做法是，枝江市人民政府在实施供地前，积极组织开展区域压覆矿产资源评估、地质灾害危险性评估、水土保持评估、雷击风险评估、气候可行性论证、区域节能评估、区域节水评价和水资源平衡论证等工作。枝江市自然资源和规划局提请枝江市人民政府召集姚家港化工园管委会、发改、住建、生态环境、应急管理部门举行"标准地"出让指标专题协调办公会，收集汇总各单位相关指标，拟定"标准地"出让指标体系，形成供地方案报市人民政府审批后实施。

通过实施"标准地"出让，一是实现"一窗受理""全程待办""告知承诺制"，经"一窗受理"直接开工建设，不再经过各类审批，实现了项目审批"最多跑一次"，缩短企业办证、审批时间6个月以上；二是由政府主导完成区域相关评估工作，代替以往企业自行出资委托第三方机构编制相关评估报告，有效减轻了企业的资金负担接近500万元；三是出让时科学设定指标体系，明确违约责任，倒逼企业主动节约集约用地，有效避免土地闲置、低效利用等问题。

（三）推进地下空间开发利用

随着建设用地供求矛盾日趋突出，为拓展建设用地新空间，一些城市以大规模进行地铁规划建设为契机，积极推动地下空间的配置，相继制定出台了适用本地城市发展的地下空间开发利用管理规定，极大地带动了城市地下空间资源的开发利用，推动了土地的立体开发和复合利用。《2021年中国城市地下空间发展蓝皮书》显示，2020 年中国城市地下空间新增建筑面积约 2.59 亿平方米，同比增长 0.78%，新增地下空间建筑面积（含轨道交通）占同期城市建筑竣工面积的比例约为 22%，长三角城市群以及粤港澳大湾区中的珠三角城市群，该比例达到 24%，为中国城市地下空间发展利用起到重要的带动作用。

归纳总结各地相关文件，地下空间国有建设用地使用权配置政策主要包括明确规划条件、完善配置方式、调节配置价格等方面。具体如下。

1. 明确规划条件

地下国有建设用地使用权配置前，市、县人民政府自然资源主管部门根据控制性详细规划等核定地下空间建设用地使用权的土地用途和规划条件，并纳入国有建设用地使用权划拨批准文件或有偿使用合同。

2. 建立健全配置方式

结合单建和结建的有关要求，区分公益性单一用途、经营性单一用途和公益、经营性混合用途，对照地表国有建设用地使用权，健全配置方式。

3. 完善支持政策

坚持以用为先的原则，考虑到成本因素，制定优惠的地价政策，鼓励地下空间的开发利用。市、县人民政府可以结合地下国有建设用地使用权的评估价格，根据土地成本差异，明确地下空间的地价确定原则，实行普惠待遇。在地下空间一定深度下设立的地下空间使用权，可征收名义地价或不收取土地价款。

第四节 全民所有自然资源资产处置实践——以国有企业土地资产处置为例

党的十四届三中全会明确提出国有企业改革要建立"产权清晰、权责明确、政企分开、管理科学"的现代企业制度。在现代企业制度中，产权制度是核心，包含了所有权、占有权、使用权、收益权和处分权等制度安排，是一组权利束的集合。国有土地资产在国有企业资产中占有相当重要的地位，改革长期以来的土地划拨使用制度，明晰国家对土地的所有权和企业对土地的独立财产权，既是国有土地使用制度改革的重要内容，也成为国有企业改革的重要组成部分。

因此，合理处置土地资产对促进国有企业改革具有重大意义。国有土地使用制度改革和国有企业改革的有机结合点，就是如何处置国有企业的原存量划拨土地资产。

一、企业改制土地资产处置概述

国有土地有偿使用制度建立前，原国有（国营）企事业单位已经通过各种方式依法无偿取得大量土地并实际占有和使用，《城镇国有土地使用权出让和转让暂行条例》将通过各种方式依法无偿取得的国有土地使用权界定为划拨土地使用权。国有土地有偿使用制度建立后，除国家在法律规定的范围内划拨国有土地使用权外，建设单位使用国有土地，应当以出让等有偿使用方式取得。在国有（国营）企事业单位改制过程中，会发生土地权属的变更，原划拨土地使用权不符合法定划拨范围的，应当推进有偿使用。

1992年，国家推进上海石化、广州造船、青岛啤酒、马鞍山钢铁、昆明机床等企业股份制改革试点，要求试点企业划拨用地必须确权登记和评估处置，纳入有偿使用，但实践中很快面临仅有出让方式的局限。为此，国家土地管理局、国家体改委经过多次会商，在坚持转换企业经营机制、确保国有资产不流失和不调整现有利益格局的情况下，平衡企业改制需要与土地资产管理要求，开始了国有企业改制土地资产处置政策的探索，印发《股份制试点企业土地资产管理暂行规定》，第一次提出"改组或新设股份制企业时，涉及的国有土地使用权必须作价入股"。1993年6月，上海石油化工总厂经批准进行股份制改革和境外上市。该厂建设用地经评估价格近20亿元，无论原企业还是改制后的公司都没能力缴纳出让金。为此，在实践中创造性探索了国家以国有建设用地使用权作价出资投入新设股份公司并作为国家股的处置方式，确认折算国家股5亿股计入资产。

之后，国家又推进了22家国有企业改制，在改制过程中，企业不仅没能力支付出让金，采取作价出资（入股）方式又受企业总股本限制，由此催生了国有土地租赁。1994年，原国家土地管理局、国家体改委下发《股份有限公司土地使用权管理暂行规定》，系统梳理了国有企业改制土地资产处置的方式，具体包括出让、租赁和作价出资（入股）。

1996年底，国务院推行国家授权投资机构和国家控股公司试点，结合江西铜业公司股份制改造，又探索出了国有建设用地授权经营方式。

1998年，国家土地管理局印发《国有企业改革中划拨土地使用权管理暂行规定》，对国有企业改制中原划拨土地使用权处置的方式、适用情形、办理程序、审批权限、估价结果确认、规定的核心内容等进行了明确，标志着国有企业改制土地资产处置政策的基本框架和政策体系基本形成。

二、改制企业土地资产处置方式

根据企业改革的不同形式和具体情况，可分别采取国有土地使用权出让、国有土地租赁、作价出资（入股）、授权经营和保留划拨用地的方式予以处置。

（一）出让方式的政策要求及适用范围

国有企业改制时，将改制企业使用的划拨土地使用权以出让方式进行处置，既不存在法律上的障碍，也不存在技术操作上的困难。因此，采取补办出让手续的方式，变划拨土地为出让土地，成为改制国有企业和政府处置土地资产的当然选择。在企业土地资产处置政策中，出让政策的适用范围最广泛，无论是国有企业还是非国有企业，无论企业实行改制还是不实行改制，其使用的划拨土地都可以申请以出让方式处置。

（二）国有土地租赁方式的政策要求及适用范围

通过国有土地租赁方式处置改制企业的土地资产，企业取得的国有土地使用权为承租土地使用权。改制企业（承租人）按规定支付土地租金，依法领取不动产权证书。

租赁政策的适用范围略小于出让政策，现行政策规定：（1）经营性房地产开发用地，必须实行出让，不实行租赁；（2）国有企业破产或出售时，所涉及的划拨土地使用权，可以采取由政府收储或出让方式处置，不实行租赁。

（三）国家以土地使用权作价出资（入股）

作价出资（入股）政策的最大特点，是显化企业土地资产、明确土地资产权益。按照建立现代企业制度的要求，企业通过采用作价出资（入股）的方式，明晰了土地产权，实现了在没有实际缴纳土地出让金的情况下，得到符合市场经济条件的土地资产，有利于明晰企业经营的权责，降低了企业改制成本。

采取作价出资（入股）方式处置土地，改制企业至少要具备两个条件：一是拟进行改制的国有企业属于省级以上人民政府确定作为国家授权投资的机构或国家控股公司试点；二是企业改制方案需要经过省级以上人民政府批准。

（四）授权经营方式的政策要求及适用范围

《节约集约利用土地规定》（国土资源部令第61号）规定："国家根据需要，可以一定年期的国有土地使用权作价后授权给经国务院批准设立的国家控股公司、作为国家授权投资机构的国有独资公司和集团公司经营管理。"被授权的国家控股公司、作为国家授权投资机构的国有独资公司和集团公司凭授权书，可以向其直属企业、控股企业、参股企业以作价出资（入股）或租赁等方式配置土地。

1. 主要特点

一是与作价出资（入股）政策一样，国有土地授权经营能够显化企业土地资产、明确土地资产权益；二是授权经营土地使用权不能自由转让，是一种受限制的土地使用权；三是与国家作价出资（入股）政策相比，授权单位取得授权经营土地使用权后，可以采取作价出资、入股、租赁等多种方式在其所属企业内部配置。

2. 适用范围

授权经营政策与作价出资（入股）政策的适用范围和使用条件一致，仅有少数符合政府规定条件的大型国有企业改制可以适用该政策处置土地资产。在实践中，改制企业申请采取授权经营方式处置土地时，政府要严格审批。改制企业至少要具备两个条件：一是拟进行改制的国有企业属于国家确定作为国家授权投资的机构或国家控股公司试点；二是企业改制方案需要经过省级以上人民政府批准。

（五）保留划拨方式的政策要求及适用范围

国有企业改制后，其原使用的划拨土地使用权在一定条件下继续保留划拨土地使用权性质，不实行出让、租赁、作价出资（入股）和授权经营等有偿使用方式。因此，保留划拨政策，实质上是改制企业使用的原划拨土地使用权不进行有偿方式处置，继续维持划拨使用。

2001年修订后的《划拨用地目录》，对划拨用地范围进行了具体细化规定。国有企业改制保留划拨的前提是符合《划拨用地目录》的规定。

三、改制企业土地资产处置程序

（一）出让和租赁的办理程序

根据《关于改革土地估价结果确认和土地资产处置审批办法的通知》（国土资发〔2001〕44号）的规定，企业改制涉及的原划拨土地需要转为出让或租赁土地的，不再进行处置审批，直接在市、县自然资源主管部门办理变更登记或有偿使用手续。

（二）授权经营和国家作价出资（入股）的办理程序

1. 办理权限

为规范国家作价出资（入股）、授权经营处置方式的使用，《关于改革土地估价结果确认和土地资产处置审批办法的通知》（国土资发〔2001〕44号）明确规定：对于省级以上人民政府批准实行授权经营或国家控股公司试点的企业，方可采用授权经营或国家作价出资（入股）方式配置土地。其中，经国务院批准改制的企业，土地资产处置方案应报自然资源部审批，其他企业的土地资产处置方案应报土地所在的省级自然资源主管部门审批。

2. 审批程序

（1）改制企业根据省级以上人民政府关于授权经营或国家控股公司试点的

批准文件，拟订土地资产处置总体方案，向有批准权的自然资源主管部门申请核准。

（2）土地资产处置总体方案核准后，企业应自主委托具备相应估价资质的机构进行评估，并依据土地状况和估价结果，拟订土地资产处置的具体方案。

（3）企业向市、县自然资源主管部门申请初审，市、县自然资源主管部门对土地产权状况、地价水平进行审查并出具意见。

（4）企业持改制方案、土地估价报告、土地资产处置具体方案和初审意见，到有批准权的自然资源主管部门办理土地估价报告备案和土地资产处置审批。

（5）企业持处置批准文件在财政部门办理国有资本金转增手续后，到土地所在的市、县自然资源主管部门办理土地登记。

国家以土地使用权作价出资（入股）和授权经营都是国有企业改制划拨土地使用权处置的方式，有严格的适用范围，只有省级以上人民政府批准的国家授权投资机构或国家控股公司试点的企业，改制时涉及其使用或其全资公司使用的划拨土地使用权，方可采用授权经营或国家作价出资（入股）方式配置土地。

以作价出资或入股方式处置土地资产的，被出资或入股企业取得作价出资或入股的土地使用权。作价出资或入股土地使用权，在使用年期内可依法转让、作价出资、出租、抵押等，经批准改变用途的，应按土地市场价格补缴土地出让金的差价部分；以授权经营方式处置土地资产的，母体企业（国家授权投资机构或国家控股公司试点的企业）必须存在，母体企业可将授权土地以作价出资、租赁等方式具体配置给改制后企业，母体企业或改制后企业取得授权经营土地使用权，土地使用权在使用年期内，可依法在国家授权投资机构或国家控股公司试点企业内转让、作价出资、出租、抵押等，但当改变用途或向国家授权投资机构或国家控股公司试点的企业外的单位或个人转让时，应当报自然资源主管部门批准，并补缴土地出让金。

作价出资或入股土地使用权发生转让或作价出资、入股等的，新企业取得的土地使用权仍为作价出资或入股土地使用权。授权经营土地使用权在国家授权投资机构或国家控股公司试点企业内转让、作价出资等的，新企业取得的土地使用权仍为授权经营土地使用权；但改变用途或向国家授权投资机构或国家控股公司试点的企业外的单位或个人转让的，报自然资源主管部门批准，并补缴土地出让金后，新企业取得的土地使用权应为出让土地使用权。

四、国有土地资产管理使用的过渡期政策

为深入推动节约集约用地，释放更大的存量用地空间，保障新产业新业态发展和民生服务设施建设需求，近年来，国家研究出台了企事业单位改革涉及土地资产管理的过渡期政策。

（一）基本内涵

对于产业用地政策中明确，利用存量房产、土地资源发展国家支持产业、行业的，可享受在一定年期内不改变用地主体和规划条件的过渡期支持政策的情形，现有建设用地过渡期支持政策以五年为限，过渡期满及涉及转让需办理改变用地主体和规划条件的手续时，除符合《划拨用地目录》的可保留划拨外，其余可以协议方式办理，但法律、法规、行政规定等明确规定及国有建设用地划拨批准文件、租赁合同等规定或约定应当收回土地使用权重新出让的除外。

（二）适用范围

从原国土资源部等六部委《关于支持新产业新业态发展促进大众创业万众创新用地的意见》（国土资规〔2015〕5号）开始，国家陆续出台的多个文件涉及过渡期政策，适用范围包括：

（1）传统工业企业转为先进制造业企业，以及利用存量房产进行制造业与文化创意、科技服务业融合发展的。

（2）原制造业企业和科研机构整体或部分转型、转制成立独立法人实体，从事研发设计、勘察、科技成果转化转移、信息技术服务和软件研发及知识产权、综合科技、节能环保等经营服务的。

（3）依托国家实验室、重点实验室、工程实验室、工程（技术）研究中心构建的开放共享互动创新网络平台，利用现有建设用地建设产学研结合中试基地、共性技术研发平台、产业创新中心的。

（4）国家自主创新示范区、开发区、新型工业化产业示范基地、科技企业孵化器、国家大学科技园、小企业创业基地、高校、科研院所等机构，利用存量房产兴办创客空间、创业咖啡、创新工场等众创空间的。

（5）在不改变用地主体、规划条件的前提下，开发互联网信息资源，利用存量房产、土地资源发展新业态、创新商业模式、开展线上线下融合业务的。

（6）各类市场主体利用所使用存量房屋在符合详细规划且不改变用地主体的条件下，改造成养老机构、医疗机构和体育设施的。

（三）管理要点

对于过渡期政策，管理要把握两个关键节点，一是起算时间。自然资源主管部门应当做好相关起算时点和过渡期时间跨度的备案管理，过渡期临近结束时，应当提前通知存量房产、土地资源的使用方，掌握其继续使用房产、土地资源的意愿，做好政策服务。二是期满后土地资产的处置。涉及转让需以协议方式办理相关用地手续的，按《协议出让国有土地使用权规定》（国土资源部令第21号）和《协议出让国有土地使用权规范（试行）》（国土资发〔2006〕114号）办理。

第五节　全民所有自然资源资产配置工作展望

一、完善全民所有自然资源资产配置政策的总体方向

（一）根本遵循

党的十九大报告明确提出，必须以完善产权制度和要素市场化配置为重点，加快完善社会主义市场经济体制。《中共中央　国务院关于构建更加完善的要素市场化配置体制机制的意见》《中共中央　国务院关于加快建设全国统一大市场的意见》《国务院办公厅关于印发要素市场化配置综合改革试点总体方案的通知》等一系列政策文件，从根本遵循到实施路径，为全民所有自然资源资产的

配置指明了方向。

一是要夯实市场经济基础性制度，保障市场公平。中央明确提出，建设高标准市场体系，全面完善产权、市场准入、公平竞争等制度，筑牢社会主义市场经济运行的体制基础。

二是完善要素市场化配置机制，激发市场活力。中央明确提出，以要素市场化配置改革为重点，加快建设统一开放、竞争有序的市场体系，推进要素市场制度建设，实现要素价格市场决定、流动自主有序、配置高效公平。通过完善市场机制，进一步激发市场内生活力。

三是改进市场管理和服务方式，提升配置效率。中央明确提出，完善政府经济调节、市场监管、社会管理、公共服务、生态环境保护等职能，创新和完善宏观调控，进一步提高宏观经济治理能力。

（二）工作定位与任务

自然资源资产是社会经济运行的基本要素，加强全民所有自然资源资产的优化配置，要坚持社会主义市场化经济改革方向，充分尊重自然资源资产价值规律、竞争规律和供求规律等经济规律，发挥市场机制的决定性作用，依法推动各种全民自然资源资产使用权等用益物权竞争性出让，完善出让、租赁、作价出资（入股）等政策，通过扩权赋能，让更多的全民所有自然资源资产能够平等、自主、有序进入要素市场，推动建立要素价格市场决定、流动自主有序、配置公平高效的高标准自然资源市场体系。同时，加强政府的调控、监管和服务，进一步激发市场活力，解决市场失灵问题，努力提升自然资源资产保护和合理利用水平，为经济高质量发展提供支撑。

二、完善全民所有自然资源资产配置政策的基本框架

（一）合理界定和区分全民所有自然资源资产配置范围

根据全民所有自然资源资产的资源禀赋、功能、效用的差别，以能否实行有偿使用和能否作为生产要素为重要的评判标准，区分经营性自然资源资产和

公益性自然资源资产：一是对于经营性全民所有自然资源资产，由于其主要作为生产要素，提供工农业产品和服务，直接承载开发利用活动，对接市场行为。因此，配置活动的目标是从产权关系上实现所有权和使用权分离，明确有偿使用的范围和方式，制定全民所有自然资源资产划拨、出让、租赁、作价出资政策，让市场原则和经济规律充分发挥作用，使资源向最能发挥其效用的主体手中流动，实现节约集约高效利用；二是对于公益性全民所有自然资源资产，由于其主要作为自然要素，提供清新的空气、清洁的水源和宜人的气候等生态产品和公共服务，以维系生态安全，保障生态调节功能，提供良好人居环境。配置活动的目标为通过划拨、租赁或承包等方式确定使用主体，增强公共服务和生态产品的供给能力。

（二）按照看齐、补齐标准，完善全民所有自然资源资产配置法律政策体系

1. 优化权能设置、明晰产权边界

落实物权法定的要求，继续推动自然资源所有权与使用权等用益物权分离，进一步优化和完善权利设定，并通过立法予以固化，是自然资源资产使用权体系完善进程中的核心环节。要进一步依法明确占用、使用、收益、处分的权属关系，在一定程度上扩大使用权的出让、抵押、担保权能。在土地资源方面：吸收借鉴国外建设用地立体化开发经验，研究分层设权的具体办法；建立健全建设用地使用权期限届满续期制度；加快制定国有农用地使用权管理办法，明确国有农场、林场和牧场土地所有者和使用者权能，完善国有农用地转让、出租、抵押、作价出资（入股）等权能。在矿产资源方面：进一步理顺探矿权和采矿权的关系和权能体系，进一步加强矿业权与建设用地使用权的衔接。在海域海岛资源方面：加快健全海域使用权和无居民海岛使用权的权利体系，进一步完善出让、出租、抵押等权能；处理好与土地使用权之间的协调关系。在国有森林、草原资源方面：明确纳入有偿使用的国有森林资源和草原资源的范围；完善特许经营权的配置方式和权能。

2. 以"看齐""补齐"原则完善法律政策

以国有建设用地有偿使用的法律政策体系为标准,按照"看齐""补齐"原则,梳理矿产资源、海域海岛、国有森林、国有草原等全民所有自然资源资产的法律政策,从法律、规章、规范性文件和操作规范等层面入手,找出短板和缺项,通过"立""改""释",按照规范性文件—部门规章—法律的工作路径,统筹推进全民所有自然资源资产有偿使用制度改革,研究完善矿产资源、海域海岛、国有森林、国有草原等全民所有自然资源资产配置的法律政策体系,提升自然资源资产配置政策体系的完备度和可操作性。

3. 以合同形式明晰权利义务关系

按照契约精神,参考国有建设用地使用权出让合同,加快完善各门类全民所有自然资源资产配置合同,将当前国有建设用地使用权配置中的规划条件、节约资源和保护生态环境的要求等推广到各门类自然资源,纳入配置合同,明确全民自然资源资产合同双方的权利、义务、责任和罚则,强化合同履约监管,切实提升资源配置效率。

(三)按照"总—分—总"架构健全完善全民所有自然资源资产配置管理制度

所谓"总—分—总"架构,针对各类全民所有自然资源资产配置政策管理目标相近、管理内容相异的特点,对政策的目的、依据、原则、目标、方式等作统一规定(即"总"),对实质性内容如有偿使用的范围、条件、程序、价格、收益等进行分别规定(即"分"),对有偿使用的考核监督进行统一规定(即"总")。

1. 统一规范全民所有自然资源资产配置管理的总体要求

推进生态文明建设、实行绿色发展、节约集约利用资源、发挥市场配置资源决定性作用,是土地、矿产、海域海岛、森林、草原、水等自然资源开发利用必须遵循的基本原则。在制定和完善自然资源资产配置的法律法规时,制定的目的、依据、基本原则等,均要体现上述原则要求。

2. 分类规范全民所有自然资源资产配置的具体政策措施

具体来说,在建立和完善土地、矿产、海域海岛、森林、草原、水等自然资源资产配置的实体性制度和程序性制度时,应充分体现上述资源资产之间的差异性，在市场配置的范围、方式、价格评估和确定、收益分配、权能设定和权利类型、有偿使用合同等方面，结合现行法律法规政策、地方实践、成熟的经验做法，充分体现政策内容的差异性、实施程序的可操作性和政策效果的可预见性。特别是，由于土地有偿使用制度确立时间较早，供地范围、供地条件、供地标准、供地价格、供后开发利用和监管等实体性政策、操作程序、标准规程规范较为成熟，在创新完善矿产、海域海岛、森林、草原、水等自然资源资产有偿使用政策中，可以有针对性地借鉴土地有偿使用制度的成熟经验。

3. 统一规范全民所有自然资源资产配置的政府管理和监管要求

在自然资源资产配置管理中，交易信息的公开、交易规则的制定、与公共资源交易平台的衔接、交易行为的监管、纳入信用管理体系、明晰法律责任等，在管理要求上有较强的趋同性。因此，在制定自然资源资产有偿使用管理规则时，应侧重统一性和规范性。

（四）分类完善自然资源资产配置制度政策取向

1. 深化国有土地资产市场化配置

一是持续拓展市场配置资源的范围。土地有偿使用制度改革以来，随着招拍挂出让制度的逐步推开和相关立法进度的加快，市场配置资源的范围不断拓展，但与社会主义市场经济体制建设的要求相比，划拨供地范围过大，竞争政策的基础性地位还不够显现。为此，需要深入研究不同用地类型特点和参与国民经济大循环的路径，深化土地使用制度改革。

（1）进一步缩小划拨供地范围。按照市场化和经营性的原则，注重发挥竞争性政策的基础作用，将《土地管理法》中明确可以划拨的四类用地进一步细分，对城市基础设施、能源、交通、水利用地中具有竞争性和经营性的项目用地率先实行有偿使用。按照非营利的原则，对非营利性教育设施用地和社会福利设施用地等可继续保留划拨。适应改革发展的需要，将消防用地、储备库用地、疫情防控用地等纳入划拨供地的范围。

（2）推进国有企业存量土地盘活利用。摸清国有企业土地资产的数量、结构、分布和开发利用状况，适应公司制改革需要，研究完善国有企业合并、分立和改制涉及的土地资产处置的政策，推进存量土地市场化进程，显化企业土地资产；创新企业利用自有土地完善产业链的用地政策，简化审批手续，提高产业用地土地用途转换的便利度；完善不具备优势的非主营业务和低效无效资产退出机制，促进企业国有建设用地提质增效。

（3）研究完善地下空间配置政策。明晰地下空间国有建设用地使用权的内涵，科学确定国有建设用地使用权、地役权等权利设定范围，坚持统筹规划、合理开发、公益优先、节约集约、地下与地表相协调的原则，合理设定规划条件，完善供应方式、供应价格和使用年期设置的规则，健全激励约束机制，加强地下空间国有建设用地使用权的确权登记和产权保护，推进地下空间的有序开发利用。

二是加强和改进国有建设用地使用权配置方式。按照要素市场化建设的总体要求，综合研究划拨、出让、租赁、作价出资（入股）等法定配置方式的适用性，分析各种配置方式的优劣，综合考虑区域发展、产业布局、环境保护的要求、企业前期投入和成长状况的差异，改进国有建设用地使用权配置方式。

（1）构建工业用地供应新机制。按照"明晰规则、释放活力、稳定预期"的工作思路，立足于"降低用地成本、提升配置效率、促进节约集约"的目标定位，实行地价鼓励支持政策，工业用地可以采用按区片内土地面积和价格占比分摊成本，调整年期修正系数，降低企业前期投入成本。优化工业用地供应程序，划定工业用地控制区，在符合国土空间规划、区片功能用途互补、环境要求兼容的前提下，探索制定各类工业用地、产业用地允许、兼容、禁止布局的产业类型转换目录和转换规则；明晰转让、出租、抵押、续期和收回补偿等权能，稳定市场主体预期；强化前端准入和后期监管的政策协同，确保节约集约用地的要求落到实处。

（2）加强和改进房地产用地供应。要坚持房子是用来住的、不是用来炒的定位，充分披露房地产用地供应信息，加强对市场预期的引导；探索新的发展模式，坚持租购并举，加快完善适应长租房市场发展的用地支持政策，建立健全土地与财税、金融的联动机制，促进房地产市场平稳健康发展。

（3）完善土地市场公平审查机制。坚持权利平等、机会平等、规则平等，建立公平竞争政策与产业政策协调保障机制。重新审视国有建设用地使用权配置过程中的准入门槛、竞买条件,明确不得以所有制形式、经营者所在地、股权结构、商品和服务的规模品牌以及竞买人在行业、地区影响的评级、排名等设定影响公平、公正竞争的限制条件,消除各种交易壁垒,保证各种所有制经济主体公开公平公正参与市场竞争,依法平等取得国有建设用地使用权。

三是完善国有建设用地供应的服务保障机制。按照创新政府管理和服务的要求,坚持进一步厘清环节、优化程序,打通国有建设用地使用权配置和后期开发利用的堵点。根据各地的探索实践,积极推进"标准地"供应,严格执行"净地"出让规定。全面实施区域节能评价、区域环境影响评价、洪水影响评价、压覆重要矿产资源评估、地质灾害危险性评估和地震安全性评价等区域评价,推行以"标准地"方式供应国有建设用地。按照高质量发展导向要求,科学设置控制性指标,优化完善竞拍规则,统一办理政府服务事项,后期做好考核验收,切实降低企业时间成本,提升供给效率。

四是补齐建设用地全生命周期管理短板。按照《民法典》规范公权、保障私权的要求,厘清国有建设用地所有权人、所有权代表和使用权人的权利边界,健全非住宅国有建设用地使用权续期政策,兼顾各方利益,推动存量建设用地的盘活利用。完善国有建设用地使用权收回的有关政策规定,进一步加强对所有权和使用权权益的保护,平衡不同权利主体的责权利关系,营造公平、公正和便捷通畅的国有建设用地使用权退出机制。

五是完善国有土地权利体系。当前国有土地权利体系建设不平衡、不充分的问题还比较突出,如国有建设用地使用权作价出资(入股)、租赁等法定的配置方式的权利内涵还有待进一步明晰;国有农用地和未利用地产权不清、所有者缺位、使用权不明等问题仍然存在。因此,维护国有土地所有者权益,必须处理好土地所有者、使用者、经营者关系,协调好生态保护和有偿使用关系。

(1)补齐国有建设用地权利体系。健全国有建设用地用益物权、担保物权和地役权等权利体系,拓展国有建设用地用益物权等权利的各项权能,进一步完善配置方式。进一步明晰租赁、作价出资国有建设用地使用权的权能,特别是完善租赁、作价出资国有建设用地使用权转让、出租、抵押等相关政策。

(2)探索完善国有农用地使用的相关权利体系。按照《民法典》有关规定,参照《农村土地承包法》的具体规则,探索明晰国有农用地的所有者职责履行主体和使用权权能，建立健全相关配置规则。

（3）加强国有未利用土地的保护利用管理。对于开发未确定使用权的国有荒山、荒地、荒滩等从事种植业、林业、畜牧业、渔业生产的，探索完善使用权确定的方式、程序和权能。对于利用国有未利用地建设光伏、风能等设施的，完善土地使用政策和他项权利体系。

2. 有序推进其他自然资源资产的配置

一是对于矿产资源。完善矿业权市场配置机制和交易规则，推进矿产资源市场化配置，培育矿业权市场配套的资本等要素市场，建立更加公开透明、灵活高效、服务便捷的矿业权市场。总结矿产资源有偿使用和矿业权出让制度改革成果，提升政策层级，推动《矿产资源法》及配套法规的修订出台，将现行规范性文件中有关矿业权出让方式和有偿处置的相关规定，经实践证明行之有效的，及时上升到法律法规层面，提高法律效力。深化有偿使用制度改革，将生态文明建设和绿色发展的要求与产业发展有机结合，综合资金、技术、业绩、诚信等要素设置竞争条件，防止简单地"唯价高者得"，实现矿产资源优化配置。厘清矿产资源配置的前置经济法律关系，明确矿业用地的市场准入条件，完善矿业用地的取得方式和取得程序，明晰矿业用地的相邻关系等，妥善处理矿业权与土地使用权、林草使用权、海域使用权等相关权利的关系，大力推进"净矿"出让。

二是对于海域海岛资源。在推进海域、无居民海岛有偿使用制度改革中，加快制定海域、无居民海岛招标拍卖挂牌出让管理办法，明确出让范围、方式、程序、投标人资格条件审查等；制定海域使用权转让管理办法，明确转让范围、方式、程序等；完善海域、无居民海岛使用权价值评估制度，制定相关评估准则和技术标准；搭建海域、无居民海岛使用权公共资源交易平台或加强与现有公共资源交易平台的衔接；细化海域、无居民海岛使用权与土地使用权在权能转换、用途管制、开发利用监管等方面的衔接。

三是对于国有森林资源。继续探索推进国有森林资源有偿使用制度，落实《森林法》第十六条"国家所有的林地和林地上的森林、林木可以依法确定给林业经营者使用。林业经营者依法取得的国有林地和林地上的森林、林木的使用权，经批准可以转让、出租、作价出资等"，加快制定具体的管理办法，明确森林资源配置程序、权限、期限等。

四是对于国有草原资源。在推进草原承包经营权流转制度改革中，进一步确定草原承包经营权转让主体、放宽对受让主体的限制；规范草原承包经营权转让、转包、合作、抵押方式及符合法律、法规和国家规定的多种流转形式；明确草原承包经营权审批权限；建立流转合同登记备案制度等。

第七章　全民所有自然资源资产收益管理

建立健全全民所有自然资源资产收益管理制度是落实所有者职责的一项重要内容，也是自然资源资产产权制度改革的具体要求。2015年9月，中共中央、国务院印发《生态文明体制改革总体方案》提出，生态文明体制改革的原则之一，是坚持自然资源资产的公有性质，创新产权制度，落实所有权，区分自然资源资产所有者权利和管理者权力，合理划分中央地方事权和监管职责，保障全体人民分享全民所有自然资源资产收益。自然资源资产收益的实现依赖于资源有偿使用制度的建立。2016年12月，国务院印发《关于全民所有自然资源资产有偿使用制度改革的指导意见》明确，自然资源资产有偿使用制度是生态文明制度体系的一项核心制度，要切实加强与自然资源产权制度、自然资源管理体制、资源税费制度等相关改革的衔接协调，增强改革的系统性、整体性和协同性。2019年4月，中共中央办公厅、国务院办公厅印发《关于统筹推进自然资源资产产权制度改革的指导意见》要求，完善全民所有自然资源资产收益管理制度，合理调整中央和地方收益分配比例和支出结构，并加大对生态保护修复支持力度。

本章通过梳理各资源种类收益管理的现行有关规定，区分所有权收益和监管权收入，借鉴国外经验，从落实所有者权益角度，提出完善国有自然资源资产收益管理制度的改革思路和举措。

第一节 全民所有自然资源资产收益概述

在所有权占有、使用、收益、处分四项权能中，收益权是最直接体现所有权人权益的一项权能。在生产资料公有制经济条件下，一方面，国家作为全民所有自然资源资产的所有权人，代表的是全体人民的共有财产利益；另一方面，国家还是社会经济生活的监管者，必须以强制力为保障，通过税收等形式集中一部分财富，以实现社会的公平与正义，还因提供特定服务而收取相应的费用。随着自然资源有偿使用制度的推进，有必要从理论和实践上对体现所有权的收益和体现监管权的收入予以区分。

一、资产收益管理理论

（一）马克思地租理论

马克思对资本主义地租进行了系统论证，研究了地租产生的前提条件、地租的主要形式及属性、地租的演进规律。地租生成于资本主义生产关系内部，"不论地租分为什么类型，地租的占有是土地所有权借以实现的经济形式"，并认为地租的本质是超出平均利润以上的剩余价值，是土地使用者由于使用土地而缴给土地所有者的超过平均利润以上的那部分剩余价值。马克思按照地租产生的原因和条件的不同，将地租分为三类：绝对地租、级差地租和垄断地租，前两者是地租的一般形式，后者是地租的特殊形式。绝对地租是指土地所有者凭借土地所有权垄断所取得的地租，是个别农业部门产品价值（或价格）与农产品生产价格（社会生产价格）之差。级差地租是由农产品个别生产价格低于社会生产价格的差额而形成的超额利润所构成的，本质是优质土地带来的超额利润。级差地租Ⅰ是指农业工人因利用肥沃程度和位置较好的土地所创造的超额利润而转化为地租。级差地租Ⅱ是指对同一地块上的连续追加投资，由各次投资的生产率不同而产生的超额利润转化为地租。垄断地租是因稀缺的土地特殊位置或自然力，产品和服务以高于生产价格的价格出售而产生的超额利润。马克思运用唯物史观从生产方式和生产关系维度分析地租的属性、形式及未来走向，提出地租是由社会关系产生的，并指出"任何时候，我们总是要在生产条件的所有者同直接生产者的直接关系——这种关系的任何当时的形式必然总是同劳动方式和劳动社会生产力的一定的发展阶段相适应——当中……发现最隐蔽的秘密，发现隐藏着的基础"。①

在社会主义市场经济条件下，国家作为全民所有自然资源资产的所有权人，通过取得地租使其所有权在经济利益上得到充分实现，并通过对资产收益的合理分配，形成有利于调动资产所有者、使用者等多方面积极性的利益分配关系。

（二）马克思收益分配理论

马克思以所有制与收益分配的关系分析为前提，以社会再生产过程中生产与分配的关系分析为基础，从所有权的本质、所有权与收益权、产权收益的主体与表现形式、物质生产与收益分配的关系等方面，深刻揭示出所有权收益的定位、产生、形式、主体及分配的一般规律，形成了一个完整的收益分配理论体系。

所有权本质上是经济利益的实现方式。马克思在对法律与所有制关系研究的基础上，分析了所有权的本质。他认为，不能简单地把所有权理解为一种法律上的归属关系，要从物质资料生产过程考察财产权的起源和演变过程，提出财产权本质上是人与人（阶级与阶级）之间的利益分配关系。对所有者而言，重要的是所有权在经济上的实现，拥有所有权的最终目的是获取收益。

关于所有权与收益权的关系。马克思在论述产权时，经常结合具体事例来对其结构进行分析，它涉及单纯所有权、占有权、支配权、处置权和收益权等等，并指出在与财产有关的一系列权利中，决定性的是所有权。在商品经济条件下，所有权、经营权及收益权既可以是统一的，也可以是分离的。在权利统一而不相互分离的情况下，拥有所有权，就意味着拥有与财产有关的全部权利，

---

① 马克思，恩格斯：《马克思恩格斯文集：第 7 卷》，中共中央马克思恩格斯列宁斯大林著作编译局，译，人民出版社，2009 年。

也就是拥有完全产权。在所有权与经营权及收益权分离情况下（如股份公司），产权收益就由产权所有者和使用者分享。

关于收益的主体和表现形式。马克思认为，财产权实质上是各权能主体相互之间在占有、分配和处置财产过程中的经济关系。财产权的形式由所有制形态所决定，随着社会再生产的不断扩大，财产权的权能将发生分解，依据财产权收益分配规律，不同权能主体享有对应的权能归属和收益分配。在资本主义社会，资本权利的分解导致剩余价值的分割，产业资本家获取产业利润、商业资本家获取商业利润、借贷资本家获取利息、地主作为土地所有者取得地租、租地农场主获得经营利润。

马克思收益分配理论的核心要义是生产与分配的关系。马克思以唯物史观为分析工具，科学揭示了生产与分配的辩证关系，即以物质生产为起点，生产在人类全部经济活动中处于基础地位，生产决定分配、交换和消费。分配决定于生产，生产与分配在本质上具有同一性，分配随生产的变化而变化，生产力发展水平和社会发展程度决定着分配方式和原则。

社会主义市场经济条件下，全民所有自然资源资产收益是体现全体人民对全民所有自然资源资产所有权的经济利益实现方式，其实质是全体人民依据其对全民所有自然资源资产所有权所获得的地租。从主体来看，要处理好所有者与监管者、所有者与投资者及经营者、政府与企业及原住民、中央与地方等多方关系；从来源看，既包括绝对地租、级差地租，也包括出让收益、投资性收益和经营性收益等；从目的来看，要始终把人民立场作为根本立场，体现发展成果全民共享；从作用来看，要有利于保护自然资源资产、提高自然资源资产利用效率、维护所有者权益。

二、资产收益分类

随着中国自然资源资产有偿使用制度的逐步建立，自然资源资产收益制度不断完善。目前，中国自然资源资产收益可以分为税、费、租三大类，其中所有权收益主要通过"租"的形式体现。

税：税收是指国家为了向社会提供公共产品、满足社会共同需要、按照法律的规定,参与社会产品的分配、强制、无偿取得财政收入的一种规范形式[①]。税收是国家权力的体现。

费:与税收筹集财政收入的形式不同,费是政府有关部门为单位和居民个人提供特定服务,或被赋予某种权力而向直接受益者收取的代价。

租:目前,没有一个专门的概念,为了与税和费相区别,现行收入体系中体现所有权收益的金、租、利、价、收益等均可归入"租"。

自然资源资产收益梳理情况见附录。

第二节 自然资源资产所有权收益管理现状与经验借鉴

全民所有自然资源资产所有者权益管理是基于所有权的制度设计,所有权收益是自然资源资产产权主体在一定时间内因资产所有权、用益物权等所拥有的潜在和现实的货币收入,主要通过出让、出租或作价出资等方式让渡所有权的部分权能,从而获得收益,以"租"的形式体现。

一、中国自然资源资产收益管理现状

中国各资源种类有偿使用制度改革进展不一,在收益征收、分配、支出和监管等自然资源资产收益管理的具体环节上也存在差异。

(一)自然资源资产收益体系

从税、费、租设置及征管情况来看,现行的收入体系繁杂,基于所有权与监管权产生的收益交织、重叠。按照所有权与监管权相分离原则,梳理了中国现行规定中体现自然资源资产所有者权益的收益情况。

[①] N. 格里高利·曼昆:《经济学原理:微观经济学分册》,北京大学出版社,2012年。

1. 土地资源

土地税费租设立机制较为成熟，涉及土地资源的收入种类最多，但每类收入体现所有权收益、监管权收入的界限相对清晰。土地出让收入在出让环节征收，且政府作为主体，通过与土地使用权人签订合同的形式实现，充分体现了所有权的行使，应该归入所有权收益。新增建设用地土地有偿使用费是指国务院或省级人民政府在批准农用地、未利用地转用时，就有偿使用的新增建设用地，向市、县人民政府收取的平均土地纯收益，从市、县土地出让收入中划转，也体现了所有权收益。

2. 矿产资源

涉及矿产资源的收入种类较多，且由于近年来改革事项多、变化大，很多收入既体现所有权、又体现监管权，存在交织。从其开征目的来看，资源税是调节资源级差收入的重要手段，也部分体现了所有者权益，但资源税作为税收，具有强制性，主要体现了国家权力。矿业权出让收益是国家基于所有权，将探矿权、采矿权出让给探矿权人、采矿权人，而依法收取的有偿使用收入。石油特别收益金具有"暴利税"性质，与石油销售价格挂钩，是对资源垄断企业获得超额利润的限制，目的是为了遏制石油企业利润过度膨胀，更多的体现政府的监管权。矿业权占用费是从探矿权、采矿权使用费整合而来，是对矿业权人占用空间而收取的费用，目的是为了有效防范矿业权市场中的"跑马圈地""圈而不探"行为，提高矿产资源利用效率，更多的体现政府的监管权。由此，矿业权出让收益可以归入所有权收益。

3. 海洋资源

海洋资源收益包括海域使用金和无居民海岛使用金，都是国家作为海洋资源所有权人因让渡一定期限使用权而征收的，属于所有权收益。

4. 水资源

水资源费包括水资源价值、水资源保护投入、水资源管理投入，结合水权进行分配，实现了所有权和使用权的分离，体现了租金概念。但是水资源费改为水资源税，是从税收的角度加大了法律约束，更多体现监管者行为，其性质发生了改变。

5. 林、草资源

森林植被恢复费、草原植被恢复费都是通过监管权实现的，体现矿产勘查开采以及建设工程等活动占用林地、草原应承担的植被恢复义务，不应归入所有权收益。

综上，体现全民所有自然资源资产所有权收益主要有：土地出让收入、新增建设用地土地有偿使用费、矿业权出让收益、海域使用金、无居民海岛使用金等 5 项，详见表 7–1。水资源费不列入全民所有自然资源资产所有权收益，主要是考虑《中华人民共和国资源税法》（中华人民共和国主席令第 33 号）第十四条，明确提出自 2020 年 9 月 1 日后征收水资源税，停止征收水资源费。

表 7–1　自然资源资产所有权收益统计表

收益名称	实现方式	2018—2020 年征收规模（亿元）
土地出让收入（益）	签订民事合同（划拨决定书）	215 735.28
新增建设用地土地有偿使用费	从土地出让收入中划转	1 605.66
矿业权出让收益	签订民事合同	2 784.19
海域使用金	（行政审批）——签订民事合同	220.83
无居民海岛使用金	（行政审批）——签订民事合同	0.78

（二）自然资源资产收益征收现状

1. 土地资源资产收益的征收情况

从征收环节来看，土地出让收入是在出让环节征收，新增建设用地土地有偿使用费是在批准转用环节征收。

按照 2021 年《关于将国有土地使用权出让收入、矿产资源专项收入、海域使用金、无居民海岛使用金四项政府非税收入划转税务部门征收有关问题的通知》（财综〔2021〕19 号）规定，土地出让收入统一划转税务部门征收，具体征收机关由国家税务总局有关省（自治区、直辖市、计划单列市）税务局按照"便民、高效"原则确定，由财政部门负责征收管理，纳入地方政府基金预算管理。新增建设用地土地有偿使用费由国家和省级自然资源主管部门在办理用地审批手续时负责征收，由财政部门负责征收管理。从计征方式和征收标准来看，国有土地使用权出让收入实行专账核算，并从中计提国有土地收益基金、农业土地开发资金、农田水利建设资金、教育资金，向国家和省级政府划转新增建设用地土地有偿使用费等。

2. 矿产资源资产收益征收情况

矿业权出让收益是在出让环节征收，征收管理由财政部门负责，具体征收统一划转税务部门，监缴由财政部驻各地财政监察专员办事处负责。从计征方式和征收标准来看，不同出让方式下的矿业权出让收益计征标准不同。通过招标、拍卖、挂牌等竞争方式出让矿业权的，矿业权出让收益按招标、拍卖、挂牌的结果确定。通过协议方式出让矿业权的，矿业权出让收益按照评估价值、市场基准价就高确定；市场基准价由地方矿产资源主管部门参照类似市场条件制定并定期更新，经省级人民政府同意后公布执行。

3. 海洋资源资产收益征收情况

海域使用金和无居民海岛使用金都是在出让环节征收，统一划转税务部门征收。无居民海岛使用金属于政府非税收入，省级以上财政部门负责征收管理，省级以上海洋主管部门负责具体征收。

从计征标准来看，海域使用金统一按照用海类型、海域等别以及相应的海域使用金征收标准计算征收。其中，对填海造地、非透水构筑物、跨海桥梁和海底隧道等项目用海实行一次性计征海域使用金，对其他项目用海按照使用年限逐年计征海域使用金。

（三）自然资源资产收益分配情况

自然资源资产收益分配主要是指政府获取自然资源资产收益后进行分配的一种经济行为。全民所有自然资源资产收益过程包括基于市场机制的初次分配和基于财政事权与支出责任的再分配两个环节。基于市场机制的初次分配是国家通过市场流转让渡自然资源资产使用权，从而获得收益。基于财政事权与支出责任的再分配是国家获取收益后，在中央地方间、区域间进行分配，将收益用于自然资源资产的保护、修复等管理成本支出和社会公共服务等用途。

1. 土地资源资产收益分配

从分配结构来看，土地出让收入纳入地方政府基金预算管理，新增建设用地土地有偿使用费纳入中央、地方政府一般公共预算。从分配比例来看，新增建设用地土地有偿使用费，百分之三十上缴中央财政，百分之七十留给地方人民政府。

2. 矿产资源资产收益分配

从分配结构来看，矿业权出让收益纳入一般公共预算管理。从分配比例来看，矿业权出让收益为中央和地方共享收入，由中央和地方按照4∶6的比例分成。其中，地方分成的矿业权出让收益在省级和市、县级之间的分配比例，由各省、自治区、直辖市及计划单列市人民政府自行决定。

3. 海洋资源资产收益分配

根据征收方式的差异，海洋自然资源资产收益的分配方式有三种：分别为全额缴入中央国库、全额缴入地方国库、中央与地方按3∶7分成。其中，地方分成的海域使用金在省级和市、县级之间的分配，比例由沿海各省、自治区、直辖市及计划单列市人民政府自行决定。

（四）自然资源资产收益支出现状

1. 土地资源资产收益支出

按照《国务院关于印发〈推进财政资金统筹使用方案〉的通知》（国发〔2015〕35号）等文件规定，新增建设用地土地有偿使用费纳入一般公共预算管理，实行"收支两条线"。《国务院关于加强土地调控有关问题的通知》（国发〔2006〕31号）规定，新增建设用地土地有偿使用费专项用于基本农田建设和保护、土地整理、耕地开发。从实际使用情况看，中央财政设立"土地整治工作专项"，对地方开展的高标准农田建设、土地整治重大工程和灾毁耕地复垦等土地整治工作予以重点支持。

土地出让收入纳入地方政府性基金预算中，实行专账核算。现行的政府决算报表对其支出情况进行专门统计，可以归纳为成本性支出和非成本性支出两大类。成本性支出是指征地和拆迁补偿支出、土地开发支出、补助被征地农民支出、土地出让业务支出等政府在征收、储备、整理土地等环节先期垫付的成本；非成本性支出是指从扣除成本性支出后的土地出让收益中安排用于城市建设、农业农村、保障性安居工程、教育等社会服务方面的支出。

在政策方面，为规范国有土地使用权出让收支管理，《国务院关于加强土地调控有关问题的通知》（国发〔2006〕31号）以及《国务院办公厅关于规范国有土地使用权出让收支管理的通知》（国办发〔2006〕100号）《国有土地使用权出让收支管理办法》（财综〔2006〕68号）等有关规定明确提出国有土地使用权出让支出一律通过地方政府基金预算从土地出让收入中予以安排，实行彻底的"收支两条线"，在地方国库中设立专账，专门核算土地出让收入和支出情况。国有土地使用权出让使用范围包括征地和拆迁补偿支出、土地开发支出、支农支出、城市建设支出以及其他支出五项内容。为支撑农田水利建设和教育投入，2011年，财政部、水利部联合印发《关于从土地出让收益中计提农田水利建设资金有关事项的通知》（财综〔2011〕48号），国务院颁布《国务院关于进一步加大财政教育投入的意见》（国发〔2011〕22号），明确从土地出让收益中按比例计提农田水利建设支出和教育资金。2020年，中共中央办公厅、国务院办公厅印发的《关于调整完善土地出让收入使用范围优先支持乡村振兴的意见》明确，提高土地出让收入用于农业农村的比例。

综上，政策规定的土地出让金支出主要有以下方面：征地和拆迁补偿支出、土地开发支出、支农支出、城市建设支出、其他支出、农田水利建设支出、教育资金支出、农业农村支出（含支农支出中农业土地开发资金以及农田水利资金、教育资金、新增建设用地土地有偿使用费中用于农村部分，与支农支出有交叉）等。

2. 矿产资源资产收益支出

按照《国务院关于印发矿产资源权益金制度改革方案的通知》（国发〔2017〕29号）等规定，将矿业权出让收益纳入一般公共预算管理，由各级财政统筹用于地质调查和矿山生态保护修复等方面支出。

3. 海洋资源资产收益支出

海域使用金和无居民海岛使用金纳入一般公共预算管理，从实际使用情况看，海域使用金主要用于海域整治、保护和管理，无居民海岛使用金主要用于海岛保护、管理和生态修复。

（五）自然资源资产收益监管现状

1. 土地资源资产收益的监管

依据《土地管理法》《新增建设用地土地有偿使用费资金使用管理办法》等法律法规和政策规定，土地资源资产收益的主要监管机构有财政部门、自然资源主管部门、税务部门、中国人民银行机构以及审计机关等。监管内容包括土地出让收入是否按照合同约定按时足额缴纳、是否及时足额上缴国库、支出是否严格按照财政预算管理规定执行、新增建设用地土地有偿使用费资金使用情况等。

2. 矿产资源资产收益的监管

依据《矿产资源法》《矿业权出让收益征收管理暂行办法》（财综〔2017〕35号）等法律法规和政策规定，主要监管机构有财政部门、自然资源主管部门等。监管内容主要包括矿业权出让收益征收监督管理，具体包括出让收益信息公示情况、是否按时缴纳、是否按规定的预算级次和分成比例缴纳等。

3. 海洋资源资产收益的监管

依据《海域使用法》《无居民海岛保护法》和《关于加强海域使用金征收管理的通知》（财综〔2007〕10号）《关于印发〈无居民海岛使用金征收使用管理办法〉的通知》（财综〔2010〕44号）等法律法规和政策规定，监管内容主要包括海域使用金征收管理、海域使用金是否及时足额缴纳、无居民海岛使用金征收和使用情况的管理。

中国全民所有自然资源资产收益管理现状详见表7–2。

表7–2 自然资源资产所有权收益管理现状表

收益名称	征收环节	具体征收主体	计征方式	收益分配	收益支出情况
土地出让收入	出让环节	税务部门	签订土地出让合同时，约定该国有土地使用权受让人应当缴纳的土地出让收入具体数额、缴交地方国库的具体时限以及违约责任等内容	纳入地方政府基金预算管理	征地和拆迁补偿支出、土地开发支出、支农支出、城市建设支出、其他支出、农田水利建设支出、教育资金支出、农业农村支出等

续表

收益名称	征收环节	具体征收主体	计征方式	收益分配	收益支出情况
新增建设用地土地有偿使用费	批准转用环节	国家、省自然资源部门	根据土地所在征收等别对应的缴纳费用，按面积征收	纳入中央、地方政府一般公共预算（中央与地方3∶7）	中央建立"土地整治工作专项"，支持地方开展高标准农田建设、土地整治重大工程和灾毁耕地复垦等土地整治工作
矿业权出让收益	出让环节	税务部门	签订合同时，约定矿业权受让人应当缴纳的具体方式或数额、缴交的具体时限以及违约责任等内容	纳入中央、地方政府一般公共预算管理（中央与地方4∶6）	地质调查和矿山生态保护修复等
海域使用金	出让环节	税务部门	根据海域使用金征收标准计征	纳入一般公共预算（中央与地方3∶7）	海域整治、保护和管理等
无居民海岛使用金	出让环节	税务部门	根据无居民海岛使用金征收标准计征	纳入一般公共预算（中央与地方2∶8）	海岛保护、管理和生态修复等

二、国外自然资源资产收益制度及经验借鉴

目前，很多国家在土地、矿产、海洋等自然资源资产方面已建立了相对完善的自然资源资产收益管理制度。

（一）土地资源资产经验借鉴

美国的自然资源资产所有权是多元的，有联邦所有权、州所有权、部落所有权以及个人所有权，还有一些开放获取的自然资源。属于美国联邦所有的土地占美国所有土地的27.4%，主要由美国内政部管理。美国内政部设有10个局和多个办公室，分别是国家公园管理局、鱼类和野生动物管理局、印第安事务局、印第安教育局、土地管理局、露天采矿和执行办公室、海洋能源管理局、安全和环境执行局、美国地质调查局、垦务局等。其中土地管理局、国家公园

管理局、自然资源收益办公室都有资产收益管理的职责。土地管理局（以下简称BLM）管理土地收支专门账户。联邦公共土地（包括地下矿产、水资源）的售卖、出租收入是仅次于税收收入的联邦政府的第二大财政收入来源，纳入公共预算管理。这些收益包括放牧费、地役权收入、土地转让收入、木材和原材料出售取得的收入、矿藏开采和利用取得的收入以及其他一些杂项收入。联邦国库中BLM的土地收支专门账户主要有五种：（1）一般基金。收入来源于一定比例的土地收益、国会对BLM的拨款，间接用于全体国民。（2）特别基金。主要用于法律规定的特定用途，以及BLM可支配支出。（3）周转基金。用于资助和管理一些特殊事务，如木材开发等。（4）信托基金。主要指BLM管理的两个信托账户，用于实施信托协议下的特殊项目。（5）储备基金。暂时保存的资金，待分配方案确定后使用。从土地收益最终去向来看，BLM的土地收益除正常运行开支外，主要用于两个方面：一是直接转移支付给州和地方政府，包括税收抵补支付、放牧费返还、土地购买、能源和资源收入返还等。二是以项目形式在州和地方投资，包括土地管理、自然资源保护、牧草地维护、基础设施建设、矿产开发等。

借鉴美国联邦土地收益管理体制，中国自然资源资产收益分配要体现对各级政府的激励。为鼓励所有的利益相关者参与自然资源资产管理，可结合管理实际制定标准，采用转移支付返还地方或者对地方进行自然资源管理与保护的相关投资项目。

（二）矿产资源资产经验借鉴

1. 澳大利亚

澳大利亚实行联邦、州和州以下地方政府三级课税制度。澳大利亚矿产资源收益主要由两部分组成，一是资源收费，包括权利金和矿业权租金；二是资源超额利润税（RSPT）。权利金（Royalty）是指矿业权人开采和耗竭了矿产资源所有权人不可再生矿产资源而支付的费用，又称矿区使用费。除铀矿和海上汽油外，权利金制度均由各州政府制定。矿业权租金（Mining Right Rent）是指在开采和生产之前为了获得资源勘探开采的许可证而向国家缴纳的费用。

2. 美国

美国矿产资源收益包括权利金、红利、矿地租金等。权利金（Option Price Premium）是经营者（承租者）向所有权人（出租者）支付的一种费用。红利（Bonus），又称现金红利，是矿业投资者向矿产所有者支付的一次性费用，目的是为了取得一些条件较好、预期盈利空间较大的矿产地的矿业权，体现矿产资源的级差收益。矿地租金（Mineral Land Rent）是矿产公司为保持地质勘探、生产等活动的合同有效性而预付给出租者的年租金。根据美国自然资源收益管理办公室统计，2017年，在联邦所有和印第安部落所有的土地征收的各种矿产资源特有税费中（不包含一般企业税费），联邦财政占35%，州财政占20%，土地复垦基金占16%，美国印第安部落10%，土地和水资源保护基金占13%，历史遗迹保护基金占2%，其他基金占3%。

权利金制度在美国、澳大利亚等许多国家已经得到普遍推行，其核心特点是较好地体现出资源租金的性质与权利对应关系。中国也可借鉴相关经验，区分体现所有权的收益和体现监管权的收入，健全完善适合中国国情的矿产资源权益金制度体系。

（三）海洋资源资产经验借鉴

对国有海域实行有偿使用，是世界滨海国家通行的做法。比如《韩国公有水面管理法》及该法《施行规则》规定，批准公有水面的占用和使用时，应征收占用费或使用费，对未按时缴纳的征收滞纳金。《日本海岸法》规定，海岸管理者按照主管省令规定的标准向使用许可者征收占用费。《英国海岸保护法》等法律规定，在潮间带建港、铺设管道和从事水产养殖，应交纳租用费。《美国水下土地法》规定，承租水下土地，应按签订的租约向州政府支付租金。

借鉴上述国家的经验，中国可探索实行海域分层设权管理，根据管理权限划分实行有偿使用制度，按照权利来制定收益制度，例如水下土地管理权益收益。

（四）国家公园经验借鉴

各国的国家公园内涵和管理体制不同，但以保护为主和公益性一直是其基本特征，充足合理的经费是国家公园保护为主和公益性的保障基础。以美国为例，美国国家公园是美国重要的国有资产，主要由国家公园服务局（National Park Service，NPS）负责管理，由内政部管辖。美国国家公园资金分为非专项资金和专项资金两大类，来源以联邦财政拨款为主，经费渠道多元化，包括由私人捐赠建立的信托基金、休闲娱乐费收入、特许经营费、转移支付、法案专项资金等。美国 NPS 在超过 100 处管辖地拥有 500 余份特许经营合同，经营范围主要是为游客提供食物、交通、住宿、购物以及其他服务。同时美国 NPS 与超过 150 个非营利组织建立了伙伴关系，这些组织为其贡献时间、专业知识并提供资金。美国国家公园预算草案编制以及具体费用列支均遵循美国和 NPS 的基本法律，如美国联邦预算法、美国国家公园法等。设置相应科目须遵循国家历史保护法案、国家环境政策法案、联邦土地休闲娱乐法案、国家公园百年服务法案、墨西哥湾能源安全法、Helium 法案等法律法规。

借鉴美国国家公园的管理经验，中国在国家公园收益管理方面，可以从以下三个方面进行探索：一是拓宽资金来源渠道，加大特许经营、建立伙伴关系机制。二是在资金用途上设立专项资金，专款专用。严格限制捐赠、特许经营费等专项资金的用途，根据收费条件确定用途，不能随意使用。三是依法设置，依法使用。

第三节　全民所有自然资源资产收益管理制度体系研究

一、收益制度总体定位

（一）中央精神

2015 年中共中央办公厅、国务院办公厅《生态文明体制改革总体方案》提出健全自然资源资产产权制度，建立权责明确的自然资源产权体系，推动所有权和使用权相分离，明确收益等权利归属关系和权责，建立覆盖各类全民所有自然资源资产的有偿出让制度，严禁无偿或低价出让；加快资源环境税费改革，厘清各类自然资源及其产品税费关系，明确各自功能，合理确定税收调控范围，逐步将资源税扩展到占用各种自然生态空间。2016年《国务院关于全民所有自然资源资产有偿使用制度改革的指导意见》中要求完善国有土地资源、水资源、矿产资源、国有森林资源、国有草原、海域海岛有偿使用制度。2019年4月，中共中央办公厅、国务院办公厅《关于统筹推进自然资源资产产权制度改革的指导意见》提出："完善全民所有自然资源资产收益管理制度，合理调整中央和地方收益分配比例和支出结构，并加大对生态保护修复支持力度。"《关于统筹推进自然资源资产产权制度改革的指导意见》还要求"在福建、江西、贵州、海南等地探索开展全民所有自然资源资产所有权委托代理机制试点，明确委托代理行使所有权的资源清单、管理制度和收益分配机制"。《全民所有自然资源资产所有权委托代理机制试点方案》要求，"结合自然资源有偿使用制度改革，建立健全各类全民所有自然资源资产收益管理制度和分类统计制度；按照事权、支出责任和财力相适应原则，考虑相关收益属性，调整中央和地方收益分配比例和支出结构，建立稳定的投入机制，加大生态保护修复支持力度。"

（二）基本原则

构建科学合理的全民所有自然资源资产收益管理制度，要坚持以中央精神为统领，坚持充分调动中央地方两个积极性、体现财政事权和支出责任对等、彰显所有者权益、重点服务生态文明建设等原则。

1. 应设尽设、应收尽收

在征收环节，应体现应设尽设、应收尽收的原则，理顺现行各类费金的关系，对所有权和监管权交叉的收益进行分离，逐步划分出体现所有权的收益，对缺失的所有权收益进行增设，结合各类自然资源的特征实施差异化的计征方式，明确征收主体，建立清晰的自然资源资产收益管理清单。

2. 坚持向自然资源资产有效管护和生态保护修复领域倾斜

坚持以自然资源资产有效管护和生态保护修复为导向，兼顾区域公平和代际公平，并建立清晰的支出统计口径。加大对自然资源资产有效管护和生态保护修复的支持力度，确保全民所有自然资源资产安全完整和不受侵害，促进保值增值和可持续利用。

3. 坚持成本补偿优先

完善自然资源资产收益管理制度，建立稳定持续和有效的成本补偿机制，坚持成本补偿优先原则，使成本得到足额补偿，实现有偿使用获得收益和支出成本的良性循环，确保经济行为可持续。

4. 财政事权与支出责任相匹配

在分配环节，应体现财政事权与支出责任相匹配的原则，对各主体提出合理的收益分配比例，保障履行支出责任所需的资金，充分调动中央和地方的积极性。

5. 全民所有、全民共享

以提高财政资金效益、实现全民共享为抓手，严格按预算统筹安排。在使用环节，应体现全民所有、全民共享的原则，充分平衡代际利益和区际利益补偿，完善收益支出结构。

二、工作展望

（一）进一步完善架构设置，构建权能清晰的收益体系

1. 探索制定统一的收益管理政策

中央赋予自然资源部"统一履行全民所有自然资源资产所有者职责"，收益是所有者职责的核心内容之一。目前，土地、矿产、海洋、森林、草原、湿地、水等各资源种类的收益管理差异较大，主要体现在与让渡所有者权益相对应的收益类型缺项、收益的科目设置和征收分配原则不统一、未足额补偿成本支出等方面。为体现自然资源资产所有者职责并加强自然资源收益的统一管理，有必要制定统一的自然资源收益管理政策，建立自然资源收益管理的整体框架。

同时，收益管理的整体框架设置要充分体现所有者权益，与在所有权基础上分离出的用益物权相对应，确保收益类型不重不漏，中央和地方收益分配科学合理。以统一的资源收益管理制度框架为基础，结合各资源种类有偿使用制度推进情况，建立健全 1+N 的收益管理制度体系，分别制定各类资源资产收益的征收、管理、使用政策，明确各类资源收益的征管部门、科目设置、收缴程序等，重点解决收什么、谁征收、如何收的问题，确保资源有偿使用收入应收尽收，按规定使用。

2. 探索建立全民所有自然资源资产收益预算

目前，中国各类全民所有自然资源资产收益和管理、保护、修复的支出，分散在一般公共预算和政府性基金预算中。在全面梳理现有各资源种类"税、费、租"的基础上，坚持所有权与监管权相互独立、相互配合、相互监督的原则，将各资源种类体现所有权的收益从现有繁杂的"税、费、租"中梳理出来，参照国有资本经营预算的管理模式，在时机成熟后探索建立全民所有自然资源资产收益预算，更好体现全民所有自然资源资产所有者权益（图 7–1）。

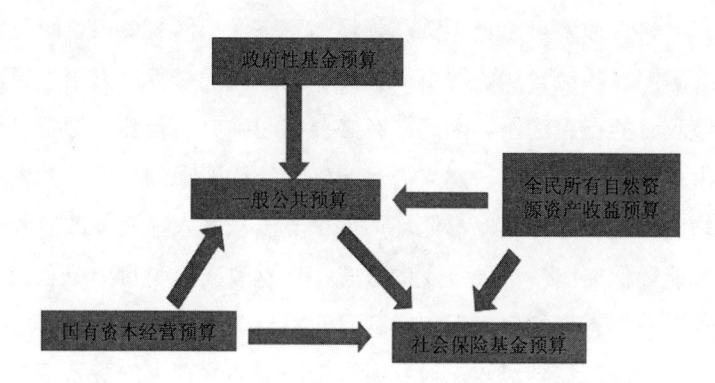

图 7–1　全民所有自然资源资产收益预算与其他预算关系

（二）构建科学合理的分配方式，建立财政事权与支出责任相匹配的央地收益分配制度

1. 明确中央和地方在自然资源资产管理和生态保护修复方面的事权范围划分

根据受益原则，全民所有自然资源资产所有权收益应优先用于支付所有者职责履行所需投入的成本,即自然资源资产管理和生态保护修复,以确保自然资源资产的保值增值和永续利用,保障后代人应获得的所有权收益。自然资源资产的所有者、所有者职责的履职主体以及法律授权承担所有者职责管理事项的主体,都享有所有权收益,也要履行相应的自然资源资产管理和生态保护修复义务。为科学合理分配所有权收益,必须要结合所有权委托代理制度,科学界定哪些事权属于自然资源资产管理和生态保护修复,并明确中央和地方相应的事权范围划分。其中,对于生态保护修复,应坚持保护优先、自然恢复为主的原则,重点对责任主体已灭失的、自然灾害损毁的、力求实现保值增值目标的自然资源资产,确需进行工程修复的,开展生态保护修复。

2. 建立内涵明确、统计清晰的自然资源资产管理和生态保护修复支出核算体系

中国尚未建立统一的全民所有自然资源资产所有权收益管理的核算体系,难以准确统计各项收益的实际使用情况,导致收入和支出的数据不清晰。此外,哪些政府支出科目体现自然资源资产管理和生态保护修复事权也缺乏统一的标准,难以准确测算各级自然资源资产管理和生态保护修复的支出规模,也就难以确定各级政府的支出比例。因此,有必要在明确界定自然资源资产管理和保护修复的事权范围的基础上,建立内涵明确、统计清晰的自然资源资产管理和生态保护修复支出核算体系,参照环境保护支出从嵌入在其他政府收支科目中整合为"节能环保支出"单独列支的方式,在财政支出科目中单独设置"自然资源资产管理和生态保护修复"支出科目,将目前嵌入在其他科目中的相关支出进行整合,准确测算各级政府履行所有者职责的管理支出成本,为合理确定各级政府收益分配比例提供科学依据。

3. 在科学划分央地事权的基础上合理确定央地收益分配比例

财政事权和支出责任相匹配,是中央和地方进行权利和责任配置的重要原则,也是构建科学合理的央地收益分配关系的基本前提。目前,随着生态文明制度建设的推进,中央承担了国家公园等更多公益性自然资源资产保护的责任,央地支出责任发生变化,而收益分配比例尚未相应调整,央地收支规模不匹配。根据自然资源资产管理和生态保护修复的需求,要结合委托代理机制建设工作,以自然资源资产清单为依据,充分考虑中央和地方政府事权划分,建立起财政事权与支出责任相匹配的收益分配机制。

(三)进一步优化支出结构,构建以自然资源资产管理和生态保护修复为核心的支出体系

1. 强化收益对自然资源资产管理的支撑

《关于统筹推进自然资源资产产权制度改革的指导意见》提出,要强化自然资源整体保护。强化自然资源整体保护,要以资产的保值增值和资源的永续利用为目标,提高自然资源领域财政资金配置效率和使用效益,将自然资源资产收益优先用于保障资产管理和利用所需要的成本。用于自然资源资产管理的支出主要涵盖以下方面:统一调查监测和确权登记、清查和资产核算、储备管护和临时利用、处置配置、考核评价、信息系统和监管平台建设等。

2. 加大收益对生态保护修复的支持力度

较发达国家而言,中国在生态保护修复方面的资金投入存有很大差距,不利于国家生态安全格局构建和自然资源的永续利用,迫切需要加大生态保护修复支持力度。在支出环节,应以提供更多生态产品,满足人民多方面需求为导向,增加财政投入、提高财政资金效益,合理保障生态保护修复支出。此外,为提高自然资源收益体系的韧性,可参考其他国家建立自然资源资产收益基金的做法,从自然资源资产收益中研究设立多元化的自然资源收益管理基金,并委托专门机构进行管理运作,获取增值收益,用于弥补生态保护修复资金的不足。

附录：中国全民所有自然资源资产税、费、租现状表

中国全民所有自然资源资产税、费、租现状表

资源类别	税、费、租	征收环节	法律法规	征收管理	分配情况	规定用途（支出结构）
土地	土地增值税	转让环节	《中华人民共和国土地增值税暂行条例》第二条：转让国有土地使用权、地上的建筑物及其附着物并取得收入的单位和个人，为土地增值税的纳税义务人，应当缴纳土地增值税。	《中华人民共和国土地增值税暂行条例》第十一条：土地增值税由税务机关征收。第七条：土地增值税实行四级超率累进税率：增值额未超过扣除项目金额50%的部分，税率为30%。增值额超过扣除项目金额50%、未超过扣除项目金额100%的部分，税率为40%。增值额超过扣除项目金额100%、未超过扣除项目金额200%的部分，税率为50%。增值额超过扣除项目金额200%的部分，税率为60%。	缴入地方国库，由地方财政统一安排使用。	未明确
	耕地占用税	批准占用环节	《中华人民共和国耕地占用税法》第二条：在中华人民共和国境内占用耕地建设建筑物、构筑物或者从事非农业建设的单位和个人，为耕地占用税的纳税人，应当依照本法规定缴纳耕地占用税。	《中华人民共和国耕地占用税法》第三条：耕地占用税以纳税人实际占用的耕地面积为计税依据，按照规定的适用税额一次性征收，纳税额为纳税人实际占用的耕地面积（平方米）乘以适用税额。第九条：耕地占用税由税务机关负责征收。	缴入地方国库，由地方财政统一安排使用。	未明确

续表

资源类别	税、费、租	征收环节	法律法规	征收管理	分配情况	规定用途（支出结构）
土地	城镇土地使用税	占有环节	《中华人民共和国城镇土地使用税暂行条例》第二条：在城市、县城、建制镇、工矿区范围内使用土地的单位和个人，为城镇土地使用税（以下简称土地使用税）的纳税人，应当依照本条例的规定缴纳土地使用税。	《中华人民共和国城镇土地使用税暂行条例》第三条：土地使用税以纳税人实际占用的土地面积为计税依据，依照规定税额计算征收。第八条：土地使用税按年计算、分期缴纳。缴纳期限由省、自治区、直辖市人民政府确定。第十条：土地使用税由土地所在地的税务机关征收。	《中华人民共和国城镇土地使用税暂行条例》第十二条：土地使用税收入纳入财政预算管理。	未明确
	耕地开垦费	批准占用环节	《土地管理法》第三十条：国家实行占用耕地补偿制度。非农业建设经批准占用耕地的，按照"占多少，垦多少"的原则，由占用耕地的单位负责开垦与所占用耕地的数量和质量相当的耕地；没有条件开垦或者开垦的耕地不符合要求的，应当按照省、自治区、直辖市的规定缴纳耕地开垦费，专款用于开垦新的耕地。	按照省、自治区、直辖市的规定缴纳耕地开垦费《土地管理法》第三十一条。各级国土资源部门征收。	在省级政府及以下地方政府之间分配，具体比例由省级政府规定。	《土地管理法》第三十一条：纳入一般公共预算管理，收入全部缴入财政非税收入汇缴结算户，支出一律通过财政预算安排，使用必须全部用于耕地占补平衡、耕地保护和征管业务等自然资源相关支出，不得挪作他用。

续表

资源类别	税、费、租	征收环节	法律法规	征收管理	分配情况	规定用途（支出结构）
土地	新增建设用地土地有偿使用费	批准转用环节	《新增建设用地土地有偿使用费收缴使用管理办法》第二条：国务院或省级人民政府在批准农用地转用、征用土地时，向取得出让等有偿使用方式的新增建设用地的县、市人民政府收取的平均土地纯收益。	《新增建设用地土地有偿使用费收缴使用管理办法》第二条：国务院或省级人民政府。第四条。	《土地管理法》第五十五条：新增建设用地的土地有偿使用费，百分之三十上缴中央财政，百分之七十留给有关地方人民政府。	《国务院关于加强土地调控有关问题的通知》国发〔2006〕31号：新增建设用地土地有偿使用费专项用于基本农田建设和保护、土地整理、耕地开发。
土地	土地复垦费	批准占用环节	《土地管理法》第四十三条：因挖损、塌陷、压占等造成土地破坏，用地单位和个人应当按照国家有关规定负责复垦；没有条件复垦或者复垦不符合要求的，应当缴纳土地复垦费，专项用于土地复垦。	《土地复垦条例实施办法》第十六条：土地复垦义务人应当按照条例第十五条规定的要求，与损毁土地所在地县级自然资源主管部门在双方约定的银行建立土地复垦费用专门账户，按照土地复垦方案确定的资金数额，在土地复垦费用专门账户中足额预存土地复垦费用。	专户管理	专项用于土地复垦。
土地	土地闲置费	闲置一年以上征收	《土地管理法》第三十八条：一年以上未动工建设的，应当按照省、自治区、直辖市的规定缴纳闲置费。	《土地管理法》第三十八条：一年以上未动工建设的，应当按照省、自治区、直辖市的规定缴纳闲置费；《中华人民共和国城市房地产管理法》第二十六条：超过出让合同约定的动工开发日期满一年未动工开发的，可以征收相当于土地使用权出让金百分之二十以下的土地闲置费。	未明确	未明确

续表

资源类别	税、费、租	征收环节	法律法规	征收管理	分配情况	规定用途（支出结构）
土地	土地出让收入	出让环节	《土地管理法》第五十四条：建设单位使用国有土地，应当以出让等有偿使用方式取得。第五十五条：以出让等有偿使用方式取得国有土地使用权的建设单位，按照国务院规定的标准和办法，缴纳土地使用权出让金等土地有偿使用费和其他费用后，方可使用土地。	《国有土地使用权出让收支管理办法》（财综〔2006〕68号）第五条：土地出让收入由财政部门负责征收管理，可由市、县国土资源管理部门负责具体征收。	《国有土地使用权出让收支管理办法》第四条：土地出让收支全额纳入地方政府基金预算管理。收入全部缴入地方国库，支出一律通过地方政府基金预算从土地出让收入中予以安排，实行彻底的"收支两条线"管理。	《国有土地使用权出让收支管理办法》第十三条：土地出让收入使用范围包括征地和拆迁补偿支出、土地开发支出、支农支出、城市建设支出以及其他支出。《关于从土地出让收益中计提农田水利建设资金有关事项的通知》《国务院关于进一步加大财政教育投入的意见》，明确从土地出让收益中按比例计提农田水利建设支出和教育资金。2020年，中共中央办公厅、国务院办公厅印发《关于调整完善土地出让收入使用范围优先支持乡村振兴的意见》提高土地出让收入用于农业农村的比例。

续表

资源类别	税、费、租	征收环节	法律法规	征收管理	分配情况	规定用途（支出结构）
矿产	资源税	开采环节	《中华人民共和国资源税法》第一条：在中华人民共和国领域和中华人民共和国管辖的其他海域开发应税资源的单位和个人，为资源税的纳税人，应当依照本法规定缴纳资源税。	《中华人民共和国资源税法》第十一条：纳税人应当向应税产品开采地或者生产地的税务机关申报缴纳资源税。	《财政部 国家税务总局关于全面推进资源税改革的通知》（财税〔2016〕53号）：按照现行财政管理体制，此次纳入改革的矿产资源税收入全部为地方财政收入。	未明确
	矿业权占用费	占有环节	《国务院关于印发矿产资源权益金制度改革方案的通知》（国发〔2017〕29号）：在矿业权占有环节，将探矿权采矿权使用费整合为矿业权占用费。将现行主要依据占地面积、单位面积按年定额征收的探矿权采矿权使用费，整合为根据矿产品价格变动情况和经济发展需要实行动态调整的矿业权占用费。	将现行主要依据占地面积、单位面积按年定额征收的探矿权采矿权使用费，整合为根据矿产品价格变动情况和经济发展需要实行动态调整的矿业权占用费。不再实行探矿权采矿权使用费按照登记机关分级征收的办法。	矿业权占用费中央与地方分享比例2：8。	《国务院关于印发矿产资源权益金制度改革方案的通知》（国发〔2017〕29号）：纳入一般公共预算管理，由各级财政统筹用于地质调查和矿山生态保护修复等方面支出。
	矿业权出让收益	出让环节	《国务院关于印发矿产资源权益金制度改革方案的通知》（国发〔2017〕29号）：在矿业权出让环节，将探矿权采矿权价款调整为矿业权出让收益。	《矿业权出让收益征收管理暂行办法》第四条：矿业权出让收益的征收管理由财政部门负责，具体征收由矿产资源主管部门负责，监缴由财政部驻各地财政监察专员办事处负责。	《矿业权出让收益征收管理暂行办法》第四条：矿业权出让收益为中央和地方共享收入，由中央和地方按照4：6的比例分成，纳入一般公共预算管理。	

续表

资源类别	税、费、租	征收环节	法律法规	征收管理	分配情况	规定用途（支出结构）
矿产	石油特别收益金	开采环节	《国务院关于开征石油特别收益金的决定》（国发〔2006〕13号）：对石油开采企业销售国产原油因油价上涨获得的超额收入征收石油特别收益金。	《石油特别收益金征收管理办法》（财企〔2006〕72号）第五条：财政部负责石油特别收益金的征收管理工作。中央石油开采企业向财政部申报缴纳石油特别收益金；地方石油开采企业向财政部驻所在地财政监察专员办事处申报缴纳；合资合作企业应当缴纳的石油特别收益金由合资合作的中方企业代扣代缴。	《国务院关于开征石油特别收益金的决定》：石油特别收益金属中央财政非税收入，纳入中央财政预算管理。	未明确
海洋	海域使用金	使用环节	《中华人民共和国海域使用管理法》第三十三条：国家实行海域有偿使用制度。单位和个人使用海域，应当按照国务院的规定缴纳海域使用金。	《关于加强海域使用金征收管理的通知》第二条：海域使用金统一按照用海类型、海域等别以及相应的海域使用金征收标准计算征收。其中，对填海造地、非透水构筑物、跨海桥梁和海底隧道等项目用海实行一次性计征海域使用金，对其他项目用海按照使用年限逐年计征海域使用金。	《关于加强海域使用金征收管理的通知》：地方人民政府管理海域以外以及跨省（自治区、直辖市）管理海域的项目用海缴纳的海域使用金，由国家海洋局负责征收，就地全额缴入中央国库。养殖用海缴纳的海域使用金，由市、县海洋行政主管部门负责征收，就地全额缴入同级地方国库。其他用海项目缴纳的海域使用金，由有关海洋行政主管部门负责征收，30%缴入中央国库，70%缴入用海项目所在地的省级地方国库。	《关于加强海域使用金征收管理的通知》：海域使用金征管业务费及招标、拍卖所需相关费用，一律通过预算从海域使用金收入中统筹安排。

续表

资源类别	税、费、租	征收环节	法律法规	征收管理	分配情况	规定用途（支出结构）
海洋	无居民海岛使用金	出让环节	《无居民海岛使用金征收使用管理办法》（财综〔2010〕44号）第二条：国家实行无居民海岛有偿使用制度。单位和个人利用无居民海岛，应当经国务院或者沿海省、自治区、直辖市人民政府依法批准，并按照本办法规定缴纳无居民海岛使用金。	《无居民海岛使用金征收使用管理办法》第七条：无居民海岛使用金属于政府非税收入，由省级以上财政部门负责征收管理，由省级以上海洋主管部门负责具体征收。	《无居民海岛使用金征收使用管理办法》第八条：无居民海岛使用金实行中央地方分成。其中20%缴入中央国库，80%缴入地方国库。	《无居民海岛使用金征收使用管理办法》第九条：无居民海岛使用金纳入一般预算管理，主要用于海岛保护、管理和生态修复。
水	水资源税	取用环节	《中华人民共和国资源税法》第十四条：国务院根据国民经济和社会发展需要，依照本法的原则，对取用地表水或者地下水的单位和个人试点征收水资源税。征收水资源税的，停止征收水资源费。《财政部 税务总局 水利部关于印发〈扩大水资源税改革试点实施办法〉的通知》（财税〔2017〕80号）：自2017年12月1日起在北京、天津、山西、内蒙古、山东、河南、四川、陕西、宁夏等9个省（自治区、直辖市）扩大水资源税改革试点。	《中华人民共和国资源税法》第十四条：水资源税根据当地水资源状况、取用水类型和经济发展等情况实行差别税率。	《财政部 国家税务总局关于全面推进资源税改革的通知》（财税〔2016〕53号）：水资源税仍按水资源费中央与地方1∶9的分成比例不变。河北省在缴纳南水北调工程基金期间，水资源税收入全部留给该省。《财政部 税务总局 水利部关于印发〈扩大水资源税改革试点实施办法〉的通知》（财税〔2017〕80号）：水资源税改革试点期间，水资源税收入全部归属试点省份。	未明确

续表

资源类别	税、费、租	征收环节	法律法规	征收管理	分配情况	规定用途（支出结构）
林草	森林植被恢复费	占用征收环节	《中华人民共和国森林法》第十八条：进行勘查、开采矿藏和各项建设工程，应当不占或者少占林地；必须占用或者征收、征用林地的，经县级以上人民政府林业主管部门审核同意后，依照有关土地管理的法律、行政法规办理建设用地审批手续，并由用地单位依照国务院有关规定缴纳森林植被恢复费。	未明确	未明确	森林植被恢复费专款专用，由林业主管部门依照有关规定统一安排植树造林，恢复森林植被。
	草原植被恢复费	占用征收环节	《关于同意收取草原植被恢复费有关问题的通知》（财综〔2010〕29号）第一条：进行矿藏勘查开采和工程建设征用或使用草原的单位和个人，应向相关省、自治区、直辖市草原行政主管部门或其委托的草原监理站（所）缴纳草原植被恢复费。因工程建设、勘查、旅游等活动需要临时占用草原且未履行恢复义务的单位和个人，应向县级以上地方草原行政主管部门或其委托的草原监理站（所）缴纳草原植被恢复费。	《关于同意收取草原植被恢复费有关问题的通知》第四条：县级以上地方草原行政主管部门或其委托的草原监理站（所）收取草原植被恢复费。	全额缴入地方国库	专项用于草原行政主管部门组织的草原植被恢复、保护和管理。使用范围包括：草原调查规划、人工草原建设、草原植被恢复、退化沙化草原改良和治理、草原生态监测、草原病虫害防治、草原防火和管护等开支。

第八章　全民所有自然资源资产考核评价与监督

全民所有自然资源资产考核评价与监督是在委托代理机制和法律授权的基础上,所有权委托主体围绕自然资源资产高效配置和保值增值等目标,对代理主体和法律授权主体开展定期评价考核并采取奖惩措施,加强对代理人日常监督管理,为统一行使全民所有自然资源资产所有者职责、维护所有者权益发挥保障作用。

第一节　全民所有自然资源资产考核评价

2019年,中共中央办公厅、国务院办公厅印发《关于统筹推进自然资源资产产权制度改革的指导意见》,明确提出"探索建立委托省级和市(地)级政府代理行使自然资源资产所有权的资源清单和监督管理制度""建立科学合理的自然资源资产管理考核评价体系"。2021年,中共中央办公厅、国务院办公厅印发《全民所有自然资源资产所有权委托代理机制试点方案》,对全民所有自然资源资产考核评价工作作出部署,要求探索建立履行所有者职责的考核机制。按照党中央、国务院要求和部署,应当按照统一行使全民所有自然资源资产所有者职责的要求,统筹推进考核评价工作和制度体系建设。

一、考核评价主要特点

（一）工作内容侧重资产属性

全民所有自然资源资产考核评价以衡量代理人履行资产所有者职责、全民所有自然资源资产管理情况为目标，通过衡量代理人和法律授权主体履职情况和资产管理等目标完成情况，客观评价自然资源资产合理利用水平和效率，促进资产的高效配置和保值增值。自然资源资产考核评价与自然资源考核评价有一定的区别，前者主要内容是基于"所有者权利"进行的履职行为和资产变动情况；后者主要内容是基于"监管者权力"进行的管理行为和资源变动情况，偏重于行政监管。

（二）工作目标突出综合价值评判

自然资源资产兼具经济效益、社会效益和生态效益，自然资源资产的保值增值，不仅是经济价值的保值增值，也含有社会效益和生态效益的保值增值。因此，相较于企业和行政事业性国有资产的考核侧重关注经济效益和社会效益而言，自然资源资产考核评价更全面地关注自然资源总量、资产经济收益、生态效益的改善，以及自然资源保护与利用等情况。

二、国内相关考核评价现状

当前，在生态文明、自然资源和国有资产领域，中国已基本构建了多层级、多门类的考核评价体系，但尚没有建立全民所有自然资源资产考核评价制度。

生态文明建设领域涉及的考核评价主要包括生态文明建设目标评价考核[①]、

---

① 2016年12月22日，中共中央办公厅、国务院办公厅印发《生态文明建设目标评价考核办法》，国家发展改革委、国家统计局、环境保护部、中央组织部等部门制定印发了《绿色发展指标体系》和《生态文明建设考核目标体系》，开展生态文明建设评价考核。当前，生态文明建设目标评价考核工作已经纳入高质量发展考核体系，不再单独开展。

污染防治攻坚战成效考核[①]等；自然资源领域相关专项考核评价包括耕地占补平衡、耕地保护目标责任等；企业和行政事业性国有资产领域考核评价包括中央企业负责人经营业绩等。有些地区虽然探索建立了自然资源资产考核评价制度，但实质上仍为自然资源管理考核评价，对所有权行使和资产管理聚焦不够。例如，湖州市开展自然资源资产保护与利用绩效考核评价，主要以自然资源资产负债表为基础，通过评价指数的形式，反映自然资源保护、开发利用和生态环境改善的绩效及变化。[②]

表 8–1　部分自然资源和国有资产领域考核评价体系对比

类别	制度名称	实施主体	对象	客体	方式
生态文明类	《生态文明建设目标评价考核办法》	党中央、国务院考核，中共中央、国务院组成部门实施	省级党委和政府	资源、能源、环境等领域	年度评价+期末考核（五年）
	《美丽中国建设评估体系》	第三方机构（中国科学院）	全国及31个省、自治区、直辖市	资源、能源利用、环境质量等领域	以五年为周期开展两次评估
	《绿色发展指标体系》	国家统计局、国家发展改革委、原环境保护部会同有关部门	省级党委和政府	资源、环境、生态、绿色生活、公众满意	年度评价
自然资源类	国家公园评价考核（推荐性国家标准）	国家公园管理局	国家公园	国家公园管理、建设、保护、自然禀赋、生态资产等	年度考核+阶段评价（五年）
	《耕地占补平衡考核办法》	自然资源部	依法批准占用耕地的非农业建设用地补充耕地方案	耕地占补平衡工作	年度考核

---

① 2020 年 4 月 30 日，中共中央办公厅国务院办公厅印发《省（自治区、直辖市）污染防治攻坚战成效考核措施》。

② 2016 年 11 月，湖州市印发《湖州市自然资源资产保护与利用绩效考核评价暂行办法》。

续表

类别	制度名称	实施主体	对象	客体	方式
自然资源类	湖州市自然资源资产保护与利用绩效评价考核	湖州市	市管辖县（区）	自然资源资产保护与利用	年度考核
	地方党政主要领导自然资源资产离任审计	审计署	地方党政主要领导	任期内考核	—
	《省级政府耕地保护责任目标考核办法》	国务院考核，自然资源部会同有关部门实施	省级政府	耕地保护工作	年度自查+期中检查+期末考核（五年）
企业国有资产类	《中央企业负责人经营业绩考核办法》	国资委考核分配工作领导小组	中央企业负责人	央企经营数据、社会责任履行情况	年度考核+任期经营业绩考核（三年）

（一）当前的考核评价侧重于行政考核，考核对象以省、市、县各级党委或政府为主

当前的考核评价主要关注政府实施行政管理或公共事务管理行为的成效，比如上级政府对下一级政府开展污染防治、耕地占补平衡、国家公园建设和管理等工作的考核评价，侧重于自然资源管理、环境管理等行政考核。根据实施主体的差异，现行的考核评价一般分为两类：第一类是由各级党委或政府组织考核，由某一政府组成部门具体实施；第二类是由各级党委或政府的组成部门单独考核或牵头组织考核。

考核评价对象以省、市、县各级党委或政府为主，仅有部分考核评价工作例外，如中央企业负责人经营业绩考核的对象是中央企业负责人。[①]通常情况下，一项考核评价工作只针对确定的某一类考核对象，也有考核评价对象多元化的，比如《深圳市生态文明建设考核制度（试行）》同时考核区级政府、市直

---

① 2019年3月1日，国务院国有资产监督管理委员会令，发布《中央企业负责人经营业绩考核办法》。

部门以及重点企业①，将多个考核对象统一纳入到同一项考核评价制度。

专栏 8-1　省（自治区、直辖市）污染防治攻坚战成效考核

（1）考核对象

各省（自治区、直辖市）党委、人大、政府。

（2）考核主体

中央生态环境保护督察工作领导小组牵头组织，中央办公厅、中央组织部、全国人大常委会办公厅、国务院办公厅、生态环境部参加。

（3）考核方式与实施

围绕污染防治攻坚战目标任务设置考核指标，采用百分制评分，结果划分为优秀、良好、合格、不合格 4 个等级。考核目标年为 2019 年和 2020 年，考核工作于次年 7 月底前完成。

（4）考核内容与指标体系

对各省（自治区、直辖市）党委、人大、政府污染防治攻坚战成效的考核，主要包括：党政主体责任落实情况、生态环境保护立法和监督情况、生态环境质量状况及年度工作目标任务完成情况、资金投入使用情况、公众满意程度等 5 方面共 13 项指标。

（5）奖惩应用

考核结果作为对领导班子和领导干部综合考核评价、奖惩任免的重要依据，相关财政资金分配的参考依据。省（自治区、直辖市）考核结果为不合格的，由中央对省级党委和政府主要负责人进行约谈；需要问责追责的，依纪依法问责追责。

（二）考核评价方式多样，没有统一规定

考核评价方式大致可以分为三类：第一类是年度考核评价模式，即每年上

---

① 2013 年 9 月，中共深圳市委办公厅深圳市人民政府办公厅关于印发《深圳市生态文明建设考核制度（试行）》。

半年开展一次针对上一年度的考核评价；第二类是年度评价与期末考核相结合模式，通常以五年为一个实施周期，主要是一些在国家层面开展的考核评价工作；第三类是年度评价、期中评估、期末考核模式，这类考核评价设计的目的是及时掌握考核评价期内相关工作任务的阶段性进展情况，研判后续的发展形势，及时调整和完善任务，如省级政府耕地保护责任目标考核等。

专栏 8-2　国家公园评价考核

2020 年 12 月，推荐性国家标准《国家公园评价考核规范》发布，规定了国家公园年度考核和阶段评价的周期、内容、指标等要求。

（1）考核对象

国家公园管理机构

（2）考核主体

上级国家公园主管部门

（3）考核方式与实施

评价考核分为年度考核和阶段评价，年度考核周期为 1 年，阶段评价周期原则上为 5 年。评价考核一般在考核或评价周期的末期进行，也可根据需要和目的进行不定期评价考核。年度考核侧重于建设保护与日常管理，年度考核成果是阶段评价的基础和参考，阶段评价是国家公园规划建设管理目标评价总结。

（4）考核内容与指标体系

年度考核内容包括建设管理任务完成情况、保护管理成效、公共服务和负面清单四个部分共 16 个指标。阶段评价内容包括自然禀赋、管理成效、生态资产和负面清单四个部分共 22 个指标。

（三）考核目标设置分自下而上和自上而下两种，增强考核可操作性

目前，考核评价目标设置方式分为两类：第一类是由考核对象在期初提出

考核目标建议值，考核部门审核后与其签订责任书，考核结果依据责任书完成情况确定，如中央企业负责人经营业绩考核。第二类是由考核部门提前制定考核方案或考核控制目标，考核对象按照考核方案或考核目标开展自查，考核部门结合自查报告、重点抽查、现场检查等情况综合确定考核结果，如生态文明建设目标考核评价等大部分考核评价制度都采用这种实施方式。

专栏 8–3　湖州市自然资源资产保护与利用绩效评价考核

（1）考核对象

湖州市管辖县（区）

（2）考核主体

湖州市生态文明先行示范区建设领导小组组织实施，市生态文明办牵头，市国土资源局、市水利局、市农业局、市林业局、市环保局等主管部门参与。

（3）考核方式与实施

评价考核工作每年开展一次，评价考核结果以两种形式发布：一是量化指数，二是定性等次。

（4）考核内容与指标体系

评价考核指标体系由自然资源资产保护、自然资源资产利用和生态环境改善3大类别、10方面、20项基础指标组成。

（5）奖惩应用

考核结果作为生态文明建设实绩考核的重要内容，纳入市对县区经济社会发展综合评价和党政领导干部实绩考核。对优秀地区进行表扬奖励，对不合格地区进行批评，责任追究。

（四）考核结果评定多以定量为主，结果与党政领导干部任免、绩效考核等挂钩

目前考核评价工作大都采用百分制评分法，依据指标权重采用指标赋分的方式，综合确定考核评价得分，并按照四级（优秀、良好、合格、不合格）、三

级（优秀、合格、不合格）等划分法确定。大部分考核评价设置约束性指标或条件，根据约束性目标完成情况进行得分或扣分处理。考核评价结果作为领导干部综合考核评价、干部奖惩任免的重要依据，并按照考核评价等级进行通报表扬、通报批评、约谈、限期整改、责任追究等。也有部分考核评价提出更加具体的奖惩措施，如在相关专项资金上予以倾斜、相关项目安排上优先予以考虑、扣减专项资金、整改期间暂停相关审批等。

专栏 8-4　中央企业负责人经营业绩考核

（1）考核对象

中央企业负责人，经国务院授权由国务院国有资产监督管理委员会履行出资人职责的企业中由中央或者国资委管理的人员

（2）考核主体

国务院国有资产监督管理委员会

（3）考核方式与实施

由国资委考核分配工作领导小组组织实施，分为年度经营业绩考核和任期经营业绩考核，任期经营业绩考核以三年为考核期。采取由签订经营业绩责任书的方式进行。企业形成经营业绩总结报告，国资委形成考核意见，并将奖惩意见反馈给企业。无异议后在一定范围内公开。

（4）考核内容与指标体系

考核导向。突出效益效率、创新驱动、实业主业、国际化经营、服务保障，鼓励企业积极承担社会责任。

分类考核。根据国有资本的战略定位和发展目标，对不同功能和类别的企业，突出不同考核重点，合理设置考核指标及权重，确定差异化考核标准，实施分类考核。

（5）奖惩应用

年度经营业绩考核和任期经营业绩考核等级分为 A、B、C、D 四个级别。国资委依据年度和任期经营业绩考核结果对企业负责人实施奖惩。经营业绩考核结果作为企业负责人薪酬分配的主要依据和职务任免的重要依据。

三、国外经验与借鉴

在国外自然资源资产管理考核评价的实践中，美国内政部自然资源管理绩效考核和英国皇家资产管理评价，具有一定借鉴意义。

（一）美国内政部对自然资源管理的考核

美国实施政府绩效管理考核制度，《政府绩效与结果现代法案》（GPRA）以法律形式对联邦政府各个部门的考核作了具体规定。根据要求，美国联邦政府所属各个管理机构制定管理目标，将目标实现作为绩效考核的核心内容。管理目标主要包括不少于 5 年的战略规划目标和年度的绩效目标。

内政部绩效管理考核主要分为四部分。第一是制定预算计划和目标；第二是绩效计划的审批，国会对绩效目标和预算计划进行审批，并对预算进行分配；第三是政府各部门执行计划，并在年末编制年度绩效报告和项目报告；第四是首席绩效官利用项目评级工具对绩效报告和项目报告进行审查。[1]

战略计划是内政部行动的总路线图，涵盖内政部五年的战略发展信息。计划每四年更新一次，主要通过 6 个任务领域、21 个目标、34 项战略和大约 120 项绩效指标指导未来五年的工作（表 8-2，节选）。任务领域反映了内政部重要工作任务和方向，而目标和战略则描述了实现这些任务的方法，绩效指标反映了部门管理措施目标和可衡量的业绩目标。

绩效考核方面，内政部根据不同部门核心工作业务的管理措施目标或业绩目标设置考核指标，每条考核指标都列出了明确的考核对象和部门。绩效指标主要分为五类：第一类是目标完成率，是对自然资源管理工作开展的考核，通常以百分比的形式设置目标，考核判定目标达成的比率，如目标土地和水管理研究行动的完成率；第二类是具体自然资源本身的比率，通常以百分比的形式设置目标，是对自然资源管理结果的考核，考核具体工作成效的判断，如入侵

---

[1] 美国内政部官网 [EB/OL].https://www.doi.gov/performance/integrated-strategic-planning-and-annual-performance-reports。

表 8–2　美国内政部战略计划与绩效指标（2018—2022 年，节选）

任务领域	目标	战略	绩效指标	目标值	部门
1. 保护我们的土地和水	1.利用土地、水、物种和栖息地管理方面的科学来支持决策和活动	1.将科学应用于土地、水和物种管理中	目标土地和水管理研究行动的完成率	100%	USGS
		2.负责管理土地、地表水、溪流和海岸线	达到管理目标的土地面积比例	88.90%	BLM FWS NPS
	2.管理 DOI 水的储存和传输，以解决冲突	4.管理水资源和输送	支持水管理、规划和预开发的项目的百分比	77%	BIA
2. 创造收入和利用我们的自然资源	5.确保美国的能源和经济安全	8.促进安全和稳健的能源资源开发	目标能源资源评估和研究的完成率	100%	USGS
		9.提供水电	2018 年至 2022 年安装的水电容量	50 MW	BOR
	6.确保获得矿产资源	10.管理非能源矿产的开发	已处理的非能源矿产勘探和开发请求的百分比	30%	BLM
	7.确保公众获得公平的资源市场价值；并在适当时候收回成本	11. 确保准确、及时地核算和收集能源收入	联邦和印第安石油和天然气收入按法规及时支付的百分比	98%	ONRR
	8.关注木材项目的"健康森林"生命周期	13.管理木材和林产品资源的销售	符合计划的木产品数量	285	BLM
	9.管理放牧资源	14.提供可持续的饲料和放牧	按计划处理放牧和租赁许可百分比	16%	BLM
5. 保护我们的人民和边境	15.确保应急准备和内政部执法人员配备解决公共安全风险	23.确保土地上的公共安全	具有执法人员配备计划的 DOI 执法机构百分比	100%	OLES
	18.提供科学知识，以保护社区免受自然灾害侵害	27.自然灾害的风险监测评估和应对	国家高威胁地区目标自然灾害评估完成百分率	4%	USGS
6. 组织管理和基础设施现代化	21.确定内政部基础设施需求的优先级，并及时维护	31.提高基础设施许可程序的透明度和及时性	处理和完成钻探许可证申请的平均时间	90 天	BLM

注：BLM：土地管理局；BOR：农垦局；FWS：鱼类和野生动物管理局；NPS：国家公园管理局；OLES：执法和安全办公室；ONRR：人力资源办公室；USGS：美国地质调查局。

植物的百分比；第三类是绝对数量指标，是从数量方面对目标完成的判断，如安装的水电容量和新开放给狩猎和捕鱼的国家野生动物保护区的面积数目等；第四类是利用指数判定，利用综合指数评估的结果作为考核内容，如员工敬业度指数；第五类是满意度，通过服务对象满意度反映政府工作成效，如体验质量感到满意的访客百分比。

（二）英国"皇家自然资源"管理评价

英国是君主立宪制国家，英国的自然资源在法律上都归国王所有，具体的土地使用者只拥有自然资源的使用权。英国的土地使用权多数为私人所有，分为永久使用权（Freehold）和租赁使用权（Leasehold）两类。[①]王室土地名义上属于王室在位君主，但不是君主的私有财产，不能被君主出售，收入也不属于君主个人。在1961年《皇家地产法》的支持下，皇家资产由一个独立的组织——皇家财产局（The Crown Estate）管理，资产的盈余收入每年支付给财政部，以造福国家财政[②]。

皇家财产局作为政府以外的公共机构，是一家在商业基础上运营的法定公司。公司主要职责是维护运营皇家资产，提高皇家资产价值和回报，做好日常管理。皇家财产局专员代替英国女王履行具体的资产管理职责。作为"公有"资产公司化运营的一种方式，对皇家财产局的评价考核主要通过报告和审计两种方式开展。报告和审计核心内容是资产利用和收益状况，也包含战略计划以及对国家需求的保障情况等。

报告制度：在每个财政年度结束后，专员应向女王提交一份当年职责履行情况的报告，包括目标完成情况（表8-3）和收支状况等，并抄送议会各院。专员应当保存好账户和其他有关记录，包括皇家财产局和专员的运营活动和收入支出预算，并提交财政部。专员应在其账目中区分资本和收入，并可以在资本账户和收入账户之间做出适当调整，比如根据土地租赁期的长短选择计入资

[①] 陈勇："英国土地制度及其实践"，《山东国土资源》，2007年第2期。

[②] https://www.thecrownestate.co.uk.

本账户还是收入账户等。①

表 8–3　英国皇家财产局目标完成情况自评内容

目标项	2020/21 具体目标	2020/21 完成情况
积极管理资产，以推动商业目标	净收入收益增长：三年滚动的净收入收益年增长 4%	三年滚动净收入同比减少 6.5%（未完成）
	总回报：在年度化的三年滚动基础上，优于定制的总回报基准	三年滚动基准总回报 5.7 个百分点（完成）
培养高绩效的文化和好的工作环境	员工敬业度：高于英国国家标准 78%（2020/21）	84% 的员工认为拥有较好的工作环境
通过高水平的客户和合作伙伴满意度、忠诚度和推荐来建立更牢固的关系	客户满意度：优于客户服务协会基准测试的 76.8%（2021 年 1 月）	86% 的客户"满意"或"非常满意"
长期成为有责任心和弹性的领导企业	健康和安全：与三年滚动平均水平相比，事件严重程度评分（事件和重大接近失误）提高 10%	19%，优于事件严重程度评分比三年滚动平均提高 10% 目标
	碳排放强度：开发了准确的方法来计算排放强度。作为净零碳路线图的一部分，并制定科学的目标	与 2019/20 年基线相比，碳排放强度减少 34%

注：表格信息来自于英国皇家财产局年度报告（https://www.thecrownestate.co.uk/annual-report-2021/）。

审计制度：专员应以财政部指示的形式编制每个财政年度的账目报表，并应不迟于下一财政年度的 11 月底前将其转交主计长和审计长。主计长和审计长应审查和证明专员转交给他的账目，并应将账目的副本连同其报告一起提交给议会各院。

（三）经验和借鉴

1. 自评估是考核评价工作中高效的操作方式

美国内政部的绩效考核是由内政部规划和业绩管理办公室开展的内部考

---

① 英国皇家遗产法.[EB/OL].https://www.thecrownestate.co.uk/media/3064/the-crown-estate-act.pdf.1961/2022.1.20.

核,理论上属于自我评估和考核。英国皇家财产的考核主要通过报告的形式进行自评估并向财政部和国会进行汇报。开展自评估一方面可以节省行政资源,另一方面可以做到较好地自我约束和督促,但对于自评估结果的公正性可能需要更多的措施来强化。

2. 法律法规的完善是考核评价工作顺利开展的有力保障

美国政府绩效考核工作能够有序开展并对政府执政能力产生较好的督促作用,重要的因素之一是有明确的法律依据和要求,《政府绩效与结果现代法案》(GPRA)对绩效评估工作开展奠定了基础。英国对皇家资产管理的报告和审计工作主要依据也有《皇家地产法》的支撑。因而在考核评价工作中,如果有明确的法律支撑,工作开展基础会更加坚实。

3. 考核评价指标责任落实应该尽量明确具体

美国政府绩效考核的指标都是落实到具体工作开展的下属部门,每个指标都有明确的责任主体单位。在中国全民所有自然资源资产考核评价中,也应该根据不同自然资源管理的主体责任,将资产管理责任落实到主管部门,并以指标的形式具体明确体现。

4. 评价指标以定量为主,并不断调整完善

美国政府绩效考核评价工作中的约120个指标中,多数都是定量指标,对工作目标进展的考核主要通过完成率来衡量,对资产管理结果主要通过数量和比例来衡量,对于比较综合的事项,也通过综合指数进行量化。美国政府绩效评估考核总体框架前后具有一致性和延续性,但具体指标体系,会根据战略规划目标和绩效目标的不同不断进行调整。

5. 注重考核数据可靠性

无论是美国内政部自然资源管理绩效考核还是英国皇家财产局的报告和审计,都非常重视数据的可靠性。其中,美国政府绩效评估体系有独立的数据库体系和数据质量验证标准,通过数据质量验证,公开的数据库系统,对绩效评估进行进一步的监督。英国皇家财产局的账户报告和账户,也需要对平时工作进行详尽的数据记录,并提交审计和国会。

6. 考核评价结果及时公布并影响下一年度绩效计划

美国内政部及时向社会公布年度绩效报告,年度绩效报告包括上年度的绩效评估情况和下个年度的绩效计划。规划和绩效管理办公室根据总体的战略规划和绩效分析结果，就目标和计划是否实现以及未来目标和规划提供建议，跟踪进度并促进决策。自然资源资产考核评价工作也可采取一定的方式公开，并加强其结果应用，促进自然资源资产管理水平提升。

四、考核评价制度设计

相比生态文明建设和国有资产领域的考核评价工作，对全民所有自然资源资产所有者职责履行情况进行考核评价是一项全新的工作，涉及土地、矿产、森林、草原、湿地、海洋、水等资源门类和国家公园等特殊空间。同时，自然资源资产具有较强的系统性、整体性，各门类资源之间又存在较大的差异性，需要按照统一行使全民所有自然资源资产所有者职责的目标，研究制定集"综合—分类—区域—功能"于一体的考核评价标准和指标体系。

（一）考核评价总体思路

全民所有自然资源资产考核评价以"主张所有、行使权利、履行义务、承担责任、落实权益"的所有者职责为主线，以自然资源清单为依据，以衡量所有者职责履行和资产变动情况为重点，以结果应用为导向，充分体现不同资源种类的属性差异和区域差异，构建全民所有自然资源资产考核评价工作体系，逐步实现由自然资源部代表国务院进行统一考核评价，统筹开展统一制度设计、统一标准规范、统一组织实施和统一监督管理，为落实和维护国家所有者权益，促进自然资源资产高效配置和保值增值，推进生态文明建设提供有力支撑。

（二）考核评价基本原则

坚持定量与定性相结合。对制度建设、工作落实等履职工作进展情况以定性评价考核为主。对资产变动、资源效率等指标以定量评价为主。

坚持共性与特性相结合。考核评价应反映所有者职责履行和资产管理过程中的共性问题，也应根据不同资源资产属性，体现分门类资源资产的特性和空间差异性问题。

坚持奖励与惩罚相结合。考核评价的结果在应用过程中，既要对优秀的地区进行奖励，也要对不合格的地区进行相应的惩罚。

坚持客观性。考核评价以客观性评价为主，真实反映资产管理中的关联与因果，合理区分自然与人为因素、正常与异常因素，全面、科学、准确、权威和有层次的展现资产管理水平。

坚持可操作性。考核评价中应充分利用自然资源管理中涉及的资产数据，减少二次计算带来不确定性，确保数据有来源、方法有共识、过程可校核、结果可验证、实施好操作。

坚持可比性。考核评价应充分考虑资产和地区的差异性，保持指标体系相对稳定、全面系统，计算结果直观清晰，保证不同对象之间、同一对象不同时期能够进行比较和判定。

（三）考核评价工作内容

1. 确定主体和对象

结合全民所有自然资源资产考核评价的特点和关注重点，根据自然资源部"两统一"职责和《全民所有自然资源资产所有权委托代理机制试点方案》有关要求，考虑到中国当前自然资源资产的管理现状，采用统一考核评价为基础、逐级实施的方式开展考核评价。

中央层面考核评价的组织实施主体为自然资源部，对象为省级人民政府和新疆生产建设兵团。同时，自然资源部也可根据管理需要，对代理行使所有者职责的市（地）级政府、依法履行所有者职责的主体、承担部分所有者职责管理事项的主体等进行考核评价。省级层面的考核评价组织实施主体为省级人民政府，考核对象为市（地）级人民政府和依法履职的县级人民政府。对国有重点林区、国家公园内全民所有自然资源资产的考核评价由自然资源部会同国家林草局开展。

2. 界定范围边界

综合考虑全民所有自然资源资产管理实际，现阶段将考核评价范围界定为全民所有的土地、矿产、海洋、森林（含国有重点林区）、草原、湿地、水、国家公园等八类自然资源资产（含自然生态空间）。在以后的实践中，考核评价范围可根据自然资源资产管理工作需要和委托代理机制要求进行调整。

3. 明确方式和周期

充分考虑自然资源和生态领域已经实施的考核评价，全民所有自然资源资产考核评价采取"年度评价+期末考核"的方式开展，以自然年为单位，五年为一个周期，前四年开展一次年度评价、第五年开展期末考核，与国民经济和社会发展五年规划的周期保持一致。

自然资源部对省级人民政府的年度评价以省级自查和自然资源部组织抽查相结合的方式开展，期末考核由自然资源部根据制定的考核指标体系统一组织实施。年度评价和期末考核均实行百分制，结果分为优秀、良好、合格、不合格四个等级。

4. 设定内容和指标

年度评价围绕所有者职责设置指标体系，从资产清查、确权登记、资产保护、资产配置、合理利用、损害赔偿、收益管理等方面评价代理人职责履行情况、工作进展和成效等。同时，设置正向激励指标和负面约束指标，对评价对象进行加分或扣分，以激励所有者职责履行过程中的实践创新和制度创新，预防重大资产损害及流失等负面事件发生。

期末考核立足全民所有自然资源资产管理目标，并与国民经济和社会发展规划、自然资源保护和利用规划等衔接，从资产数量、质量、价值、所有者权益等方面设置指标体系，涵盖主要资源资产门类，且以定量指标为主，考核代理人在一定时期内的资产管理目标完成情况。

（四）考核评价成果应用

按照先易后难的原则，近期探索将考核评价结果应用于：

（1）对考核评价优秀的地区，通过通报表扬、指标奖励、人员嘉奖的方式进行激励；对于考核评价不合格地区，进行批评、约谈、限期整改、责任追究等。

（2）受托人出现严重失位、缺位的情形，委托方可减少自然资源资产委托种类和范围，限制其代理行使的权利，并相应调整自然资源清单的相关内容。

（3）将考核评价结果抄送组织部门、审计部门。

第二节　全民所有自然资源资产监督机制

一、概念内涵

《辞海》对"监督"解释为"古之遣将，上设监督之重，下设副二之任"。[①] 在日常应用中，监督是指检查和督促，常见的监督包括人大监督、民主监督、行政监督、司法监督、新闻舆论监督、群众监督[②]等。

全民所有自然资源资产监督是中国自然资源国家所有权行使制度的重要内容和自然资源资产产权体系的重要组成部分[③]，也是全民所有自然资源资产考核评价监督体系的有机构成。全民所有自然资源资产监督是基于所有权这一权利来源，对全民所有自然资源资产所有者职责履行情况的督促检查。与基于监管权、对国土空间用途管制等自然资源管理行为进行监管不同，全民所有自然资源资产监督主要关注所有者对代理人履行所有者职责情况的监督，不包括行政监督。

全民所有自然资源资产监督机制的建立和实施，能有效发挥各方对全民所有自然资源资产管理的监督，形成监督合力，增强监督的严肃性、协同性、有效性，共同促进全民所有自然资源资产管理能力提升。同时，还能有效监督考核评价机构和相关人员依法依规开展考核评价，确保考核评价过程和结果客观真实、公平公正，提高科学性、准确性和权威性，拓展结果应用领域，推动考核评价制度加快落地实施，更好支撑统一行使全民所有自然资源资产所有者职责。

---

① 《辞海（缩印本）》，上海辞书出版社，1980年。
② 秦前红："人大监督监察委员会的主要方式与途径——以国家监督体系现代化为视角"，《法律科学（西北政法大学学报）》，2020年第2期。
③ 叶榅平："自然资源国家所有权行使人大监督的理论逻辑"，《法学》，2018年第5期。

二、主要原则

一是公开性原则。建立全民所有自然资源资产监督机制,监督的全流程面向社会公开,使社会公众能够参与到监督过程中,增加监督工作的透明度和关注度。

二是独立性原则。监督的主体和对象之间必须是独立的没有利益关联性的行为主体,不存在依附、服从、利益往来等关系,监督主体可以独立完成监督工作,增加监督的权威性和公平性。

三是官方与社会相结合的原则。监督既有上级政府实施的监督,也有社会公众、舆论机构、公益组织等其他主体参与或主导实施的监督。通过形式多样的监督,充分调动社会各界积极性和参与度,构建完善的监督体系和网络。

四是纠错与预防相结合的原则。全民所有自然资源资产监督以解决管理过程中存在的问题为目标,纠正对自然资源资产造成损害的不合理行为。在此基础上,通过全流程、全领域的实时监控,以及完善的预警机制,实现提前预防和警示,保证国有自然资源资产安全和不受侵害。

三、总体设计

积极构建全民所有自然资源资产监督体系,通过代理人向委托人定期报告、加强日常监督,建立所有者监督机制;充分发挥人大、司法、审计和社会监督作用,形成监督合力;推动自然资源资产管理信息系统和监管平台建设,探索卫星遥感、人工智能等技术的应用,创新监督方式和手段,加强对全民所有自然资源资产的监督管理。

(一)建立代理人向委托人定期报告制度

在委托代理机制下,建立全民所有自然资源资产所有者职责的代理人向委托人定期报告的制度。所有者职责代理履行主体作为代理人,每年就其受托的全民所有自然资源资产所有者职责履行情况及成效等,向委托人进行定期报告;对于特别重大的事项或年度内发生自然资源资产重大损害等情形,可以根据实际情况进行专项报告，接受委托人的监督。

（二）加强日常监督力度

一是探索对损害全民所有自然资源资产、侵害所有者权益等事项开展日常巡查和监管，进一步完善全民所有自然资源资产管理中违法违规事件的认定标准；通过对土地供应开展"两随机一公开"抽查、依法严肃查处损害所有者权益案件等方式，加强对代理人受托资产管理及职责履行情况的动态监管。二是发挥自然资源督察机构、执法机构作用，对所有者职责履行和权益维护情况开展督察和执法，监督代理人在资产管理过程中出现的所有者职责缺位以及权益受到侵害等情况。三是探索建立与行政管理过程中的监督执法相互协调配合的工作机制，加强与自然资源执法以及公安、生态环境、水利、林草等相关部门的贯通协调，建立信息沟通、线索移交、措施配合、成果共享的多方监督合作机制。

（三）推动形成各方监督合力

利用领导干部自然资源资产离任审计、人大问询、纪委监委问责、自然资源督察、媒体监督、网络监督等渠道，发挥人大、行政、司法、审计和社会监督作用，实现对全民所有自然资源资产管理情况的全过程、多角度监管。完善信息公开制度，引导社会媒体和公众等参与监督，提高公众积极性，强化社会监督力度，推动形成各方监督合力。

（四）探索创新监督方式

依托自然资源资产管理信息系统和监管平台建设，加强对全民所有自然资源资产的监督管理，汇集各项资产管理数据和资料成果，掌握代理人履行所有者职责情况和资产变动情况，实现对重要资源资产、重点区域和重大问题的及时预警和处置。探索卫星遥感、人工智能等新型技术在资产监督方面的应用，及时发现和并识别自然资源资产损毁、质量下降事件，提高发现效率；通过大数据、云计算等手段，自动计算、筛选自然资源资产管理数据，实现监督主体多元和同步；探索通过区块链等技术跟踪标记自然资源产品和管理数据，做到高效、精准、实时监督。

第九章 国有自然资源资产管理情况报告

国有自然资源资产是国有资产的重要组成，是全体人民共同的宝贵财富，是国民经济和社会发展的重要物质基础和空间载体。做好国有自然资源资产管理情况报告，建立健全相应制度是贯彻落实党中央加强人大国有资产监督职责的重要举措，也是履行统一行使全民所有自然资源资产所有者职责的重要方式。本章主要从国有自然资源资产管理情况报告制度的背景意义、制度探索、具体实践和制度展望，介绍近年来开展国有自然资源资产管理情况报告制度建设和首次专项报告情况。

第一节 国有自然资源资产管理情况报告制度的背景意义

一、主要背景

依据宪法和法律，国务院代表国家行使国有资产（含国有自然资源资产）所有权并负有管理职责，县级以上地方各级人民政府负有国有资产管理职责。党的十八大以来，党中央高度重视人大工作，提出加强人大国有资产监督职能，各级人大及其常委会负有国有资产监督职责。党的十八届三中全会提出"统一行使全民所有自然资源资产所有者职责",是生态文明建设以及自然资源资产管理领域的重大理论创新、制度创新,是权益管理的前提和基础。向本级人大及其常委会报告国有自然资源资产管理情况是各级政府的一项重要工作,是国有资产(含国有自然资源资产)受托人向委托人报告、受其监督的重要内容,是受托人的一项重要义务和责任。

2017年11月,习近平总书记主持召开十九届中央全面深化改革委员会第一次会议,审议通过《关于建立国务院向全国人大常委会报告国有资产管理情况的制度的意见》,并指出建立国务院向全国人大常委会报告国有资产管理情况的制度,是贯彻党的十九大强调的加强国有资产监督管理的一个重要举措。要坚持党的领导、人民当家做主、依法治国有机统一,支持和保证人大依法行使监督权,规范报告方式、审议程序及其重点,推进国有资产管理的公开透明,使国有资产更好地服务发展、造福人民。当年12月,中共中央印发《关于建立国务院向全国人大常委会报告国有资产管理情况制度的意见》(以下简称《报告制度意见》),明确国有自然资源资产管理情况的专项报告是国有资产管理情况四方面专项报告之一。

二、总体进展

2019年4月,中共中央办公厅、国务院办公厅印发《关于统筹推进自然资源资产产权制度改革的指导意见》(以下简称《产权改革指导意见》),要求国务院自然资源主管部门按照要求定期向国务院报告国有自然资源资产报告。各级政府按要求向本级人大常委会报告国有自然资源资产管理情况。2019年5月,全国人大常委会印发《十三届全国人大常委会贯彻落实〈中共中央关于建立国务院向全国人大常委会报告国有资产管理情况制度的意见〉五年规划(2018—2022)》(以下简称《五年规划》),把《报告制度意见》中主要制度设计作出阶段性规划,明确了具体时间表和路线图,增强了工作的规范性和引导性,确保国有资产报告工作稳步推进。[1]为进一步健全人大国有资产监督制度、完善监

---

[1] 新华社:"管好人民共同财富 加强人大依法履职——全国人大常委会预算工作委员会主任史耀斌详解全国人大常委会出台《五年规划》加强国有资产监督",2019年5月22日。

督机制，2020年12月，全国人大常委会出台了《关于加强国有资产管理情况监督的决定》（以下简称《监督的决定》），将报告方式和重点、审议程序和重点、监督方式和重点等要求转化为法律规范，为贯彻落实党中央有关决策部署、推进国有资产治理体系和治理能力现代化提供有力的法制保障。这些都为建立国有自然资产管理情况报告制度提供了依据和遵循。

2021年10月21日，全国人大常委会首次听取和审议《国务院关于2020年度国有自然资源资产管理情况的专项报告》，会后公开了报告内容。除江西省将专项报告安排在2022年外，2021年30个省（自治区、直辖市）人民政府完成了首次向本级人大报告国有自然资源资产管理情况，已基本建立国有自然资源资产管理情况报告制度。

三、重大意义

做好国有自然资源资产管理情况报告工作，建立健全相关制度，有利于各级政府主动接受人大监督，摸清国有自然资源资产家底，向全国人民报出一份国有自然资源资产的明白账，切实保障人民的知情权、参与权和监督权，体现自然资源资产的全民所有、全民监督、全民共享；有利于突出问题导向，推动国有自然资源资产管理体制改革、加强和规范管理工作，进一步提高国有自然资源资产合理保护和节约集约利用水平，更好发挥国有自然资源资产在服务国家经济社会发展、推进生态文明建设、维护国家安全方面的战略支撑和基础保障作用，实现高质量发展。

第二节 国有自然资源资产管理情况报告制度设计和基本架构

一、报告方式和年度安排

按照党中央要求，自2018年起，国务院需每年采取综合报告和专项报告相结合的方式，向全国人大常委会报告国有资产管理情况，并接受人大监督。综合报告全面反映各类国有资产基本情况，专项报告分别反映企业国有资产（不含金融企业）、金融企业国有资产、行政事业性国有资产、国有自然资源等国有资产管理情况。国务院自然资源主管部门按照要求定期向国务院报告国有自然资源资产情况。

根据全国人大有关工作安排，在每届人大常委会任期内，将采取"1+4"的方式，听取和审议国务院关于国有资产管理情况报告，即每年在书面审议国务院关于国有资产管理情况综合报告的同时，听取和审议一个专项报告，届末年份听取和审议综合报告。具体审议安排由每届全国人大常委会国有资产监督工作五年规划确定。十三届全国人大常委会在本届任期内，综合考虑四类国有资产管理基础和改革进展等情况，将国有自然资源资产管理情况专项报告作为最后一个专项报告，于2021年10月首次听取和审议，并公开了报告内容。

二、报告内容和范围

国有自然资源资产管理情况专项报告由正文和附件两部分组成，内容聚焦国有自然资源资产总量，优化国土空间开发格局、改善生态环境质量、推进生态文明建设等相关重大制度建设，自然资源保护与利用等党中央关心、人大关注和社会关切重点进行报告。

（一）报告正文

1. 国有自然资源资产基本情况

该部分主要从实物量与价值量两个维度报告国有自然资源资产家底情况。国有自然资源资产具有丰富性、多样性和地区差异性的特点，基本情况应包含国有自然资源资产的规模、质量、结构、分布、配置、收益、所有者权益、所有权履职主体、使用权及变化等情况，介绍国有自然资源资产有什么、值多少、在哪里、由谁管、谁在用、怎么规划、怎么配置、收益如何及增减变化等，用数字及变动情况体现国有自然资源资产保值增值情况及管理成效。该部分先介绍各类国有自然资源资产的实物量和价值量总体情况，再介绍国有自然资源资产配置收益情况，最后介绍国有自然资源资产所有者权益和使用权情况。每一类自然资源可根据相应分类标准进一步细分，并与附件中的国有自然资源资产报表前后呼应。该部分数据及有关内容主要来源于自然资源统一调查监测、确权登记、全民所有自然资源资产清查统计、价值评估与核算、资产配置、资产收益管理等工作。

按照"依法明确和规范报告范围"的要求，国有自然资源资产报告包含的国有自然资源种类应根据中国宪法、民法典及各专项自然资源法律法规规定确定，实现"全口径、全覆盖"，主要包括全民所有土地、矿产、森林、草原、湿地、水、海洋等自然资源资产。全国人大要求，自然保护地作为特殊的保护空间，是各类自然资源的集合体，可作为一类特殊的主体纳入国有自然资源资产报告；野生动植物作为生物多样性的反映，也应该报告。

2. 国有自然资源资产管理工作及成效

该部分主要从贯彻落实中央领导重要指示批示和党中央重大决策部署，履行国有自然资源资产管理职责，完成重点工作情况等方面报告国有自然资源资产管理工作取得的亮点成果和成效。主要包括：一是贯彻落实中央领导同志关于自然资源管理的重要指示批示和重要论述，党中央关于国有自然资源资产的重大决策部署情况；二是加强重大基础性工作，加大国有自然资源资产保护力度，强化国有自然资源资产节约集约高效利用，促进国有自然资源资产保值增值和推进国有自然资源资产法治建设等人大监督、审议关注的重点内容。其中，履行所有者职责，维护国家所有者权益是重要内容之一，主要涵盖全民所有自然资源资产所有权委托代理机制、规划使用与管护、价值评估与核算、清查统计、资产配置、资产收益管理、考核评价、资产报告等方面。该部分应使用数据、政策、标准规范、典型实例等支撑，通过前后对比变化和图表等形式，体现出国有自然资源资产管理工作取得的实效。

此外，该部分还应归纳总结国有自然资源资产管理存在的突出困难和问题，并剖析造成的主观、客观原因，与后面的下一步工作打算做好有效衔接。

3. 下一步工作打算

该部分主要针对国有自然资源资产管理存在的突出问题，结合今后一段时间国有自然资源资产管理改革方向与要求，提出完善国有自然资源资产管理和推进国有自然资源资产报告工作的措施和建议。

（二）报告附件

报告附件主要是对报告正文的补充说明、解释。主要包括国有自然资源资产报表、名词解释及其他需要说明的重要事项。其中，国有自然资源资产报表作为报告的重要组成部分，主要从实物量和价值量等方面，反映所报告年份国有自然资源资产的规模、质量、结构、配置、收益及变动情况，与报告正文内容前后呼应。表中指标要选择关键的重要指标，确保数据可获得、连续、可比；名词解释是对国有自然资源资产报告中出现的重要名词术语的概念内涵进行解释说明，以便审议人员更好理解、把握报告内容。

第三节　国有自然资源资产管理情况报告编报实践

2018年以来，自然资源部按《报告制度意见》要求，每年根据职责分工起草编制年度国有自然资源资产管理情况报告，配合财政部将核心内容纳入综合报告，提请全国人大常委会审议。经过三年的实践探索，初步明确了"工作报告+统计报告""资源+资产""国有+集体"的报告编制思路，报告范围逐步扩大到国有土地、矿产、森林、草原、水、海洋、国家公园等自然资源资产，报告基本内容和体例不断规范，形成了国有自然资源资产基本情况、工作进展及成效、存在问题及下一步工作安排等结构的报告内容框架，构建了与财政部、水利部、林草局及全国人大常委会预算工委等横向沟通机制，加大了对地方自然资源主管部门间的督促指导力度，为专项报告奠定了基础。

一、2020年度专项报告的编报

2021年，自然资源部会同国家发展改革委、财政部、生态环境部、水利部、审计署、统计局和林草局等七部门研究起草了国务院关于2020年度国有自然资源资产管理情况的专项报告，经国务院审定后，于10月21日，接受了全国人大常委会审议并对社会公开,这是国务院首次向全国人大常委会报告国有自然资源资产管理情况。专项报告从实物量、价值量两个维度,图表结合,全景式报告了国有建设用地、耕地、园地、森林、草原、湿地、矿产、水、海洋、自然保护地和野生动植物等11类国有自然资源资产和生态空间状况,向全国人民交出了一份国有自然资源资产的明白账。还从自然资源开发利用、生态文明建设、国土空间开发保护等多维度,反映了自然资源管理取得的成效,使得全国人民对各类全民所有自然资源资产管理情况的全貌,有了一个整体性的认识。下面,以国务院关于2020年度国有自然资源资产管理情况的专项报告为例,介绍具体编报情况。

（一）总体思路

由于2021年是国务院第一次向全国人大常委会专项报告国有自然资源资产管理情况,2020年又是"十三五"收官之年,因此该报告突破了一般年度报告只反映当年情况的写法,重点围绕"十三五"期间生态文明体制改革以及自然资源管理有关工作进展,同时兼顾2020年统筹做好疫情防控等重大决策部署情况,以展示党的十八大以来,特别是"十三五"期间,在以习近平同志为核心的党中央坚强领导下,自然资源管理取得的成效。

根据《报告制度意见》《监督的决定》提出的报告重点、全国人大常委会监督和审议重点,围绕党中央关心、人大关注和社会关切,站在自然资源管理全局,立足加强自然资源管理,为国有自然资源资产管理奠定基础的角度,坚持实事求是、积极稳妥,情况说不准、讲不清的不上,内容突出重点、不面面俱到,语言精练概括。考虑到国有自然资源资产报告涉及部门多、涵盖范围广的特点,其正文篇幅可比往年其他专项报告的正文篇幅适当增加。同时,为更加生动、直观体现管理情况及成效,进一步提高报告的可读性、可审性,正文在表现形式上增加了图、表。附件则增加了国有自然资源资产报表及名词解释等。

（二）主要考虑

国务院关于 2020 年度国有自然资源资产管理情况的专项报告[①]（以下简称 2020 年度专项报告），正文共包含三个部分，第一部分是国有自然资源资产基本情况；第二部分是全面加强自然资源管理，为国有自然资源资产管理奠定基础；第三部分是下一步工作考虑。

1. 国有自然资源资产基本情况

该部分从"主要国有自然资源资产总量情况"和"国有自然资源资产配置情况"两个方面，主要介绍了截至 2020 年底，土地、矿产、森林、草原、湿地、水、海洋等自然资源的规模、结构、质量、分布情况及野生动植物、自然保护地的规模、分布等情况；国有建设用地、矿产、水、海洋等配置及收益情况则为"十三五"期间的累计值。

鉴于国有自然资源资产价值核算尚在探索阶段，暂无全国尺度上的国有自然资源资产价值量数据，目前尚不能报告国有自然资源资产价值量情况。计划到 2025 年全民所有自然资源资产清查完成的时候，将可以报告土地、矿产、森林、草原、湿地和海洋等国有自然资源资产价值量情况。第三次全国国土调查使用的国土分类标准、矿产资源储量分类标准与以往变化较大，因此今年的土地（含林地、草地、湿地等）、矿产数据与往年不能进行比较分析，2020 年度专项报告缺少资产变动分析。

"主要国有自然资源资产总量情况"中自然资源分类主要基于避免不同类别间交叉重叠的考虑。其中，在报告国有土地总面积后，按照建设用地、耕地、园地、森林（主要为林地）、草原（主要为草地）、湿地展开。由于自然资源统一确权登记尚未实现全覆盖，专项报告中关于国有土地资源资产实物量数据暂采用国土调查中的所有权权属数据。第三次全国国土调查关于耕地质量评价成果较为专业，公众难以理解，专项报告暂未将其纳入。由于森林、草原等有偿使用制度还未建立，缺乏相应数据支持，所以该部分未报告其配置和收益情况。

[①] 全国人大网，http://www.npc.gov.cn/npc/c30834/202110/d1fc1e63e20e4dfe9b5fad0839ab8129.shtml。

专栏 9-1　2020 年度专项报告节选一

1. 主要国有自然资源资产总量情况。

截至 2020 年底,全国国有土地总面积 52 333.8 万公顷(785 006.9 万亩)。其中:

(1)建设用地

全国国有建设用地 1 760.6 万公顷(26 408.5 万亩),其中,城市用地 473.1 万公顷(7 097.2 万亩),占 26.9%;建制镇用地 392.4 万公顷(5 886.0 万亩),占 22.3%;村庄用地 242.4 万公顷(3 636.5 万亩),占 13.8%;采矿用地 136.1 万公顷(2 042.1 万亩),占 7.7%;风景名胜及特殊用地 32.5 万公顷(486.9 万亩),占 1.8%;交通运输用地 420.6 万公顷(6 309.2 万亩),占 23.9%。

(2)耕地

全国国有耕地 1 957.2 万公顷(29 357.4 万亩),其中,水田 410.3 万公顷(6 154.7 万亩),占 21.0%;水浇地 675.0 万公顷(10 125.3 万亩),占 34.5%;旱地 871.8 万公顷(13 077.5 万亩),占 44.5%。国有耕地主要分布在黑龙江、新疆、内蒙古和吉林。

(3)园地

全国国有园地 238.7 万公顷(3 581.1 万亩),其中,果园 119.1 万公顷(1 786.5 万亩),占 49.9%;茶园 9.6 万公顷(144.4 万亩),占 4.0%;橡胶园 62.8 万公顷(941.8 万亩),占 26.3%;其他园地 47.2 万公顷(708.3 万亩),占 19.8%。国有园地主要分布在海南、新疆、云南和广东。

(4)森林

全国国有林地 11 284.1 万公顷(169 261.7 万亩),其中,乔木林地 7 903.3 万公顷(118 549.9 万亩),占 70.1%;竹林地 38.2 万公顷(573.4 万亩),占 0.3%;灌木林地 2 915.3 万公顷(43 730.2 万亩),占 25.8%;其他林地 427.2 万公顷(6 408.2 万亩),占 3.8%。国有林地主要分布在黑龙江、西藏、内蒙古、四川和新疆。全国国有森林蓄积量 101.2 亿立方米。

（5）草原

全国国有草地19 733.4万公顷（296 000.7万亩），其中，天然牧草地16 156.8万公顷（242 352.0万亩），占81.8%；人工牧草地31.0万公顷（464.9万亩），占0.2%；其他草地3 545.6万公顷（53 183.8万亩），占18.0%。

（6）湿地

全国国有湿地2 182.7万公顷（32 740.8万亩），其中，红树林地2.2万公顷（32.8万亩），占0.1%；森林沼泽219.0万公顷（3 285.0万亩），占10.0%；灌丛沼泽69.6万公顷（1 043.8万亩），占3.2%；沼泽草地991.3万公顷（14 869.9万亩），占45.4%；沿海滩涂146.2万公顷（2 192.9万亩），占6.7%；内陆滩涂583.0万公顷（8 745.5万亩），占26.7%；沼泽地171.4万公顷（2 571.0万亩），占7.9%。国有湿地主要分布在青海、西藏、黑龙江、内蒙古和新疆。

（7）矿产

全国已发现矿产资源173种，其中具有资源储量的矿种163个。战略性矿产资源中，现有石油探明技术可采储量36.2亿吨，现有天然气探明技术可采储量62 665.8亿立方米，煤炭储量1 622.9亿吨、铁矿储量108.8亿吨、铜矿储量2701.3万吨、铝土矿储量57 650.2万吨、钨矿储量222.5万吨（三氧化钨）、钼矿储量373.6万吨、锂矿储量234.5万吨（氧化锂）、晶质石墨储量5 231.9万吨。

（8）水

2020年，全国水资源总量31 605.2亿立方米，其中，地表水资源量30 407.0亿立方米，与地表水资源不重复的地下水资源量为1 198.2亿立方米。

全国1 940个国家地表水考核断面中，Ⅰ—Ⅴ类水质分别约占7.3%、47.0%、29.1%、13.6%、2.4%，劣Ⅴ类占0.6%。

（9）海洋

根据《联合国海洋法公约》有关规定和中国主张，管辖海域面积约300万平方千米。中国共有海岛11 000多个，其中，东海海岛数量约占中国海岛总数的59%，南海海岛约占30%，渤海和黄海海岛约占11%。中国海岛中，无居民海岛约占 90%。中国海岸线长度约 3.2 万千米，其中，大陆海岸线约 1.8 万千米，岛屿岸线约 1.4 万千米。中国还拥有海洋生物 2 万多种，其中海洋鱼类 3 000 多种。

（10）自然保护地

全国共有自然保护地 9 200 个，其中，国家公园体制试点 10 个、自然保护区 2 676 个（含国家级自然保护区 474 个）、自然公园 6 514 个。

2015 年以来，国家陆续开展了三江源、大熊猫、东北虎豹、祁连山、海南热带雨林、武夷山、神农架、香格里拉普达措、钱江源、南山等 10 处国家公园体制试点，涉及 12 个省份，总面积 2 231.9 万公顷。

（11）野生动植物

中国是世界上生物多样性最丰富的国家之一。中国自然分布的野生动物中，脊椎动物约 7 300 余种，已定名昆虫约 13 万种，其中大熊猫、朱鹮等 400 多种野生动物为中国特有。中国有高等植物 3.6 万余种，其中特有种高达 1.5 万—1.8 万种。

国家重点保护野生动物共有 980 种和 8 类，其中国家一级保护野生动物 234 种和 1 类；国家重点保护野生植物共有 455 种和 40 类，其中国家一级保护野生植物 54 种和 4 类。大熊猫、朱鹮、藏羚羊等濒危野生动物已基本扭转了持续下降的态势。

2. 国有自然资源资产配置情况。

通过优化国有自然资源资产配置，依法合规取得国有土地使用权出让、矿业权出让等收益，有力维护国家所有者权益。同时，国家持续加大对自然资源资产保护修复的投入力度，促进自然资源资产保值增值。

"十三五"期间，全国国有建设用地累计供应 306.1 万公顷，其中，以出让方式供应 129.1 万公顷，出让价款 290 759.2 亿元。全国矿业权累计出让 10 796 个，合同金额 4 181.3 亿元。全国用海累计审批 91.5 万公顷，征收海域使用金 364.0 亿元。无居民海岛累计审批 33 个，征收无居民海岛使用金 1.4 亿元。

"十三五"期间，全国年平均用水总量 5 986.6 亿立方米，其中，年平均生活用水850.9亿立方米，年平均工业用水1 218.9亿立方米，年平均农业用水3 704.4亿立方米，年平均人工生态环境补水212.4亿立方米。

2. 全面加强自然资源管理，为国有自然资源资产管理奠定基础

由于自然资源管理与国有自然资源资产管理密不可分，自然资源管理是自然资源资产管理的基础，同时当前国有自然资源资产管理尚在探索之中，没有形成成熟的制度体系，该部分在全面反映自然资源管理内容基础上，重点突出自然资源资产管理内容。另外，鉴于国有自然资源资产管理工作与成效难以清晰分割，本部分内容未将管理工作与取得成效分隔阐述，而是采取融为一体、夹叙夹议的报告方式。

该部分围绕《报告制度意见》《监督的决定》规定报告重点、监督和审议重点，结合自然资源管理的业务链条，按照"总—分"的思路进行结构布局。第一，报告了建立健全自然资源管理制度体系情况，主要包括贯彻党中央重大决策部署，建章立制、深化机构改革情况；第二，报告了加强重大基础性工作，主要包括加快统一调查监测、完成第三次全国国土调查、推进统一确权登记、构建权益管理体系、健全有偿使用制度，深化"放管服"等；第三，报告了加大自然资源保护力度，按照自然资源种类，分别报告了耕地保护、找矿突破、水资源安全、野生动植物保护及自然资源灾害防控等。考虑到森林、草原、自然保护地更体现生态效益，因此这些资源的保护放在"加大生态保护修复力度"部分；第四，报告了优化国土空间开发保护格局，主要包括建立"多规合一"的国土空间规划体系、守住安全底线、推进各级国土空间规划编制、完善国土空间用途管制制度；第五，报告了加大生态保护修复力度，主要包括推动构建自然保护地体系、积极构筑绿色生态屏障、稳步提升国有林区、国有林场生态功能、持续保卫蓝天碧水净土、努力构建生态保护修复新格局、加快海洋生态保护修复、推进建立生态产品价值实现机制；第六，报告了强化自然资源节约集约利用，主要按照土地、矿产、水、海洋等自然资源节约与综合利用、强化综合政策引导；第七，报告了推进自然资源法治建设情况，主要包括自然资源立法、依法行政、监督执法。第八，系统梳理了当前国有自然资源资产管理存在的五个方面突出问题，以体现问题导向，使内容更加完整。

专栏 9-2　2020 年度专项报告节选二

"十三五"期间,各地区、各有关部门以习近平新时代中国特色社会主义思想为指导,贯彻习近平生态文明思想,增强"四个意识"、坚定"四个自信"、做到"两个维护",按照党中央、国务院决策部署,坚持人与自然和谐共生,践行绿水青山就是金山银山理念,坚持节约优先、保护优先、自然恢复为主的方针,深入打好污染防治攻坚战,统筹山水林田湖草沙冰一体化保护和系统治理,深化生态文明体制改革,夯实工作基础,优化开发保护格局,提升资源利用效率,自然资源管理工作全面加强,为国有自然资源资产管理奠定坚实基础。

1. 坚决贯彻生态文明体制改革要求,建立健全自然资源管理制度体系。

一是加快自然资源管理制度体系建设。自然资源管理既涉及生态文明建设又关系经济社会持续发展和民生改善。按照党中央顶层设计和谋划,围绕生态文明体制改革目标出台了一系列文件,内容覆盖自然资源资产产权制度改革、自然保护地体系、国土空间规划、三条控制线(永久基本农田、生态保护红线、城镇开发边界)、耕地保护、河湖长制、林长制、天然林保护修复、资产有偿使用和生态补偿、生态产品价值实现机制、现代环境治理体系、耕地保护责任目标考核、领导干部自然资源资产离任审计以及自然资源、生态环境领域中央与地方财政事权和支出责任划分等,建立了省以下生态环境机构监测监察执法垂直管理制度。及时推动农村土地制度改革三项试点(农村土地征收、集体经营性建设用地入市、宅基地管理制度改革试点)等成果纳入相关法律。

二是深化机构改革。贯彻落实中共中央关于深化党和国家机构改革的决定,根据十三届全国人大批准的国务院机构改革方案,着力推进机构职能优化和调整,组建自然资源部、生态环境部、国家林业和草原局,优化水利部、审计署职责,基本建立一类事项原则上由一个部门统筹、一件事情原则上由一个部门负责的自然资源资产管理体制。推动完善生态文明领域统筹协调机制,加强制度系统集成,促进形成协同推进的格局。

2. 加强重大基础性工作,有力支撑自然资源管理。

一是加快自然资源统一调查监测体系建设。自然资源部完善国土调查标准,统一陆海分界、明晰林草分类,将湿地列为一级地类。建立耕地资源质量分类技术体系。构建以立体空间位置为基本纽带的自然资源分层分类模型,划分地表基质层、地表覆盖层、管理层,在地表基质层下设置地下资源层,制定并实施自然资源统一调查监测制度,完善自然资源以及生态环境管理统计调查制度。统筹推进矿产资源国情调查、森林资源调查、第三次水资源调查等自然资源专项调查,完成全国森林碳储量和珊瑚礁、海草床、盐沼生态系统现状调查。加快推进实景三维中国建设。

二是全面完成第三次全国国土调查(以下简称"三调")。"三调"共汇集了2.95亿个调查图斑,全面查清了中国陆地国土利用现状等情况,建立了覆盖国家、省、地、县四级的国土调查数据库。党中央权威和集中统一领导为确保"三调"数据真实准确提供了根本保障。国务院"三调"领导小组多次研究部署,强调"尽可能采用先进技术手段,减少可能出现的人为干扰,千方百计提高数据质量"。创新运用"互联网+调查"机制,严格执行分阶段、分层级检查验收制度,县级初始调查成果平均经过了七轮反复核查整改。强化质量管控中的外部制衡,在调查关键节点先后开展四轮专项督察,引进第三方加强对调查成果的质量评估。

三是推进自然资源和不动产统一确权登记。构建贯穿土地管理全生命周期的地籍调查工作机制,应用不动产单元代码推动实现"一码管地"。自然资源部印发《自然资源确权登记操作指南(试行)》,完成了国家公园体制试点区、长江干流(宜宾以下)、淮河干流中游段、根河等5个国家重点林区、太湖等区域的自然资源确权登记。开展海域、无居民海岛自然资源确权登记试点。29个省(区、市)印发省级自然资源确权登记总体工作方案,24个省(区、市)组织实施了242个自然保护地、河流、湖泊等重要自然生态空间确权登记项目。加强国有农场土地使用管理,明确土地权利,全国农垦国有土地确权登记率达96%以上,维护了国有农场的合法权益。完成易地扶贫搬迁安置住房不动产登记。

四是加快构建全民所有自然资源资产所有者权益管理体系。明确主张所有、行使权利、履行义务、承担责任、落实权益的所有者职责。开展两省四市国有土地资源资产核算试点，推进全民所有自然资源资产清查试点。认真履行统一行使全民所有自然资源资产所有者职责，深入开展所有权委托代理的法理、理论、实践研究，有序开展试点。试编全国和省级自然资源资产负债表。落实全国人大国有资产管理情况监督要求，推动建立地方各级人民政府向本级人大常委会报告国有自然资源资产管理情况制度。

五是健全完善全民所有自然资源资产有偿使用制度。发布自然资源分等定级、价格评估及全民所有土地资源资产核算标准。改革矿产资源储量分类标准，建立健全矿业权出让收益制度，全面推进矿业权竞争性出让改革，推行油气探采合一制度。印发关于水资源有偿使用制度改革的意见，组建全国水权交易平台。

六是深化"放管服"改革。推广应用取水许可电子证照，累计发放取水许可电子证 19 060 套。截至 2020 年底，全国大部分地区都实施了不动产登记、交易、缴税"一窗受理、并行办理"。改革土地管理制度，赋予省级人民政府更大用地自主权，国务院将永久基本农田以外的"农转用"审批事项授权各省级人民政府批准，试点将永久基本农田转为建设用地和国务院批准土地征收审批事项委托北京等 8 个省（市）人民政府批准。推进规划用地审批"多审合一、多证合一"改革，将建设用地审批和规划许可中同一个阶段的同类审批事项进行合并，优化审批流程，减少报件材料，缩短审批周期。建立用地审批"双随机、一公开"监管机制，对省级人民政府用地审批情况进行抽查检查，将抽查结果作为用地审批权委托试点省份动态调整的重要依据。

3. 加大自然资源保护力度，国家安全的资源基础不断夯实。

一是严守 18 亿亩耕地红线，确保粮食安全。开展省级人民政府耕地保护责任目标考核。自然资源部严格落实和改进耕地占补平衡制度，连续三年开展补充耕地项目核查，做到补充耕地可查询可追溯。运用卫星遥感、地理信息系统等技术手段，建立耕地和永久基本农田动态监测监管机制。

推进高标准农田建设，实施土壤污染防治行动计划。

二是努力推进找矿突破战略行动，有力保障矿产资源安全。新形成32处非油气矿产资源基地，锰、锂、石墨等战略性矿产储量大幅增长。发现玛湖等17个亿吨级大油田和安岳等21个千亿立方米级大气田。海域天然气水合物成功完成"探索性""试验性"两轮试采。

三是强化水资源安全。水利部等部门扎实推进饮用水水源保护和华北地下水超采治理。实施重点水源和重大引调水等水资源配置工程建设。南水北调东中线全面通水6周年，累计调水400多亿立方米，直接受益人口达1.2亿人。建立河湖长制，强化河湖保护治理。推进长江岸线、黄河岸线清理整治，提升水生态系统稳定性。开展河湖"清四乱"专项行动，集中整治围垦、侵占、损害河湖的突出问题，重点流域和湖库水质稳中向好。

四是加强野生动物保护。落实全国人大常委会决定，全面禁止非法野生动物交易，革除滥食野生动物陋习。

五是提高自然灾害风险防控能力。初步建立以调查评价、监测预警、综合治理和应急处置为核心的地质灾害综合防治体系。"十三五"期间，地质灾害造成死亡（失踪）人数和直接经济损失较"十二五"期间分别减少38.5%和41.5%。实施海岸带保护修复工程，提升抵御台风风暴潮等海洋灾害能力。稳步推进海洋灾害风险普查，完善海洋生态预警监测业务体系，实施黄海浒苔绿潮防控。

4. 加快构建国土空间规划体系和用途管制制度，推进国土空间开发保护格局不断优化。

一是总体建立"多规合一"的国土空间规划体系。落实国土空间规划顶层设计，统一了包括调查、规划、用途管制、执法督察全过程的用地用海分类标准，基于"三调"为"多规合一"的国土空间规划提供统一底版。

二是守住安全底线。开展永久基本农田、生态保护红线、城镇开发边界三条控制线划定工作，努力做到数、线、图相统一，可操作、可考核、可落地。自然资源部等部门结合自然保护地体系优化调整，开展15省份生态保护红线评估调整以及16省份生态保护红线划定工作。

三是全面推进各级国土空间规划编制。形成《全国国土空间规划纲要（2021—2035年）》初步成果，推进长江经济带、黄河流域、成渝地区双城经济圈、长三角生态绿色一体化发展示范区、上海大都市圈、海岸带等重点区域和流域的国土空间专项规划编制工作，指导地方同步开展各级国土空间规划编制工作。

四是完善国土空间用途管制制度。改革土地利用计划管理方式，以符合规划、真实有效的项目落地作为配置计划指标的依据，切实保障有效投资用地需求。

5. 加大生态保护修复力度，构筑国家生态安全屏障。

一是推动构建以国家公园为主体的自然保护地体系。制定自然保护地分类划定标准，形成以国家公园为主体、自然保护区为基础、各类自然公园为补充的自然保护地分类系统。组织编制全国自然保护地规划，完成自然保护地体系建设总体设计，开展自然保护地整合优化工作。

二是积极构筑绿色生态屏障。国家林草局严格森林分类经营保护措施，实行森林采伐限额和凭证采伐制度，加强公益林管理和天然林保护，全面推进林长制。持续推进国土绿化行动和国家储备林基地建设，加强林草种质资源保护和良种选育推广，实施新一轮退耕还林还草工程，加强草原禁牧和草畜平衡。发布国家重要湿地名录。"十三五"期间，全国森林面积和蓄积量实现"双增长"，森林生态服务功能显著提升，全国累计完成造林5.45亿亩，建设国家储备林4 889万亩，退耕还林5 438万亩，退耕还草516.5万亩，森林覆盖率提高到23.04%，完成防沙治沙任务880万公顷。

三是国有林区、国有林场生态功能稳步提升。完成国有林区、国有林场改革重点任务。林区林场不再承担行政职能，全力投入森林资源保护经营工作。2015年改革以来，停止重点林区天然林商业性采伐，森林面积增长1 063.8万亩，林区生物多样性日趋丰富；全国4 297个国有林场森林面积增长1.7亿亩。总结推广国有林区、国有林场先进技术和经营管理经验，强化森林经营方案实施，促进集体林权保护和森林蓄积量增加、森林质量提高。

四是持续保卫蓝天碧水净土。生态环境部会同有关部门开展秋冬季细颗粒物（PM2.5）和夏季臭氧污染防治攻坚行动，持续实施长江保护修复、城市黑臭水体治理、水源地保护等标志性战役，强化农用地和建设用地土壤污染风险管控，蓝天碧水净土保卫战取得实效。2020年全国地级及以上城市空气质量优良天数比率达到87%，地表水Ⅰ—Ⅲ类水质断面比例达到83.4%，受污染耕地安全利用率和污染地块安全利用率均超过90%。

五是努力构建生态保护修复新格局。国家发展改革委、自然资源部印发《全国重要生态系统保护和修复重大工程总体规划（2021—2035年）》。实施雄安新区等4个区域生态环境保护规划，支持25个山水林田湖草生态保护修复工程试点。编制社会资本参与整治修复的系列文件，建立市场化、多元化的生态修复投入机制。国家重点支持长江经济带、黄河流域、京津冀、汾渭平原等重要区域和流域开展历史遗留废弃矿山修复治理。"十三五"期间，全国完成历史遗留废弃矿山修复治理面积约400万亩；人工种草1 755.2万亩，改良退化草原2 599.7万亩，治理黑土滩、毒害草1 195.0万亩；京津风沙源工程二期实现固沙47.6万亩。

六是加快海洋生态保护修复。除国家重大项目外，全面禁止围填海。加强滨海湿地保护，开展"蓝色海湾"整治，加强保护红树林等典型海洋生态系统。"十三五"期间，修复滨海湿地34.5万亩，整治修复岸线1 200千米，渤海入海河流消劣方案确定的10个国控断面水质均值全部达到Ⅴ类及以上。

七是推进建立生态产品价值实现机制。国务院办公厅印发《关于健全生态保护补偿机制的意见》，实施市场化、多元化生态补偿机制行动，推动建立覆盖重点领域、重要区域和流域的生态保护补偿制度，探索建立流域横向生态补偿机制，开展生态综合补偿试点。"十三五"期间，中央财政累计安排6 000多亿元，持续加大对重要生态系统、重点区域生态保护补偿的支持力度。印发推广自然资源领域生态产品价值实现典型案例，支持地方开展生态产品价值实现机制探索，推动构建绿水青山转化为金山银山的政策制度体系。研究提升生态系统碳汇的具体措施。

6. 强化自然资源节约集约利用，促进发展方式绿色转型。

一是加大土地资源节约集约利用力度。实施建设用地总量和强度双控，"十三五"期间，单位国内生产总值建设用地使用面积持续下降，城镇低效用地再开发初现成效。2018~2020年，共消化2018年以前批准的批而未供土地69.42万公顷（1 041.3万亩），处置闲置土地19.34万公顷（290.1万亩）。

二是持续提升矿产资源综合开发利用能力。自然资源部等部门建立矿产资源开发利用水平调查评估制度，推动绿色勘查和绿色矿山建设，遴选推广360项矿产资源节约和综合利用先进适用技术，发布124种矿产资源合理开发利用"三率"（矿山开采回采率、选矿回收率、综合利用率）最低指标要求。

三是严格水资源节约利用。水利部会同国家发展改革委等部门加快建立水资源刚性约束指标体系，推进地下水开采总量与水位双控，合理确定流域区域用水总量控制指标，严格水资源论证和取水许可管理，深入实施国家节水行动。推进农业水价综合改革，支持中型灌区续建配套与节水改造。2020年，万元国内生产总值用水量比2015年下降28%，农田灌溉水有效利用系数提高到0.565。

四是推进海洋资源合理利用。加快建设海洋强国，坚持陆海统筹，协同推进海洋生态保护、海洋经济发展。推进海水淡化和海洋能规模化利用。"十三五"期间，海水淡化、海洋能、海洋生物医药等海洋战略性新兴产业增加值年均增速超过11%。

五是强化综合政策引导。完善自然资源开发利用准入机制，全面推行居民用水用电用气阶梯价格制度。征收环境保护税，全面实施矿产资源税从价计征改革，开展水资源税改革试点，强化税收在资源节约集约利用和生态环境保护方面的调控作用。

7. 持续推进自然资源法治建设，自然资源综合监管效能逐步提升。

一是加强自然资源立法。全力配合全国人大常委会颁布实施长江保护法、生物安全法，完成土地管理法、森林法等修改或修订，稳步推进矿产资源法、国土空间开发保护法、国土空间规划法、野生动物保护法、湿地保护法、国家公园法等的立法或修法工作；修订土地管理法实施条例、森林法实施条例，加大部门规章和规范性文件的立改废释。

二是坚持依法行政。配合开展水法、野生动物保护法等执法检查，自觉接受全国人大常委会监督。全面实施行政执法"三项制度"，健全重大行政决策程序，加强对行政执法的制约。注重督察、审计、监察、司法等的协调，推动建立贯通协同的工作机制，综合监管效能持续提升。中共中央办公厅、国务院办公厅印发《生态环境损害赔偿制度改革方案》，进一步明确生态环境损害赔偿范围、责任主体、索赔主体、损害赔偿解决途径等。"十三五"期间，全国共办理生态损害赔偿案件4 300多件，赔偿金额超过78亿元。

三是强化监督执法。有关部门在完成第一轮中央生态环境保护督察基础上，实施第二轮督察。大力开展自然资源执法督察，多批次公开曝光自然资源领域典型违法案例。开展"大棚房"问题专项清理整治、农村乱占耕地建房专项整治、违建别墅问题清查整治和耕地保护督察及有关海洋督察工作。组织森林草原联合执法、海洋生态环境保护专项执法，推广遥感监测等技术的执法应用，自然资源监管力度不断加大。审计署对自然资源领域重大政策跟踪落实情况进行专项审计，实行领导干部自然资源资产离任审计，全国共审计项目8 400余个，涉及领导干部1.24万名。

自然资源管理工作取得积极进展，成效不断显现的同时，更要清醒地认识到存在的问题。一是资源约束趋紧和利用粗放并存。中国人均耕地、林地等资源占有量远低于世界平均水平，油气、铁、铜等大宗矿产对外依存度高。资源节约集约利用水平不高，与国际先进水平存在较大差距。二是中国生态系统整体质量和稳定性状况不容乐观。生态极脆弱和脆弱区域约占全国陆地国土空间的一半，河道断流、湖泊萎缩、水质污染等问题仍然存在，草原中度和重度退化面积占三分之一以上。三是自然资源资产产权制度还不健全。市场在资源配置中的决定性作用还未充分发挥，国有自然资源资产有偿使用范围需进一步扩大。中央与地方的全民所有自然资源资产所有权委托代理关系需要依法明确。自然资源管理重大理论和实践问题有待进一步探索，自然资源资产负债表的理论研究和实践运用还要深化，生态产品价值实现机制仍需加快探索创新。四是自然资源管理法律法规体系还不完善。自然资源政策规定有些不能体现新的要求，有些体现地区差异不够，有些还存在法律空白。国土空间开发保护法、湿地保护法等立法需更加积极配合推进，矿产资源法等修订亟需加大推进力度。五是自然资源领域违法违规仍时有发生。违法乱占耕地进行非农建设问题比较突出。无证和越界采矿，违法用海用岛，违法使用、破坏林草湿地资源，盗伐滥伐林木、滥捕野生动物等行为仍时有发生。

3. 下一步工作打算

该部分以落实国民经济与社会发展等"十四五"规划纲要相关工作的最新安排为主体，并针对前文提出的问题，提出了强化自然资源保护、提高自然资源利用效率、优化国土空间开发保护格局、提升生态系统质量和稳定性、建立健全国有自然资源资产管理制度体系等举措。

专栏 9-3　2020 年度专项报告节选三

"十四五"时期开启了全面建设社会主义现代化国家新征程。我们将以习近平新时代中国特色社会主义思想为指导，深入落实习近平生态文明思想，增强"四个意识"、坚定"四个自信"、做到"两个维护"，统筹推进"五位一体"总体布局、协调推进"四个全面"战略布局，按照党中央、国务院决策部署，立足新发展阶段，完整、准确、全面贯彻新发展理念，构建新发展格局，坚持以人民为中心，坚持节约资源和保护环境的基本国策，坚持人与自然和谐共生基本方略，牢固树立尊重自然、顺应自然、保护自然和绿水青山就是金山银山的理念，统筹发展和安全，坚持系统思维，紧紧依靠党中央权威和集中统一领导，深入推进重要领域和关键环节改革创新，健全完善自然资源监管体制，强化科学布局、整体保护、系统修复、高效利用、综合治理，在大力推进生态文明建设进程中，不断加强和改进国有自然资源资产管理。

1. 强化自然资源保护，提升国家资源安全保障能力。以"三调"成果为基数和底图，按照应保尽保、落地落图原则，严格划定永久基本农田，确保完成国家规划确定的耕地保护目标。压实地方各级党委和政府耕地保护目标责任，实行党政同责，加快探索建立田长制。把耕地保有量和永久基本农田保护目标任务带位置逐级分解下达，作为刚性指标严格考核。严格用途管制，坚决遏制耕地"非农化"、严格管控"非粮化"，从严控制耕地转为建设用地和其他农用地。规范完善耕地占补平衡，确保补充耕地数量相等、质量相当。实施新一轮找矿突破战略行动，加强能源资源综合开发利用基地建设。全面推行林长制，落实地方各级党委和政府保护发展林草资源主体责任。加大江河湖泊保护治理力度，推动河湖"清四乱"常态化、规范化。严格管控围填海，加强自然岸线保有率管控。实施更为严格的无居民海岛保护管理，已开发利用的加强生态保护修复，未开发利用的进行战略留白，纳入生态保护红线严格保护。严格林地、草地、湿地转为建设用地管控，保护生态空间。

2. 提高自然资源利用效率，促进自然资源永续利用。推进资源总量管理、科学配置、全面节约、循环利用，全面提高自然资源利用效率，促进经济绿色低碳转型发展。坚持最严格的节约用地制度，合理确定新增建设用地规模，科学划定城镇开发边界，将城镇建设严格限定在开发边界之内，推动资源向中心城市和城市群等优势地区倾斜。落实农村一二三产业融合发展用地政策，引导农村产业在县域范围内统筹布局。调整完善产业、基础设施、公共服务领域建设用地使用标准，强化土地使用标准和节约集约用地评价，加强项目生成阶段节约用地审查。强化成片开发管理，全面提升各类园区集约用地水平，健全政府引导市场参与的城镇低效用地再开发政策体系，着力推动城乡存量建设用地开发利用。通过编制地方调整型、重构型国土空间规划，推动城市土地有机更新，改善城市人居环境。稳妥有序推进农村集体经营性建设用地入市，健全城乡统一的建设用地市场，落实国家调控要求，调整优化土地出让竞拍规则，完善国有建设用地市场化配置机制。坚持节水优先方针，深入实施国家节水行动，建立水资源刚性约束制度，健全水资源产权制度，积极培育水权交易市场。深化矿产资源管理改革，深入推进矿业权竞争性出让，建立健全矿产资源节约集约技术、绿色勘查和绿色矿山建设标准体系。加强陆海统筹，推进"海岸—海域—海岛"全域保护和适度利用。

3. 优化国土空间开发保护格局，构建高质量发展的国土空间支撑体系。充分发挥自然资源部牵头、各相关部门参与的《全国国土空间纲要（2021—2035年）》编制工作专班作用，抓紧修改完善文件，同时指导地方各级国土空间规划将三条控制线落图落地。统筹发展和安全，深入实施区域重大战略、区域协调发展战略、主体功能区战略，优化国土生态安全格局、现代农业格局、城镇开发格局、海洋空间格局，形成主体功能明显的国土空间开发保护新格局。以一切从实际出发为原则，坚持科学态度，把严守耕地红线摆在首要位置，将批复的生态保护红线落地作为重要任务，在"三调"形成的统一底版上协调处理各类矛盾冲突，逐级划定落实安全底线，严格国土空间规划约束。按照统一底图、统一标准、统一规划、统一平台要求，搭建上下贯通的国土空间基础信息平台和规划"一张图"系统。建立健全覆盖全域全类型、统一衔接的国土空间用途管制规则，坚持审批和监管并重，探索建立用途管制对国土空间规划实施的预警反馈机制。

4. 提升生态系统质量和稳定性，促进人与自然和谐共生。坚持山水林田湖草沙冰一体化保护和系统治理，守住自然生态安全边界，促进自然生态系统质量整体改善。以维护国家生态安全为目标，形成以国家重要生态区带为骨架，以生态保护红线为重点，以自然保护地为核心的国家生态保护格局。对"三调"发现的不符合自然地理格局的土地利用方式，按照宜耕则耕、宜林则林、宜草则草、宜湿则湿、宜荒则荒、宜沙则沙原则，逐步进行调整。通盘安排未来生态退耕、国土绿化等生态建设，依据"三调"形成的统一底图，按照宜乔则乔、宜灌则灌、宜草则草原则，科学确定并带位置下达新的绿化任务。巩固提升三北防护林、天然林保护修复、退耕还林还草、京津风沙源治理、草原保护修复等生态工程。加强森林、草原、湿地、河湖、荒漠、海洋生态系统保护。注重修复实效，形成可自然维持的与周边生态环境协调的生态系统。开展典型海洋生态系统现状调查，分析评估受损状况及变化趋势，实施生物多样性保护重大工程。加大海洋、森林等生态系统碳汇基础理论和实现路径研究力度，开展海洋蓝碳生态系统碳储量调查评估试点工作，提升生态系统碳汇能力。研究生态产品价值核算方法，建立健全生态产品价值实现机制。加快建立"三线一单"生态环境分区管控体系和现代环境治理体系。

5. 建立健全国有自然资源资产管理制度体系，切实维护国家所有者权益。围绕履行所有者职责、维护所有者权益工作主线，以完善自然资源资产产权制度为重点，以落实产权主体为关键，加快构建中国特色自然资源资产管理制度体系、自然资源统一调查监测评价体系。及时更新国家公园自然资源确权登记数据，继续推进重点区域自然资源确权登记，开展大兴安岭国家重点林区、有关重要湿地等全民所有自然资源资产确权登记，深化海域、无居民海岛确权登记试点。加快推进全民所有自然资源资产所有权委托代理机制试点，完善自然资源资产权益管理制度。开展全民所有自然资源资产清查，探索建立全民所有自然资源资产核算标准体系。构建统一完善的自然资源处置配置规则，深化有偿使用制度改革，健全全民所有自然资源资产收益管理制度。加大自然资源资产负债研究力度，探索编制领导干部自然资源资产离任审计评价指标体系，研究建立履行所有者职责的考核机制，加强委托人对代理人的监督管理，按照实物量和价值量相结合的原则，建立和完善国有自然资源资产管理情况报告制度。推动自然资源立法修法工作，推动国土空间规划等立法工作，推进自然资源全面督察，建立统一的自然资源综合执法体系。

委员长、各位副委员长、秘书长、各位委员，长期以来，全国人大常委会不断加强自然资源立法、法律实施监督和执法检查，专门审议国有自然资源资产管理情况的专项报告，充分体现了对自然资源管理工作的高度重视和有力监督。我们将更加紧密地团结在以习近平同志为核心的党中央周围，以习近平生态文明思想为指引，贯彻落实党中央、国务院决策部署，在全国人大常委会监督支持下，扎实做好国有自然资源资产管理工作，为

> 全面建设社会主义现代化国家做出新的贡献，为实现中华民族伟大复兴的中国梦贡献更大力量。

二、2020年度审议意见的研究处理

全国人大常委会审议专项报告后，按照《报告制度意见》《监督的决定》要求，国务院应在6个月内向全国人大常委会报告研究处理情况以及存在问题整改和问责情况。向全国人大常委会报告审议意见的研究处理情况，是专项报告工作的重要组成，通过报告落实情况，推动加强和改进国有自然资源资产管理。2022年，自然资源部按照国务院要求，会同有关部门认真梳理分析意见建议，制定落实方案，逐一严格对标全国人大常委会对2020年度国有自然资源资产报告的相关审议意见，将细化分解的各项任务明确到相关责任部门，确保审议意见落实全覆盖。根据各有关部门的研究处理情况，结合各有关部门提供的材料以及国务院关于2020年度中央预算执行和其他财政收支审计查出问题整改情况的报告，研究起草《关于落实全国人大常委会对2020年度国有自然资源资产报告审议意见的报告》。

三、各地2020年度专项报告实践创新

各地结合本地区自然资源禀赋和管理情况，在国有自然资源资产管理情况报告范围、内容、形式等方面探索创新，形成了具有特色的国有自然资源资产报告。有的结合本地自然资源禀赋特点进行报告。如重庆报告中包括古生物化石资源；西藏报告包括冰川资源；陕西在野生动物资源种数基础上报告了大熊猫、朱鹮、林麝、华北豹等数量。有的反映自然资源资产变化和价值情况，丰富报告内容。如上海市报告了建设用地、耕地、未利用地等本年度增减、流向及与上年度的对比情况；河北、陕西等报告了自然资源资产价值评估试点工作；湖北编制了国有自然资源资产实物量和价值量附表。有的运用可视化表达方式，如湖南借助数据可视化图表，形成了图表、文字紧密结合的可视化表达，提高报告的可读

性、美观性（图 9-1）。这些都为改进完善专项报告的框架和内容提供了经验。

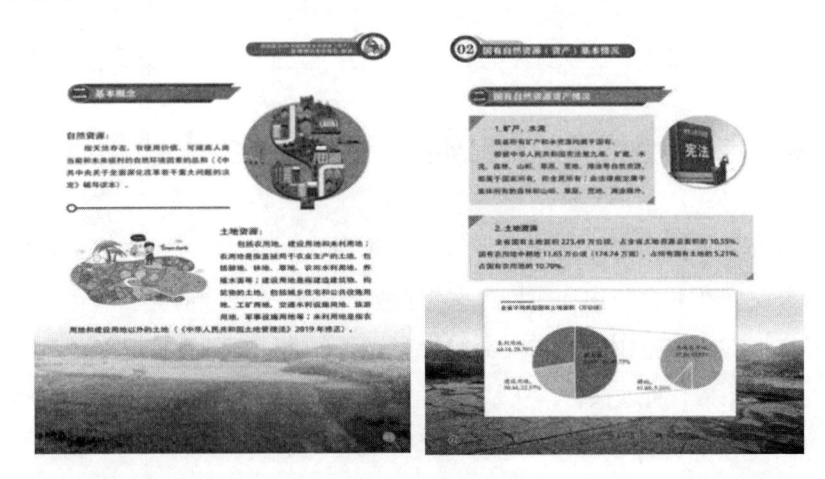

图 9-1　2020 年度湖南省国有自然资源资产报告解读部分页面[①]

第四节　国有自然资源资产管理情况报告制度展望

经过近五年的探索，国务院及各省级人民政府已完成首次向本级人大常委会报告国有自然资源资产管理情况，部分地区建立了相应制度，但总体上看，系统完备的国有自然资源资产管理报告制度体系还未真正建立。下一步，将坚持目标和问题导向，按照党中央要求和全国人大常委会安排，积极夯实基础性工作，认真总结、吸收各地有益经验，逐步丰富纳入报告的自然资源种类，完善报告结构及内容，健全国有自然资源资产管理报告制度。

一、夯实报告工作基础

规范自然资源分类和统计标准，加快推进自然资源统一调查监测评价体系建设。研究起草全民所有自然资源资产核算通则，构建实物量和价值量相结合的核算体系。加快推进全民所有自然资源资产清查试点，研究建立清查统计制

---

① 资料来源：湖南省 2020 年度国有自然资源资产报告。

度规范，全面开展资产清查工作。依托清查成果数据以及国土数据库、森林资源管理"一张图"等，探索构建国有自然资源资产监管平台，加强数据共享。

二、明确报告范围

进一步明晰自然资源资产统计口径及数据来源，并根据自然资源管理工作实际，细化国有建设用地内容，专门反映储备土地、出让土地使用权益变动等方面情况，研究将水能、风能、太阳能等纳入国有自然资源资产报告的可行性，丰富纳入国有自然资源资产报告的资源种类，完善可再生资源资产计量方式，进一步扩充报告的范围。

三、完善报告内容

聚焦党中央、全国人大常委会规定的报告重点、人大常委会监督和审议重点，进一步优化报告体系，完善报告内容。结合自然资源统一调查监测、全民所有自然资源资产价值核算、资产清查等成果，开展国有自然资源资产价值量（经济价值、社会价值、生态价值等）分析、质量分析及变动分析，用动态数据反映国有自然资源资产变化情况。进一步完善国有自然资源资产报表体系，丰富报表数量及纳入报表的资源种类和指标数量，改进表式设计。结合所有权委托代理机制建设等工作，探索建立国有自然资源资产管理评价指标体系，提升数据的代表性、准确性、可比性和连续性。

四、健全报告制度

聚焦报告范围、报告内容、报表体系、评价指标体系等重点难点，研究制定国有自然资源资产报告编制办法，进一步明确并规范报告的范围、内容、工作流程、职责分工等，按照实物量和价值量相结合的原则，健全国有自然资源资产报告制度。完善国有自然资源资产报告参考模板，加强对地方国有资产报告工作的指导，推动报告工作规范化、制度化和程序化。

第十章　生态产品价值实现机制

生态产品是自然生态系统与人类生产共同作用所产生的、能够增进人类福祉的最终产品和服务，如清新空气、清澈水质、清洁环境等，是维系人类生存发展、满足人民日益增长的优美生态环境需要的必需品，也是走生产发展、生活富裕、生态良好的文明发展道路的标志物。生态产品与自然资源密不可分，是自然生态系统与人类生产共同作用所产生的结晶产物。自然资源作为生态产品的供给主体，为生态产品的生产和价值实现提供了最基本的物质基础和空间保障。生态产品价值实现是全民所有自然资源资产管理的重要工作内容，通过生态产品价值实现机制建设，推动"绿水青山"和"金山银山"相互转化，显化附着在自然资源资产中的生态价值，激发自然资源资产保护和修复的动力，促进自然资源资产保值增值和合理利用。本章总结梳理了生态产品价值实现的理论研究及实践探索，并从构建理论框架、建立技术体系、深化路径探索、健全政策保障等方面对建立生态产品价值实现机制进行了展望。

第一节　生态产品价值实现机制理论研究

一、生态产品相关概念内涵

（一）生态产品的内涵发展与界定

2010年12月，国务院印发的《全国主体功能区规划》首次在国家层面提出了"生态产品"的概念,将其界定为"维系生态安全、保障生态调节功能、提供良好人居环境的自然要素,包括清新的空气、清洁的水源和宜人的气候等"。①同时,《全国主体功能区规划》将"提供生态产品"作为国土空间开发的一种理念,也是重点生态功能区的主要功能和发展任务。这一定义与生态学领域"生态系统服务(ecosystem services)"概念中的"生态系统调节服务(ecosystem regulating services)"含义相近,大多为"看不见、摸不着"的公共产品,难以通过市场交易实现其价值。

随着生态文明建设的持续推进和可持续发展理念的深入人心,特别是党的十九大报告明确提出要"提供更多优质生态产品以满足人民日益增长的优美生态环境需要",生态产品的内涵也在不断丰富和发展,不再局限于自然要素、自然生产的范围,而是进一步扩展为自然与人类劳动的有机结合。比如,张林波等(2019)认为,生态产品是单纯由生物生产,还是由生物和人类共同生产,二者并不相悖;生态产品可以定义为生态系统通过生物生产和与人类生产共同作用为人类福祉提供的最终产品或服务,是与农产品和工业产品并列的,满足人类美好生活需要的生活必需品。②国务院发展研究中心"生态产品价值实现的路径、机制与模式研究"课题组(2019)也有类似定义,即生态产品是良好的生态系统以可持续的方式提供的满足人类直接物质消费和非物质消费的各类产出,既包括气候调节、水体净化、空气净化等在内的调节服务,生态旅游、审美、精神和教育等在内的文化服务,还包括原始生态系统产出的天然木材等原材料和有人类劳动投入的生态农畜产品等物质供给。③

从中央要求、现有研究和实践情况看,"生态产品"概念已经由最初作为国土空间的一种主体功能,扩展为维系人类生存、满足人民日益增长的优美生态环境需要、促进经济、社会、生态可持续发展的必需品,其内涵可以概括为"自

---

① 国务院办公厅:"关于印发全国主体功能区规划的通知[EB/OL].http://www.gov.cn/zwgk/2011－06/08/content_1879180.htm."

② 张林波、虞慧怡、李岱青等:"生态产品内涵与其价值实现途径",《农业机械学报》,2019年第6期。

③ "生态产品价值实现的路径、机制与模式研究"课题组:《生态产品价值实现:路径、机制与模式》,中国发展出版社,2019年。

然生态系统与人类生产共同作用产生的、能够增进人类福祉的最终产品和服务",既包括维系生态安全、保障生态调节功能、提供良好人居环境的自然要素等无形产品,还包括人类在绿色发展理念指导下,采用生态产业化和产业生态化方式生产的生态农产品、生态旅游服务等有形产品。

(二)生态产品与生态系统服务

"生态产品"概念与生态学领域广泛使用的"生态系统服务"概念非常相近。联合国 2021 年公布的《环境经济核算体系-生态系统核算》(SEEA-EA)将生态系统服务定义为"由生态系统功能提供、人类所获得的惠益",具体分为三类:一是供给服务,包括生态系统所产生的物质和能源贡献,例如鱼类、木材等。二是调节服务,包括生态系统调节气候、水文循环等功能,通常具有重要的空间效应,例如森林的防洪服务。三是文化服务,是指人类从生态系统中获得的知识发展、心情愉悦和精神反思等,包括直接参观文化遗迹以及间接地享受生态系统服务获得的满足感。除上述三类外,也有学者和研究人员将"支持服务"作为第四个分类,是指维持地球上生命条件的服务,如土壤形成、养

表 10–1 生态产品与生态系统服务的区别与联系

	生态系统服务	生态产品
概念内涵	指人类从生态系统中直接或间接获得的各种惠益,主要反映的是自然生态与人类之间的供给消费关系	指生态系统为人类福祉提供的终端产品或服务,除生态系统外,人类也是生态产品的生产供给者,同时反映了自然生态与人类、人类与人类之间的供给消费关系
构成内容	生态系统为人类提供的所有环境条件和效用,既包括生态系统为人类提供的直接服务和间接服务,也包括生态系统自身的结构与功能,还包括一些生态资源存量	生态产品小于生态系统服务范围。生态产品是生态系统服务中直接、终端的产品和服务,不包含生态系统服务中的支持服务、间接过程和资源存量
政策支持	生态系统服务价值化可以提高政府和公众保护生态环境的意识,但其本质仍将自然生态与人类经济看作是两个独立的系统。对实践意义和决策支撑作用较小	生态产品将生态环境纳入人类经济体系之中,是生态系统服务价值在市场中实现的载体和形式,逐步成为绿水青山在实践中的代名词和可操作的抓手,对决策支撑和具体实践的作用更具体、更明确
使用语境	更多地应用于学术领域和国外的相关研究中	多用于中国政府文件或实践应用领域

资料来源:张林波等,2019。

分循环、授粉等。由于"支持服务"通常作为其他服务的中间环节或生态系统维持自身功能运转的中间过程，不是最终的产品或服务，目前对生态系统服务一般采用"三分法"进行分类，本书亦采用该定义和分类。

与生态系统服务这一学术概念相比，"生态产品"概念不再局限于单纯的生态学范畴，而是将生态系统与经济社会系统相关联，更明确地反映了人与自然之间的供给消费关系、保护受益关系，更强调发挥市场在资源配置、产品交易、价值实现等方面的作用，因此在理论上显示出强大的生命力，在实践中具有广阔的产业化应用前景。

（三）生态产品的分类与价值实现路径

生态产品根据公益性程度和供给消费方式，可以分为三种类型和价值实现路径：一是公共性生态产品，主要指产权难以明晰，生产、消费和受益关系难以明确的公共物品，如清新空气、宜人气候等，三江源等重点生态功能区所提供的就是该类能够维系国家生态安全、服务全体人民的公共性生态产品；其价值实现主要采取政府路径，依靠财政转移支付、财政补贴等方式进行"购买"和生态补偿。二是经营性生态产品，主要指产权明确、能直接进行市场交易的私人物品，如生态农产品、旅游产品等；其价值实现主要采取市场路径，通过生态产业化、产业生态化和直接市场交易实现价值。三是准公共性生态产品，主要指具有公共特征，但通过法律或政府规制的管控，能够创造交易需求、开展市场交易的产品，如中国的碳排放权和排污权、德国的生态积分、美国的水质信用等；主要采取政府与市场相结合路径，政府通过法律或行政管控等方式创造出生态产品的交易需求，市场通过自由交易实现其价值。

（四）生态产品的主要特征

1. 外部性

生态产品具有典型的非排他性、非竞争性和自然流动等特性，特别是清新空气、洁净水源、宜人气候等公共物品，人类难以对其施加有效控制，很难单独确定其产权归属和生产—消费关系，往往导致生态产品的使用者无须付费、供给者不能获益，容易产生价值外溢和外部不经济。例如，保护河流上游的森林资源，能够为下游提供清洁水源、水土保持、洪水调蓄等诸多生态产品，但下游相关受益方通常不需要向上游的保护者支付费用，上游往往会丧失继续保护的动力，生态产品的供给能力也会随之下降。

2. 稀缺性

从经济学角度看，人们对生态产品的需求是无限的、多样的，但生态产品的供给是有限的，由此产生了生态产品的稀缺性。一方面，作为生态产品的生产载体，自然资源的数量和国土空间的容量、承载能力都是相对固定的，其在一定时期内提供的生态产品的数量也是有限的，特别是在资源环境承载能力接近或超过临界值、自然生态系统遭受破坏等地区，这种稀缺性表现得尤为明显，难以满足人民日益增长的优质生态产品需要。另一方面，经过改革开放以来的持续快速发展，中国农产品、工业品、服务产品的生产能力迅速扩大，但提供优质生态产品的能力却在减弱。如果仍然坚持原有的经济发展模式，不走生态优先、绿色发展之路，生态产品的稀缺性将会进一步加剧。

3. 不平衡性

生态产品的不平衡性是指受自然环境和社会经济条件影响，生态产品的生产能力、服务范围和价值实现程度呈现出差异性和不均衡性。第一，不同区域生态产品的生产能力不均衡。各地自然禀赋不同，提供生态产品的种类、数量、质量也各不相同，"生态高地"和"生态洼地"同时存在，并且中国独特的地理环境又加剧了地区间的不平衡。第二，不同类型生态产品的服务范围有差异。有些生态产品的生产、消费和受益范围局限在一定地域内，如某地区的湿地、森林生态系统所提供的生态产品，一般仅惠及该地区或流域内的居民；有些生态产品的生产和消费地域较广，受益范围大，如国家公园等维系国家生态安全的重点生态功能区，其生产的生态产品将惠及全国乃至全球。第三，不同区域生态产品的价值实现程度不平衡。中国生态产品的主要生产区与经济发展程度不匹配，经济发展水平高的东部地区，优质生态产品的生产能力相对较弱，但公众的需求较高、消费能力较强，生态产品处于供不应求的状态，其价值实现程度或价值实现的能力一般较高；而在经济发展相对滞后的西部地区，生态产品的生产能力较强，但人们对优质生态产品的消费能力较弱，生态产品的价值实现程度较低。

4. 依附性

生态产品的依附性主要表现为其权益归属依附于生产载体，其价值实现也往往依赖于相关载体的交易。一方面，自然资源作为生产生态产品的物质载体，清晰界定其权属关系是确定生态产品产权主体的重要前提。例如，清洁水源、固碳释氧等公共性生态产品的产权难以确定，但明确了森林、湿地等自然资源生产载体的权属，也就间接地界定了这些生态产品的权益归属。另一方面，大部分生态产品是无形的，很难直接、独立地进入市场交易和现有经济系统，其交换、消费和价值实现通常依附于相关的农产品、工业品或服务产品，生态产品的内在价值体现为相关依附产品的价值增值。例如，生态农产品、海洋生物制药、生态旅游等产品中都附着有生态产品的价值，伴随以上产品的交易，生态产品的价值亦获得实现。

二、生态产品价值实现与自然资源管理的关系

（一）生态产品与自然资源的关系

生态产品与自然资源密不可分，自然资源作为人类生存发展的基本物质来源[1]，为生态产品的生产提供了最基本的物质基础和空间保障。比如，森林资源能够提供物质类（木材等）、调节类（固碳释氧、防风固沙等）、文化类产品（与人文历史结合所形成的休闲游憩等服务），还能为发展生态产业提供空间保障。因此，自然资源是生态产品的生产载体和供给主体，生态产品是自然资源的结晶产物，二者之间是存量和流量的关系。自然资源是长期存在于自然界中的存量，生态产品则是在特定时间内由自然资源产生，或由自然资源与人类劳动共同作用而产生的流量，自然资源的数量和质量决定了生态产品的供给能力和产品质量。例如，不同树种和林分结构的森林资源，所产生的碳汇量及收益也存在差异。

---

[1] 李金昌："关于自然资源核算问题"，《林业经济》，1990年第3期。

（二）生态产品价值实现与自然资源管理的关系

从自然资源与生态产品的存量和流量关系入手，自然资源主管部门在"两统一"核心职能下开展的空间规划、用途管制、确权登记、调查监测、权益管理、生态保护修复等工作，与生态产品的生产、分配、交换（交易）和价值实现等环节密切相关，自然资源主管部门应当成为生态产品价值实现的积极引领者、制度供给者和重要管理者。

1. 生态产品价值实现与国土空间规划和用途管制

国土空间规划和用途管制是促进生态产品供给和价值实现的关键制度。第一，国土空间规划作为一定时期内开展国土空间保护、开发、利用和修复的政策和总纲，决定了生态产品的空间基础、生产区域和分布情况。国土空间规划中确定的分区功能和空间规模，也在一定程度上决定了生态产品价值实现的程度和方式。第二，国土空间用途管制通过实施行政许可、资源指标限额等方式，能够创造对公共性生态产品的交易需求，为市场机制在生态产品的生产、交换、消费过程中发挥作用奠定基础。第三，生态产品的价值实现范围和程度，可以为国土空间规划和用途管制制度的制定和完善提供参考。

2. 生态产品价值实现与调查监测和确权登记

自然资源调查监测和确权登记是促进生态产品价值实现的基础手段，有助于摸清生态产品底数，厘清生态产品的权益主体归属，为生态产品生产和交易提供基础条件。

3. 生态产品价值实现与权益管理

自然资源资产权益管理是促进生态产品价值实现的根本保障。一方面，市场经济的全部活动都是以产权为基础开展的，产权制度为促进生态产品的生产分配、市场交易进而实现其价值提供了基础条件。在清晰界定自然资源资产产权归属的基础上，所有权、使用权、经营权之间的适当分离、所有者对使用权的部分让渡、自然资源资产权能的不断丰富，都将有利于生态产品的价值实现。

另一方面，生态产品的供给和价值实现是自然资源资产权益管理的重要目标。自然资源资产的保值增值是所有者履行职责的核心内容，而生态产品供给能力的强弱、价值实现程度的高低，则是衡量"保值增值"的重要指标。在生态文明建设的时代背景下，统一行使全民所有自然资源资产所有者职责，就是要对涉及国家生态安全、能够惠及全体人民和子孙后代的重要自然资源资产进行有效管护和合理利用，使之可持续地生产优质生态产品，充分发挥其经济、社会和生态等综合效益，实现全民所有、全民共享、全民参与、全民监督。

4. 生态产品价值实现与生态保护修复

生态保护修复工作是提升生态产品供给能力的高效途径。一方面，中国通过建立自然保护地体系，开展重要生态系统保护和修复重大工程等工作，能够改善生态产品的生产环境和物质基础，提升生态产品供给数量与质量。另一方面，生态产品价值实现能够使生态修复活动获得预期收益，是促进社会资本进入生态修复、推动生态环境可持续发展的主要抓手。

第二节 生态产品价值实现机制实践探索

一、生态产品价值实现机制建设实践

2019年，浙江省丽水市和江西省抚州市成为首批生态产品价值机制试点市。抚州市出台了《抚州市生态产品价值实现机制试点方案》，提出完善抚州市生态资产和生态产品目录清单、建立生态产品价值核算体系及结果应用机制，探索多元化生态产品价值实现路径，以及建立生态产品标准体系和质量认证结果采信机制等具体措施；丽水市开展了生态系统生产总值核算，培育"两山公司""两山银行"和农村产权交易平台作为生态产品价值实现的市场主体，并从绿色发展财政奖补、区域公共品牌建设等方面开展生态产品价值实现路径探索。

2021年2月19日，中央全面深化改革委员会第十八次会议审议通过了《关于建立健全生态产品价值实现机制的意见》（以下简称《生态产品价值实现意见》），并由中共中央办公厅、国务院办公厅印发实施。

2021年，自然资源部在重庆、福建、江苏、山东、河南、广东等6省（直辖市）10市开展了自然资源领域生态产品价值实现机制试点，拟重点探索自然

资源领域生态产品价值实现机制的建设框架，主要包括以下模块（图10-1）：模块一是以生态产品调查和生态产品开发利用相关技术（如生态产品开发利用适宜性评价等）等为主的生态产品价值实现基础工作模块；模块二是基于政府、市场、"政府+市场"的生态产品价值实现路径模块；模块三是以生态产品价值核算、生态产品价值实现程度评估、生态产品交易平台建设等为主体的支撑体系模块；模块四包括组织领导、配套政策、金融服务、宣传推广等保障措施。

目前，各试点地区已在基础工作、生态产品价值实现路径探索等方面取得了一定进展。如在基础工作方面，江苏省苏州市在太湖生态岛推动建立生态产品分类体系，探索生态产品分类与自然资源分类体系的衔接关系，尝试编制了生态产品目录清单，为生态产品价值核算及开发利用等工作奠定了基础。生态产品价值实现路径方面，山东省东营市拟探索开展海洋碳汇交易；福建省南平市拟将"生态银行"从原来的森林领域，逐步扩展至竹领域和茶领域。

此外，江西、海南、广西等省份结合自身特点和资源禀赋，探索开展生态产品价值实现机制试点示范工作。比如，《海南省建立健全生态产品价值实现机制实施方案》提出，以热带雨林"绿碳"和海洋"蓝碳"为核心碳汇产品，探索开展碳汇项目开发、减排量核证和市场交易。

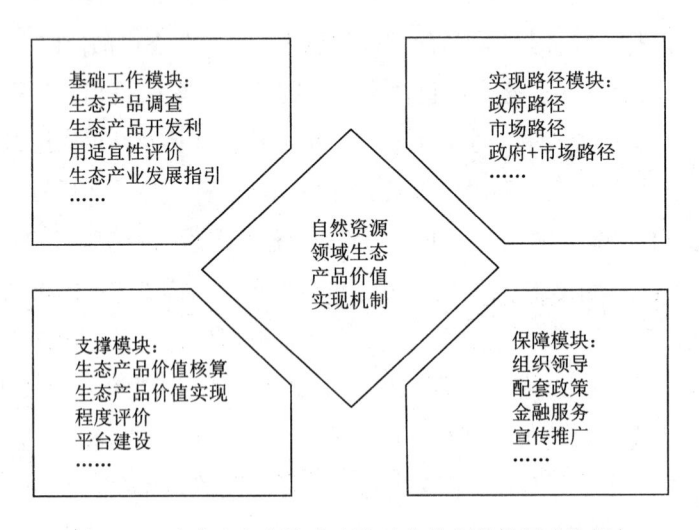

图10-1 自然资源领域生态产品价值实现机制建设框架

二、生态产品价值实现模式探索

总体来看，国内外形成了生态补偿、生态资源指标及产权交易、生态修复及价值提升、生态产业化经营等四类较为成熟的价值实现模式。其中，生态补偿模式，是通过政府购买来实现调节服务类生态产品的价值；生态资源指标及产权交易模式，是以自然资源产权交易和政府管控下的指标限额交易为核心，将政府作用与市场作用相结合的价值实现模式；生态修复及价值提升模式，通过生态修复与生态产业相结合，实现物质产品和文化服务产品的价值提升和价值"外溢"；生态产业化经营模式，将生态优势和资源优势转化为经济优势。此外，绿色金融、绿色税费等，也是影响和促进生态产品价值实现的重要工具。

（一）生态补偿模式

生态补偿模式是国家或生态受益地区以资金补偿、产业扶持、共建园区等方式向生态保护地区购买生态产品，如一定标准的水、水源涵养、水土保持、防风固沙和生物多样性等。该路径下，生态补偿的金额通常考虑生态保护者放弃原生产经营方式产生的机会成本、生态保护的增量投入等因素，由保护者和受益者以行政协商、磋商等方式确定。生态补偿路径包括流域上下游横向生态补偿、重点生态功能区生态补偿以及自然资源要素生态补偿等具体模式。

1. 流域上下游横向生态补偿

流域上下游横向生态补偿模式中，生态产品是达到一定水质和水量标准的水资源，价值实现途径是由受益者（下游）给予生态产品供给者（上游）一定补偿，目标是提高流域内优质水资源的供给，并调整上下游之间的利益关系，将流域生态保护中的外部成本内部化，补偿资金主要来源于政府财政转移支付。如新安江流域按照"中央引导、两省协商、水质考核"的方式，由中央财政给予引导性资金，安徽、浙江两省各自配套补偿资金，并以两省交界的断面水质作为补偿资金的拨付标准。

2. 重点生态功能区生态补偿

重点生态功能区关乎全国或较大区域内的生态安全，提供了水源涵养、水土保持、防风固沙和生物多样性等重要生态产品。重点生态功能区生态补偿本质上是政府作为生态保护受益主体的唯一代表,对发展受限地区实施的一种财政补贴,其价值实现途径主要是政府纵向财政转移支付,以保障其基本公共服务能力。如 2008~2019 年,中央财政累计安排重点生态功能区转移支付资金 5 242 亿元,重点补助范围达到 819 个县域,年度金额从 2008 年的 61 亿元增加到 2019 年的 811 亿元。

3. 自然资源要素生态补偿

自然资源要素生态补偿是对保护森林、草原、湿地、耕地等资源要素的主体提供补偿,以增加生态产品的供给,补偿方式主要为政府纵向财政转移支付。具体类型可分为两种,一种是基础补偿,主要针对的是重要生态空间内对生态环境保护做出贡献的个人或组织,以补偿其付出的生态保护成本,实现方式主要为由国家或地方政府以财政转移支付购买公益性生态产品,如中国生态公益林补偿等;另一种为生态保护修复支持性补偿,主要针对的是由国家或地方政府统筹实施退耕还林还草还湿、退围还湖还滩还海,强化以封禁为主的自然恢复措施的区域,实现方式主要为国家或地方政府以财政转移支付等形式对上述区域实施的奖补,如中国实施的耕地轮作休耕补贴、美国土地休耕保护计划等。

(二)生态资源指标及产权交易模式

生态资源指标及产权交易模式是针对生态产品具有公共物品属性,通过创设产权和用途管制等措施,建立生态产品消费者向生产者购买的市场交易机制,以达到降低无序消费、增加有效需求、扩大生态产品供给的目的。生态资源指标及产权交易路径中,生态产品购买资金主要为社会资金,生态产品由市场定价,价值量理论上是对生态资源经营管理和保护的经济补偿。政府的主要职责是交易品种设计、交易规则制定、交易价格指导等。生态资源指标及产权交易路径包括生态资源占补平衡指标交易、生态地票交易、森林覆盖率指标交易、碳汇交易等具体模式。

1. 生态资源占补平衡指标交易

生态资源占补平衡指标交易模式是在生态保护相关法律法规等的管控要求下,占用耕地、林地、草地、湿地等生态资源必须进行补充来抵消占用活动对自然生态系统的影响，因此创造了对补充生态资源的需求。在此条件下，第三方通过开展生态保护修复或营造活动形成补充生态资源，并承担相应的管护责任，经认证后形成相应指标进入市场，由生态资源占用者（指标购买方）通过市场交易指标的方式，给予第三方一定的经济补偿，以实现区域内重要自然生态系统的动态平衡。该模式下交易的指标表征是生态资源及其所提供的生态产品。

> **专栏 10–1　美国湿地缓解银行**
>
> 　　湿地缓解银行是指基于美国对生态环境保护法律的制定和严格执行以及"补偿性缓解"原则而确立的，一块或数块已经恢复、新建、增强功能或受到保护的湿地，是一种市场化的补偿机制，由第三方新建或修复湿地并出售给开发者，以帮助后者履行其法定补偿义务，目的是保护湿地、抵消开发活动对自然生态系统的影响，实现"零净损失"。只有当开发者完成补偿之后，才能获得项目开发的许可。
>
> 　　美国湿地缓解银行交易中，购买方将补偿生态破坏的责任以及对缓解银行地块的绩效指标、生态成效进行长期维护和监测的责任全部转移给了销售方；销售方作为湿地补偿责任的实际承担者，享有对湿地信用进行定价、出售、转让和核销的权利，承担湿地银行的设计、申请、建设、长期维护和监测责任。
>
> 　　交易的标准单位是"湿地信用"，表征在恢复受损湿地、新建湿地、强化现有湿地的生态功能或保护现有湿地后，增加的湿地面积和生态功能，湿地信用数量基于湿地缓解银行的面积和生态评估技术确定。湿地信用的定价一般都会考虑湿地缓解银行的建设成本、预期利润和当前市场情况等因素。交易完成后，
>
> 　　所有缓解银行都必须对其生态成效进行监测和绩效追踪，并且缓解银行必须从湿地信用的销售收入中计提资金，设立永久性基金或留本基金，为缓解银行的长期维护和管理提供资金保障。

2. 森林覆盖率指标交易

森林覆盖率指标交易中的生态产品是森林生态系统及其提供的服务，通过将森林覆盖率作为政府考核的约束性指标，由森林覆盖率低且无法自行完成国土绿化任务的地区，向覆盖率高的地区购买森林覆盖率指标，促进了生态产品的价值转化。

3. 碳汇交易

碳汇交易是基于管理机构对各碳排放源（地区或企业）分配碳排放指标的规定，设计出的一种市场交易方式。价值实现途径是碳排放源采用购买碳汇项目的方法，抵消其碳排放量以达到规定的碳排放配额要求。目前，国内外开展的碳汇交易主要有林业碳汇、农业土壤碳汇等。其中，林业碳汇主要包括森林

专栏 10–2　重庆市森林覆盖率指标交易

2018 年重庆印发了《国土绿化提升行动实施方案（2018—2020 年）》，提出到 2022 年全市森林覆盖率从 45.4% 提升到 55%。为了促使各区县切实履行职责，重庆市将森林覆盖率作为约束性指标，将全市 2022 年森林覆盖率达到目标值作为每个区县的统一考核目标，并根据全市的自然条件和主体功能定位，将 38 个区县到 2022 年底的森林覆盖率目标划分为三类产粮大县或菜油主产区、既是产粮大县又是菜油主产区、其他三种类型，分别设定了 50%、45%、55% 的目标值。对达到目标值确有实际困难的区县，通过森林覆盖率指标交易平台，向市域内已超过目标值的区县购买森林面积指标，计入本区县森林覆盖率，但出售方扣除出售的森林面积后，其森林覆盖率不得低于 60%。需购买森林面积指标的区县与拟出售森林面积指标的区县协商确认森林面积指标价格，原则上不低于 1 000 元/亩，并从购买之时起支付森林管护经费。交易的森林面积指标仅用于各区县森林覆盖率目标值计算，不与林地、林木所有权等权利挂钩，也不与各级造林任务、资金补助挂钩。重庆通过森林覆盖率指标交易，利用市场机制实现了全市和不同区县间任务分配的优化和改善。

经营性碳汇和造林碳汇两种，森林经营性碳汇针对的是现有森林，通过森林经营手段促进林木生长，增加碳汇，造林碳汇主要通过新造培育林木来增加碳汇。比如，福建省三明市发挥森林资源优势，深入推进集体林权制度改革，探索实践了林票、碳票、林业碳汇产品等价值实现路径，逐步打通森林生态价值转化为经济价值的渠道，实现了生态环境保护与经济发展协同共进；广东省广州市花都区依托广东省碳排放权交易市场和碳普惠制试点，选取梯面林场通过森林抚育开发公益林碳普惠项目，既实现了对控排企业的碳排放量的管控，也激励了不同社会主体主动参与减排的意愿，为公众参与减排行动提供了必要的"公共物品"，形成了"政府+市场+社会"的协同治理局面。农业土壤碳汇则是针对耕地、牧场等，通过保护性耕作、培肥等措施增加土壤碳汇。

（三）生态修复及价值提升模式

生态修复及价值提升模式是针对生态功能缺失区域，通过生态修复、系统治理和国土空间规划优化调整等措施，实现自然生态系统功能恢复、生态产品供给增加和价值提升。在该路径中，生态产品的生产载体是生态修复后的自然资源，生态产品附加于产业化经营项目的产品之上，形成附加价值，通过市场交易实现产品及其生态附加价值。生态修复及价值提升路径包括矿山生态修复及价值提升、全域土地综合整治、土地综合开发以及海岸带生态修复及价值提升等具体模式。

1. 矿山生态修复及价值提升模式

矿山生态修复及价值提升模式主要是对历史遗留矿山和废弃矿区等采取土地复垦、植被修复等措施，恢复其生态产品供给能力，并通过产权激励、产业扶持、盘活存量建设用地等方式，引导社会资金开展生态修复和发展产业，实现生态产品价值并创造经济收益。在实际操作中常采用"一体规划、一体实施、一体见效"等模式，即将矿山生态修复作为项目开发的主体或一部分，随项目开发进行一体规划，并在项目建设过程中实施矿山生态修复，在项目开始运营后显化其生态产品价值。

> **专栏 10-3　山东省威海市华夏城矿坑生态修复案例**
>
> 　　山东省威海市将生态修复、产业发展与生态产品价值实现按照"一体规划、一体实施、一体见效"模式相结合，将龙山采矿区调整规划为文化旅游控制区，同时引入有修复意愿的威海市华夏集团作为区域修复治理的主体。后者在明晰修复区域产权的基础上，根据山体受损情况，以达到最佳生态恢复效果为原则，分类开展受损山体综合治理和矿坑生态修复，并将修复与文旅产业、富民兴业相结合，依托修复后的自然生态系统和地形地势，打造5A级华夏城景区，把修复矿坑的"负担"变成了经济发展的动力，带动了周边区域发展和资源溢价，实现了生态、经济、社会等综合效益。
>
> 图 10-2　华夏城矿坑生态修复前后对比

2. 全域土地综合整治模式

全域土地综合整治模式通过全域规划、整体设计和综合整治，盘活农村存量建设用地，优化调整林地、水域等生态用地布局，提升了生态产品供给能力，为脱贫攻坚、乡村振兴等提供了生态产品价值实现途径。如浙江省余姚市梁弄镇以全域土地综合整治为抓手，逐步构建了集中连片、产业融合、生态宜居、集约高效的国土空间新格局，有效提升了优质生态产品的供给能力，实现了经济价值、社会价值、文化价值和生态价值的系统提升。

3. 土地综合开发模式

土地综合开发模式是指对生态环境破坏重、土地利用效率低、土地资源配置不合理的低效空间（如旧厂房、城中村等）进行生态改造和综合开发，提高水源涵养、空气净化、生物多样性保护等生态产品的供给效率和质量，辐射带动周边经济社会发展，实现生态价值、经济价值和社会价值的共同提升。

专栏 10–4　江西省赣州市寻乌县山水林田湖草综合治理案例

江西省赣州市寻乌县是赣江、东江、韩江三江发源地，属于南方生态屏障的重要组成部分和全国重点生态功能区，也是毛泽东同志 1930 年开展"寻乌调查"的地方。近年来，寻乌县推进山水林田湖草生态保护修复，以全景式规划统筹推进水域保护、矿山治理、土地整治、植被恢复等生态修复治理，创新实践了山上山下、地上底下、流域上下"三同治"模式。积极推进"生态+工业""生态+光伏""生态+扶贫""生态+旅游"的"生态+"发展模式，利用治理后的存量工矿废弃地建设工业园区，引进社会资本建设光伏发电站，利用矿区修复土地种植油茶等经济作物，统筹推进矿山遗迹、科普体验、休闲观光、自行车赛事等文旅项目建设，促进生态效益和经济社会效益逐步统一。

专栏 10–5　厦门市五缘湾土地综合开发案例

厦门市五缘湾片区位于厦门岛东北部，规划面积 10.76 平方千米，涉及 5 个行政村，长期以来经济社会发展落后、自然生态系统破坏严重。2002 年开始，通过十余年的修复与开发，五缘湾片区生态价值、社会价值、经济价值得到全面提升，被誉为"厦门城市客厅"，走出了一条依托良好生态产品实现高质量发展的新路。

在生态修复与综合开发过程中，厦门市首先开展陆海环境综合整治，由市土地发展中心代表市政府作为业主单位，负责片区规划设计、土地收储和资金筹措等工作，联合市路桥集团等建设单位，整体推进环境治理、生态修复和综合开发。针对村庄，实行整村收储、整体改造，建设城市绿地和街心公园，增加城市绿化覆盖率；针对海域，全面清退内湾鱼塘和盐田，在外湾清礁疏浚、拓展海域；针对陆域，疏浚淡水渠，建设污水泵站、污水处理厂，实现片区雨污分流，沿主干道埋设截污管网，确保生产生活污水和 30%初期雨水不入湾。

其次，实施生态修复保护工程。以提高海湾水体交换动力为目标，拆除内湾海堤，开展退塘还海、内湾清淤和外湾清礁疏浚，构筑环湾护岸，修复受损海岸线，增加湾内纳潮量和水流动力；对湾区水体水质进行咸淡分离和清浊分离，并开展水环境治理，逐步恢复海洋水生态环境；充分利用原有抛荒地和沼泽地建设五缘湾湿地公园，通过保留野生植被、设置无人生态小岛等途径，增加野生动植物赖以生存的栖息地面积。

再次，推进片区公共设施建设和综合开发。以储备土地为基础，通过完善交通基础设施、医院学校、保障性住房以及配套设施建设，全面推进五缘湾片区综合开发，为提升人居环境和实现生态产品价值奠定基础，打造"处处皆景"的生态休闲空间。第四，依托良好生态产品实现高质量发展。近年来，五缘湾片区良好的生态环境成了经济增长的着力点和支撑点，湾区内陆续建成厦门国际游艇汇、五缘湾帆船港等高端文旅设施和湾悦城等多家商业综合体，吸引凯悦、喜来登、希尔顿等高端酒店和戴尔等 300 多家知名企业落户。五缘湾片区由原来以农业生产为主，发展成为以生态居住、休闲旅游、医疗健康、商务办公等现代服务产业为主导的城市新区，带动了区域土地资源升值溢价。

4. 海岸带生态修复及价值提升模式

海岸带生态修复及价值提升模式主要通过海岸整治修复、滨海湿地恢复、生态廊道建设等措施，恢复受损的海岸带生态环境，增强其生态产品供给、生物多样性保护、海洋灾害抵御等能力，再通过海岸带空间布局优化和综合开发利用，吸引社会投资，带动生态旅游等产业发展。如广东省南澳县坚持"生态立岛、旅游旺岛、海洋强岛"，大力推进"蓝色海湾"等系列海岸带保护修复、近零碳排放城镇试点、海岛生态文体旅产业建设，依托丰富的海域海岛自然资源和深厚的历史文化底蕴，让优良的海洋资源和生态环境成为当地群众的"幸福不动产"和"绿色提款机"，提升了海洋生态产品生产能力，促进了当地发展和群众增收,走出了一条"绿水青山""蓝天碧海"向"金山银山"有效转化的绿色发展道路。

（四）生态产业化经营模式

生态产业化经营路径是对于具有生态优势的自然资源,通过发展特许经营、生态农业、生态旅游、森林康养等生态产业实现生态产品价值。该路径是综合利用国土空间规划、建设用地供应、产业用地政策、绿色标识等政策工具,发挥生态优势和资源优势,推进生态产业化和产业生态化,以可持续的方式经营开发生态产品。交易的销售方为生态产业化项目经营方,购买方为消费者,生态产品的定价机制为市场定价。生态产业化经营路径主要包括特许经营、生态农文旅以及生态品牌认证等具体模式。

1. 特许经营模式

特许经营模式是将国家公园等自然保护地中可以开展生态旅游、文化体验等活动的经营性项目,转让给特定主体运营,通过收取转让收益的方式实现生态产品的价值,以更好地平衡经济发展和生态保护的关系。如三江源国家公园昂赛大峡谷自然体验项目,经三江源国家公园澜沧江源园区昂赛管护站授权后,由当地牧民担任自然体验向导、司机和接待家庭,带领自然体验者在昂赛乡寻找雪豹等珍稀野生动物、观赏自然和文化景观、体验牧区生活的相关活动。

2. 生态农文旅模式

生态农文旅模式主要是依托优良的生态环境或文化特色,通过环境友好型方式发展生态农业、生态旅游业等生态产业。如云南省元阳县阿者科村依托特殊的地理区位、丰富的自然资源和独特的民族文化,在哈尼梯田世界文化遗产区内形成了森林、村寨、梯田、水系"四素同构"的自然生态循环系统,通过与当地政府合作、外部技术援助,成立阿者科集体旅游公司发展生态旅游产业。

3. 生态品牌认证模式

生态品牌一般包括两种形式：一种是生态产业经营者注册的私有商标,其所有权归经营者个人所有；另一种是具有地域特征的公共性生态品牌,其所有权归区域内所有经营者共享。对于可直接交易的生态物质产品和生态文化产品,通过品牌认证,能够传递生态产品信息、强化品牌质量信任,提升生态产品质量形象以及消费者对产品质量的认知[1]，推进相关生态产品销售，促进生态产品溢价。比如，福建省南平市充分利用丰富优质的水资源和武夷山"双世遗"品牌影响力，通过统一质量标准、统一产品检验检测、统一宣传运营，打造"武夷山水"地区公用品牌，发展壮大水产业和"水美经济"；河南省南阳市利用南水北调中线工程核心水源区和渠首所在地的优势，构建了以"淅有山川"为代表的区域公用品牌，并通过升级农产品溯源体系、质量认证管理体系，培育"淅有山川"公用品牌的第三方生态产品质量认证机构，与县域品牌、企业品牌、中国地理标志产品、地理标志农产品等现有品牌相互叠加，共同构筑淅川县生态产品的区域品牌"矩阵"，扩大"淅有山川"生态产品的知名度和影响力。

（五）综合性价值实现路径探索

除上述四种典型的生态产品价值实现模式外，实践中还有一些可以促进价值实现的"工具"，比如绿色金融工具、绿色税费工具等，通过将"绿水青山"的正外部性"显化"和环境污染的负外部性"内部化"，重构资源价格的形成机制，促进生态产品的价值实现。最常见的有三类：

第一类是绿色基金，主要以财政资金、市场主体投资和公益组织筹集资金为来源，设立基金运营机构并具体投向生态补偿、植树造林、生态修复等"绿色"项目，实现生态产品的供给增加和价值提升，如哥斯达黎加的国家森林基金。

第二类是绿色信贷，通过贷款融资等方式，支持生态产品的开发经营，如江西、福建等地构建的林业金融平台，解决林农林企融资难等问题。

第三类是绿色税费，主要是与资源开发利用和生态环境保护相关的税费，通过对开发利用自然资源或使用生态环境容量收取税费，在筹集生态环境保护资金的同时，一定程度上显化了自然资源和生态环境的价值。如国外的碳税、生态环境税，中国的水资源费（税）等。

生态产品价值实现是一项系统工程，往往需要将上述四种生态产品价值实

---

[1] 郭锦墉、李香翠、孙焕洲："品牌认证对果农线上销售的影响研究——基于线性回归与PSM方法"，《资源开发与市场》，2022年第1期。

现模式与相关的"工具"进行综合集成,最大限度地显化生态产品的综合效益,实现"绿水青山"与"金山银山"的相互转化、相得益彰。

三、实践经验总结

生态产品价值实现典型案例,为探索建立生态产品价值实现机制提供了有益的经验启示,主要包括以下方面:

专栏 10–6　美国马里兰州马福德农场案例

美国马里兰州的马福德农场(Mudford Farm)位于切斯特河的源头,为了恢复农场内的野生动物栖息地,进一步保护生物多样性,爱生基金会在2005年购买了马福德农场,并通过开展生态修复与传统耕种、土地休耕增强计划、湿地和水质信用交易、营利性狩猎活动等各类价值实现模式有机结合,改善了当地自然生态系统,促进了生态产品价值实现。

一是传统耕种促进农产品价值实现。通过将保留的80英亩优质耕地种植产出的玉米、小麦和大豆,按市场价格直接出售给当地家禽公司,有效提升了农产品产量和品质,带来每年约15 000美元的收入,实现了物质供给类产品的价值。

二是参与土地休耕增强计划,实现土地改良和生境改善。马福德农场按照土地休耕增强计划所支持的方案改造耕地、建设过滤带、森林缓冲带以及恢复湿地,这一举措改善了切斯特河水质,同时每年可获得联邦政府及马里兰州政府12 000美元的补偿资金。

三是湿地和水质信用交易促进生态价值显化。湿地信用交易方面,马福德农场通过湿地恢复共产生了10英亩的湿地信用,并通过湿地信用交易,以每英亩8000美元的价格出售给马里兰州政府。水质信用方面,水管理公司(Water Stewardship Inc.,WSI)研究结果表明,马福德农场湿地恢复和缓冲带建设每年可减少1 800磅的氮和100磅的磷的排放,预计能够产生18500美元左右的交易收入。

四是开展狩猎等生态旅游。缓冲带的建设，为水禽、鹌鹑、野火鸡和其他野生动物提供栖息地，增加了水禽数量，可以为狩猎爱好者提供相应的狩猎和旅游服务，每年可获得约 6 800 美元的收入。

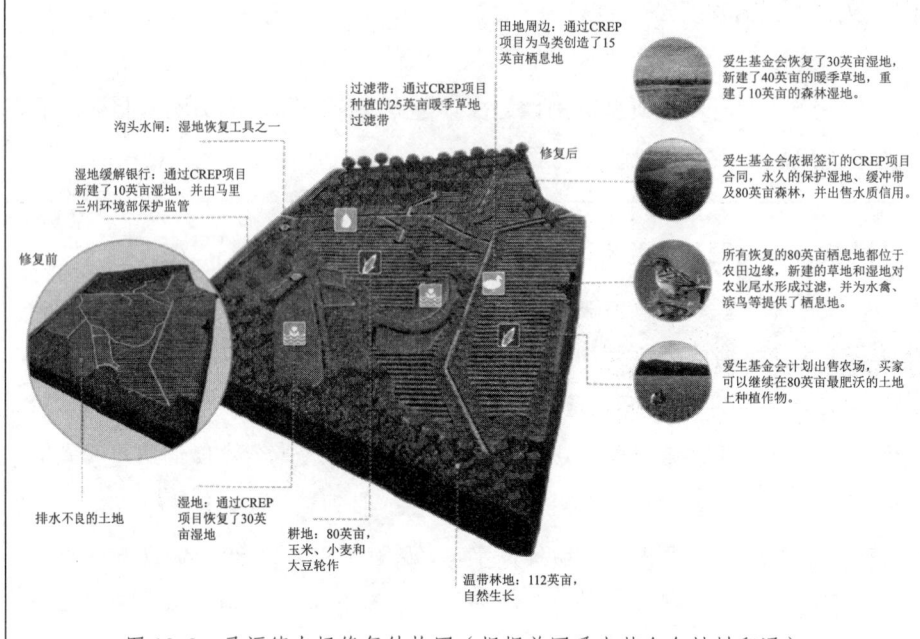

图 10-3　马福德农场修复结构图（根据美国爱生基金会材料翻译）

（一）制度改革是生态产品价值实现的基础保障

自然资源资产产权等制度是促进生态产品价值实现的基础性制度。通过创新权责分配方式、扩展生态权能、明确各种权利实现方式等，有助于将生态产品的外部性逐步内部化，促进生态产品综合效益的实现。此外，自然资源资产产权体系的建立健全、产权主体和权责的明确，各类使用权或经营权的转让、出租、抵押、入股等权能的丰富，也为生态产品的开发经营奠定了基础。

（二）生态补偿是实现公共性生态产品价值的重要路径

公共性生态产品是最普惠的民生福祉，是维系人类生存发展的必需品。但由于这类生态产品的生产和消费关系、供给和受益主体难以明确,比如上游的一片森林能够提供水源涵养、洪水调蓄、水质净化等生态产品和服务,促进了下游地区的经济社会发展,但其受益主体可能是下游的广大居民和各类市场主体,人数众多、分布广泛且难以准确界定其具体的受益数量。因此,需要采用以政府财政转移支付为主的生态补偿方式,通过外部效应内部化的激励机制,对保护生态者的福祉损失进行补偿以激励生态保护的行为,进而增加人民福祉[①],实现公共性生态产品价值。

(三)用途管制是创造生态产品市场需求的有效工具

生态产品具有公共产品属性,有效市场需求不足,用途管制措施能够对其生产载体的用途转换和开发利用进行管控,是创造生态产品市场需求的重要政策工具。通过完善用途管制制度,依托自然资源及其生态空间创造生态产品交易需求(如生态资源指标等),可有效引导和激励各类主体参与生态产品生产并开展交易。因此,可以根据生态产品的不同类型,选择不同的管控措施,创造市场需求,例如在森林覆盖率较高地区探索基于碳中和目标的生态系统碳汇交易等,促进生态产品价值实现。

(四)生态保护修复是保障生态产品供给的高效途径

自然生态空间的类型和状况决定了生态产品供给的数量、质量、分布和结构,足够的自然生态空间是确保生态产品持续供给的基本前提。[②]通过对国土空间开展生态保护修复,将明显增加自然生态空间面积,提升生态系统质量,恢复和提高受损空间生态产品供给能力,提升周边土地等自然资源资产价值。同时,可以配合一定的政策或做法,推动后续生态产业发展,促进"生态洼地"生态产品供给能力提升和资产增值溢价。

---

① 李惠梅:"基于福祉视角的生态补偿研究",《生态学报》,2013年第4期。
② 石吉金、张卫民:"生态产品价值实现的'自然资源方案'",《中国自然资源报》,2022年1月20日。

(五)生态产品价值评价是生态产品价值实现的基础工作

《生态产品价值实现意见》提出,建立生态产品价值评价机制,内容包括建立生态产品价值评价体系、制定生态产品价值核算规范和推动生态产品价值核算结果应用。探索开展生态产品价值评价技术和相关指标体系,有利于准确揭示生态产品提供者与受益者之间的生态关联,为生态保护成效评估、生态补偿政策制定等提供依据,也有利于将生态效益纳入经济社会评价体系。

(六)生态产业发展是促进生态产品价值实现的重要方式

生态产业发展是社会资本进入生态产品生产领域,促进生态产品价值转化和价值实现的重要方式,也是建立"政府主导、企业和社会各界参与、市场化运作、可持续的"生态产品价值实现机制的应有之义。典型案例显示,中国实践中已形成了在生态资源富集区通过实施产业政策发展生态产业,在自然保护地通过特许经营制度发展生态产业,开展生态品牌认证促进生态产品溢价三种模式,并通过吸引社会资本,将生态资源优势转化为生态旅游、生态农业、森林康养等产业优势,将公共性、准公共性生态产品与经营性生态产品融为一体、整体规划、互相依存、共同增值,探索出了绿水青山与金山银山相统一的绿色经济之路。未来可逐步探索生态产业发展的规律,挖掘区域比较优势,发展特色生态产业,构建生态产品价值实现的长效机制。

第三节 自然资源领域生态产品价值实现工作展望

《生态产品价值实现意见》明确了生态产品价值实现的工作原则、战略取向、主要目标和六个方面的机制,对建立健全生态产品价值实现进行了顶层设计。按照中央要求和总体部署,自然资源主管部门应结合管理职责,进一步从理论研究、技术方法、路径模式、政策措施等方面,推动建立政府主导、企业和社会各界参与、市场化运作、可持续的生态产品价值实现机制,形成"保护者受益、使用者付费、破坏者赔偿"的利益导向。

一、构建生态产品价值实现理论框架

针对生态产品权责归属不清晰、价值实现规律认识不统一等问题,加强生态产品市场配置和交易机制、生态产品价值实现的内在规律和实现路径、生态产品价值实现与自然资源管理等重大问题研究,深化生态产品价值实现和"两山"理论研究,不断完善生态产品内涵及外延、特征属性与分类体系,深入分析研究生态产品的价值来源,逐步建立生态产品价值实现的理论框架。

二、建立生态产品调查评价技术体系

(一)构建生态产品调查监测制度

自然资源为生态产品的生产提供了最基本的物质基础和空间保障。因此,需要在自然资源统一调查监测评价和确权登记的基础上,借助生态定位观测站等,对生态系统的基本要素进行长期连续观测,探索开展生态产品调查,制订生态产品目录清单,建立各类调查监测数据与生态产品基础信息之间的链接路径,逐步明确生态产品的数量、质量、权属、结构、空间分布、经济价值、生态价值及其变化等信息。此外,对于难以通过调查方式获得准确信息的生态产品,关键是运用科学性、权威性的生态学模型开展实物量估算。

(二)构建生态产品价值核算及结果应用机制

一方面,研究探索合理体现生态价值、符合管理需求、能够工程化实施的生态产品价值核算方法。借鉴德国"生态点"和美国"湿地信用"等评价思路和方法,选择影响生态系统功能和生态产品质量的关键指标,采用统一可比、无量纲的方式对生态产品的价值进行评价和等级划分,逐步完善价值量核算方法并推动有条件的试点地区出台地方标准。结合数据的可获取性,明确测算参数及其数据来源,建立核算指标体系,制定核算工作流程,规范生态产品价值核算工作,推动形成可应用、可推广的生态产品价值核算技术标准。

另一方面，探索建立生态产品价值核算结果应用机制。一是探索为自然资源管理政策的制定提供依据。将生态产品的数量、质量、供给潜力和实际需求等，作为相关政策制定的参考信息，研究提出适宜的自然资源管理政策。同时，通过生态产品实物量核算和对生态系统变化的监测，相应制定自然资源管理的适应性政策，防止或逆转生态系统的不利变化。二是服务于生态保护修复等工作。通过生态产品实物量和价值量的变化，反映生态系统在生态保护修复前后的变化情况，推动生态保护修复政策的制定及效果的评价。三是服务于政府内部考核。充分发挥指挥棒的作用，探索将生态产品的供给情况、数量、质量等信息纳入领导干部离任审计及相关考核，反映同一区域的生态环境变化情况，推动生态保护及生态文明建设。

（三）构建生态产品开发利用适宜性评价制度

探索开展生态产品开发利用适宜性评价，编制生态产品开发利用产业发展指引，指导一定区域内的生态产品开发及生态产业发展。

第一，研究生态产品开发利用适宜性评价技术。研究确定不同生态产业的生态环境条件和判定指标，建立生态产品开发适宜性评价指标，研制生态产品开发适宜性评价方法和技术体系，为发展生态产业和环境敏感型产业等提供基础支撑。

第二，推动生态产品开发利用适宜性评价结果的转化应用。一方面，将生态产品开发利用适宜性评价结果作为开展生态产品产业化开发的依据之一，通过确定生态产品优势区及开发次序，明确被评价地区发展生态产业的定位、方向、体系结构、空间布局、规模设置以及环境影响。另一方面，根据生态产品开发利用适宜性评价结果，编制生态产品开发利用产业发展指引，引导生态产业发展方向，设计产业发展链条，并从招商引资、生态环境保护等方面建立保障措施，推动特色生态产业发展。

三、推进多元化生态产品价值实现路径探索

（一）开展生态资源指标及产权交易

借鉴银行分散式输入、集中式输出模式，探索建立自然资源资产运营管理平台，通过租赁、托管、股权合作等方式，将分散的自然资源经营权流转至自然资源资产运营管理平台，实现规模化收储，经自然资源整合和质量提升后，转换成可交易的自然资源"资产包"，吸引社会资本和专业运营商发展现代农业、生态旅游等优势产业，实现生态产品价值的显化。

鼓励通过政府管控或设定限额等方式创造交易需求，开展生态产品相关权益交易。借鉴重庆森林覆盖率指标交易经验，鼓励有条件的地区在符合国土空间规划及其他相关约束性规定前提下，探索在一定范围内对资源保有量、生态容量等指标进行交易。探索基于森林、草原、湿地资源生态价值量的占用补偿机制。鼓励开展森林、草原、湿地、海洋等碳汇项目开发及交易，探索林草、海洋等碳汇产品参与碳市场抵消和碳中和补偿机制。

发挥政府引导和市场配置作用，积极探索生物多样性价值实现路径，探索完善特许经营权、水权等交易机制。建立健全特许经营管理制度，制定自然保护地准入负面清单，完善特许经营授权及监管机制，明确特许经营项目、内容及范围，畅通特许经营权流转路径，充分发挥其缓解公共财政压力、提高生态治理效率、激活社会资本活力的重要功能。[①]

（二）推进生态产品供给能力提升和增值溢价

根据自然生态本底条件，综合运用土地储备、综合开发、全域土地综合整治等措施，因地制宜推进生态保护修复和生态产业开发，提升生态产品供给能力和生态价值，促进土地等经营性资源升值溢价，实现生态保护成本内部化和

---

① 张海霞、吴俊："国家公园特许经营制度变迁的多重逻辑"，《南京林业大学学报（人文社会科学版）》，2019年第3期。

价值外溢。

探索通过产权激励、产业扶持、资源指标交易、盘活存量建设用地、"进入式消费"等方式，引导社会资本参与生态保护修复及后续产业开发。如在符合规划条件下，开展附带生态保护修复条件的土地出让及后续生态产业开发，探索将生态修复、产业发展与生态产品价值实现"一体规划、一体出让、一体实施、一体见效"的生态修复和综合开发模式。

（三）开展生态产业化经营

开展森林、草原、湿地、荒漠、海洋等领域的生态产品产业化经营，支持社会资本发展良种苗木繁育、经济林、竹藤花卉、林下种植养殖、草原生态畜牧等特色产业，推动海洋生物医药、海洋生态牧场等产业，积极稳妥发展海洋风电等产业。[①]

以严格保护为前提，在国家公园等自然保护地建立特许经营制度，完善生态教育、自然体验、生态旅游等公共服务设施，研究制定经营性项目特许经营管理办法，允许符合条件的市场主体开展农牧业、旅游等特定的、不损害生态环境的经营性项目，鼓励原住居民参与特许经营活动，完善自然资源所有者参与特许经营收益分配机制和相关监管机制。

推动有条件的地区依托优美自然风光及历史人文遗存，发展生态旅游、休闲康养等"进入式消费"模式；也可以在生态产品富集地区，布局不破坏生态环境的经营性项目，带动游客进入式体验生态产品、消费生态产品。同时，通过品牌认证、生态标识等方式培育生态产品区域品牌，提升生态产品附加值。

（四）建立健全生态保护补偿机制

坚持"谁受益、谁补偿"，统筹区域基本公共服务水平、生态产品供给数量、质量和自然生态本底变化情况等因素，探索通过政府购买生态产品、自然资源要素生态补偿等方式实现生态产品价值区域共享，建立反映市场供求和资

---

① 王琰、杨帆、曹艳等："以生态产业化模式实现海洋生态产品价值的探索与研究"，《海洋开发与管理》，2020年第6期。

源稀缺程度、体现生态价值、代际补偿的资源有偿使用制度和生态保护补偿机制。按照2021年9月中共中央办公厅、国务院办公厅《关于深化生态保护补偿制度改革的意见》的要求，逐步建立健全森林、草原、湿地、耕地等重点领域生态补偿标准和管理制度，落实重点生态功能区转移支付中实施差异化补偿的要求。对于供给和消费、保护和受益关系明确的生态产品，开展市场化生态保护补偿。

鼓励通过资金补偿、购买生态产品和服务、对口协作、产业转移、共建园区等多元化方式，在生态受益地区与保护地区、流域下游与上游之间建立横向生态补偿机制。其中，对口协作方式，主要是基于行政契约或磋商沟通等形式，下游地区利用项目投资、人才培训、科技支持等途径，对上游地区的社会经济发展形成支持；产业转移方式，主要体现在下游地区对上游地区的产业援助；共建园区方式，主要通过将上游地区吸引到的资金、项目以及优惠政策等转移到行政上隶属于下游地区的产业园区，通过协商达成合理的利益分配机制，从而实现两地的互利共赢。[①]

（五）其他路径

探索建立生态产品价值实现的公众参与机制，通过明晰产权、授予冠名权、荣誉称号等措施，激发社会公众、企业和公益组织参与生态产品生产和价值实现的积极性。

四、建立生态产品价值实现的政策保障体系

（一）建立自然资源政策体系

综合支持旅游产业发展、支持一二三产业融合发展、支持乡村振兴等政策中涉及生态产业用地政策，结合生态产品开发利用制度建设需求，从规划布局、

[①] 薛伟贤、郑玉雯、王迪："基于循环经济的中国西部地区生态工业园区优化设计研究"，《中国软科学》，2018年第6期。

土地供应、用地政策等方面建立生态产品价值实现自然资源政策体系,为生态产业发展提供支持。

(二)建立生态产品规划制度

鼓励在有条件的地区探索编制生态产品价值实现规划,部署开展生态产品价值实现行动计划,探索生态产品价值实现规划编制技术方法,明确规划定位、主要内容和编制程序,明确基础数据资料收集路径,形成规划编制技术规范。构建生态产品规划实施评估技术体系,明确评估指标体系和评估方法,确保规划顺利实施,全面提高生态产品价值实现机制建设的整体性、协同性。

(三)建立金融支持体系

鼓励企业和个人依法依规开展生态产品订单抵押等绿色信贷业务,探索生态产品资产证券化路径和模式,加大绿色金融支持力度。探索将生态产品产业开发的预期收益作为偿付支持,通过结构化设计进行信用增级,在此基础上发行生态产品资产支持证券。鼓励企业和个人依法依规开展林权、水权等自然资源资产使用权流转、抵押以及相关生态产品订单抵押等绿色信贷业务,探索"生态资产权益抵押+项目贷"模式,支持区域内生态环境提升及绿色产业发展。

(四)建立激励约束机制

建立生态产品价值实现程度评估技术,从生态产业发展水平、公共性生态产品供给规模、生态产品产出与价值转化量、生态产品价值实现对社会经济的推动作用等方面构建指标体系,设置合适的评估方法。同时,加强与全民所有自然资源资产评价考核工作的衔接,从生态产品供给程度、生态产品数量质量变化情况、生态产品价值实现程度、生态产品市场交易等方面构建生态产品价值实现评价考核指标体系,探索以行政区域为单元开展生态产品价值实现程度评估。建立激励约束机制,探索将生态产品价值实现程度评估和评价考核结果作为国土空间布局优化、用地指标分配与转让、项目资金安排、财政转移支付、领导干部绩效考核的重要依据,确保生态产品供给能力不降低、生态产品价值及实现程度有提升。

（五）加强宣传引导工作

充分发挥各类媒体的宣传主阵地作用，邀请自然资源和生态领域专家学者深入解读生态产品价值实现机制的内涵和目标，积极宣传自然资源领域生态产品价值实现机制建设的进展和成果，持续推进国内外生态产品价值实现典型案例的整理收集和案例发布，总结推广好经验、好做法，为建立生态产品价值实现机制提供良好的舆论氛围。

参考文献

中央编办二司课题组："关于完善自然资源管理体制的初步思考"，《中国机构改革与管理》，2016年。

曹俊文：《环境与经济综合核算方法研究》，经济管理出版社，2004年。

常纪文："国有自然资源资产管理体制改革的建议与思考"《中国环境管理》，2019年第1期。

陈学敏："论生态环境损害赔偿范围的确定"，《中国应用法学》，2021年第4期。

陈玥、杨艳昭、闫慧敏、封志明："自然资源核算进展及其对自然资源资产负债表编制的启示"，《资源科学》，2015年第9期。

辞海编辑委员会：《辞海（缩印本）》，上海辞书出版社，1980年。

第十三届全国人民代表大会第三次会议：《中华人民共和国民法典》，中国法制出版社，2022年。

樊良树："全面提升优质生态产品供给能力"，《中国国情国力》，2019年第10期。

高向军、张文新："国内外土地储备研究的现状评价与展望"，《中国房地产金融》，2003年第6期。

葛京凤、郭爱请："自然资源价值核算的理论与方法探讨"，《生态经济》，2004年增刊第一期。

谷树忠、谢美娥："论自然资源资产的内涵、属性与分类"，《中国经济时报》，2015年7月31日。

郭锦墉、李香翠、孙焕洲："品牌认证对果农线上销售的影响研究——基于线性回归与PSM方法"，《资源开发与市场》，2022年第1期。

郭志京："穿越公私法分界线：自然资源国家所有权委托行使模式"，《法制与社会发展》，2022年第1期。

国家发展改革委、国家统计局、环境保护部、中央组织部等：《绿色发展指标体系》，2016年。

国家发展改革委、国家统计局、环境保护部、中央组织部等：《生态文明建设考核目标体系》，2016年。

国家统计局：《中国国民经济核算体系（2002）》，中国统计出版社，2003年。

国务院国有资产监督管理委员会：《中央企业负责人经营业绩考核办法》，2019 年。
韩冰："中国执政党权力监督体系建设研究"（博士论文），中共中央党校，2010 年。
黄溶冰、赵谦："自然资源核算——从账户到资产负债表：演进与启示"，《财经理论与实践》，2015 年第 1 期。
姜文来、杨瑞珍：《资源资产论》，科学出版社，2003 年。
靳诚、陆玉麒："我国生态产品价值实现研究的回顾与展望"，《经济地理》，2021 年第 10 期。
李惠梅、张安录："基于福祉视角的生态补偿研究"，《生态学报》，2013 年第 4 期。
李金昌、高振刚："实行资源核算与折旧很有必要"，《经济纵横》，1987 年第 7 期。
李金昌："关于自然资源核算问题"，《林业经济》，1990 第 3 期。
李金昌："资源核算及其纳入国民经济核算体系初步研究"，《中国人口·资源与环境》，1992 年第 2 期。
李金昌：《资源核算论》，海洋出版社，1991 年。
李金昌：《自然资源核算初探》，中国环境科学出版社，1990 年。
李楠桦、仝宗莉："全国 31 省级人大常委会已建立国有资产管理情况报告制度"，人民网，2019 年 3 月 8 日。
李小建："切实履行人大监督新职责，守好人民共同财富"，全国人大微信公众号，2021 年 11 月 9 日。
李兴宇："生态环境损害赔偿诉讼的类型重塑——以所有权与监管权的区分为视角"《行政法学研究》，2021 年第 2 期。
林平："国有自然资源资产首次亮'家底'，全国人大：报出一份明白账"，澎湃新闻，2021 年 11 月 10 日。
林煜："我国生态环境损害赔偿资金制度的困境与出路"，《中国环境管理》，2019 年第 4 期。
刘静："生态环境损害赔偿诉讼中的损害认定及量化"，《法学评论》，2020 年第 4 期。
刘倩、季林云等：《环境损害鉴定评估与赔偿法律体系研究》，中国环境出版社，2016 年。
卢现祥、李慧："自然资源资产产权制度改革：理论依据、基本特征与制度效应"，《改革》，2021 年第 2 期。
鲁书伶、白彦锋："碳税国际实践及其对我国 2030 年前实现'碳达峰'目标的启示"，《国际税收》，2021 年第 12 期。
《马克思恩格斯全集》（第 1 卷），1974 年。
马晓妍、洪军："全民所有自然资源资产的价值核算问题"，《中国土地》，2019 年第 12 期。
美国内政部官网："综合战略规划和年度绩效报告"[EB/OL]. https://www.doi.gov/performance/integrated-strategic-planning-and-annual-performance-reports。
欧阳志云、林亦晴、宋昌素："生态系统生产总值（GEP）核算研究——以浙江省丽水市为例"，《环境与可持续发展》，2020 年第 6 期。
秦前红："人大监督监察委员会的主要方式与途径——以国家监督体系现代化为视角"，《法律科学（西北政法大学学报）》，2020年第2期。

邱少俊、吕宾："正确区分'所有者权利'与'监管者权力'——关于履行'两统一'职责的思考"，《中国自然资源报》，2019年5月16日。

邱少俊："所有权委托代理的若干基础性问题"，《中国不动产》，2019年第9期、第10期。

全国人大常委会预算工作委员会调研室：《国有资产管理情况报告制度汇编》，中国财政经济出版社，2019。

任恒："论新时代党内监督体系的革新之道"，《中共福建省委党校学报》，2018年第6期。

"生态产品价值实现的路径、机制与模式研究"课题组：《生态产品价值实现：路径、机制与模式》，中国发展出版社，2019年。

施志源：《生态文明背景下的自然资源国家所有权研究》（博士论文），福建师范大学，2015年。

石吉金、张卫民："生态产品价值实现的'自然资源方案'"，《中国自然资源报》，2022年1月20日。

田亚亚、张永红、彭彤等："全民所有自然资源资产清查理论基础与基本框架"，《测绘科学》，2021年第3期。

王金南、王夏晖："推动生态产品价值实现是践行'两山'理念的时代任务与优先行动"，《环境保护》，2020年第14期。

王小映："中国城镇土地收购储备的动因、问题与对策"，《管理世界》，2003年第10期。

王琰、杨帆、曹艳等："以生态产业化模式实现海洋生态产品价值的探索与研究"，《海洋开发与管理》，2020年第6期。

谢高地、张彩霞等："基于单位面积价值当量因子的生态系统服务价值化方法改进"，《自然资源学报》，2015年第8期。

新华社："管好人民共同财富 加强人大依法履职——全国人大常委会预算工作委员会主任史耀斌详解全国人大常委会出台《五年规划》加强国有资产监督"，2019年5月22日。

徐川："生态环境损害赔偿制度研究"（硕士论文），天津大学，2017年。

薛伟贤、郑玉雯、王迪："基于循环经济的我国西部地区生态工业园区优化设计研究"，《中国软科学》，2018年第6期。

杨伟民："建立系统完整的生态文明制度体系"，《〈中共中央关于全面深化改革若干重大问题的决定〉辅导读本》，2013年。

叶榅平："自然资源国家所有权行使人大监督的理论逻辑"，《法学》，2018年第5期。

英国皇家财产管理公司概况[EB/OL].https://www.thecrownestate.co.uk/2022.1.1/2022.1.20。

英国皇家遗产法[EB/OL].https://www.thecrownestate.co.uk/media/3064/the-crown-estate-act.pdf.1961/2022.1.20。

于代松、肖雅丽、赵佳伟、兰虹："'飞地经济'共赢发展的基本条件：一个初步的分析框架——以成都甘孜共建成甘工业园区为例"，《西华大学学报（哲学社会科学版）》，2020年第2期。

俞敏、李维明、高世楫等："生态产品及其价值实现的理论探析"，《发展研究》，2020年第 2 期。

原国土资源部：《耕地占补平衡考核办法》，2006 年。

张海霞、吴俊："国家公园特许经营制度变迁的多重逻辑"，《南京林业大学学报（人文社会科学版）》，2019 年第 3 期。

张林波、虞慧怡、李岱青等："生态产品内涵与其价值实现途径"，《农业机械学报》，2019 年第 6 期。

张天培："人大常委会组成人员分组审议指出全面摸清全国自然资源资产基本情况"，《人民日报》，2021 年 10 月 24 日第 05 版。

张卫民："自然资源负债的界定和确认——兼论自然资源核算的国际惯例与中国需求"，《南京林业大学学报（人文社会科学版）》，2018 年第 3 期。

张永红、宋冬冬、张玉波等："自然保护地内自然资源资产特许经营的实践问题研究——以宁夏回族自治区为例分析"，《领导科学论坛》，2021 年第 1 期。

章兴鸣、陈佳利："互联网+监督：廉政治理精准化的实践路径"，《中共天津市委党校学报》，2018 年第 5 期。

郑毅："推进生态产品资产证券化 探索共同富裕新路径"，广西政协网，2022 年 1 月 27 日。

中共湖州市委办公厅、湖州市人民政府：《湖州市自然资源资产保护与利用绩效考核评价暂行办法》，2016 年。

中共深圳市委办公厅、深圳市人民政府办公厅：《深圳市生态文明建设考核制度（试行）》，2013 年。

中共中央：《深化党和国家机构改革方案》，2018 年。

中共中央办公厅、国务院办公厅：《关于建立健全生态产品价值实现机制的意见》，2021 年 4 月 26 日。

中共中央办公厅、国务院办公厅：《生态文明建设目标评价考核办法》，2016 年。

中共中央办公厅、国务院办公厅：《省（自治区、直辖市）污染防治攻坚战成效考核措施》，2020 年。

本书编写组：《〈中共中央关于全面深化改革若干重大问题的决定〉辅导读本》，人民出版社，2013 年。

周玉、邹朝晖："全民所有自然资源资产管理考核评价机制与方法研究"，《上海国土资源》，2021 年第 1 期。

朱道林、王健等：《自然资源资产核算国际比较与借鉴》，中国大地出版社，2022。

Costanza R, d'Arge, R, De Groot, R, Farber, S, Grasso, M, Hannon, B. & Van Den Belt, M. 1997. The Value of the World's Ecosystem Services and Natural Capital. Nature, Vol. 387, No. 15.

Ring, I., Hansjürgens, B., Elmqvist, T., et al. 2010. Challenges in Framing the Economics of Ecosystems and Biodiversity: the Teeb Initiative. Current Opinion in Environmental Sustainability, Vol. 2, No. 1-2.

Terry, van, Dijk, D. Kopeva, 2006. Land banking and Central Europe, future relevance, current initiatives, Western European past experience. Land Use Policy, No23, Part3, pp. 286-301.

United Nations, European Commission, Food and Agriculture Organization of the United Nations, et al. 2014. System of Environmental-Economic Accounting 2012 Experimental Ecosystem Accounting (SEEA Experimental Ecosystem Accounting). New York: United Nations.